Classroom Management

Creating Positive Learning Environments, 4e

课堂管理

如何创造积极的学习环境

（第四版）

戈登·莱昂斯（Gordon Lyons）
[澳] 玛戈·福特（Margot Ford） 著
琼·斯利（June Slee）

陶志琼 译

中国人民大学出版社
·北京·

前言

职前教师可能会对课堂管理原则、课堂管理理论、课堂管理模式和课堂管理实践的多样性及复杂性感到压力重重。我们的一些学生会说，“告诉我们应该做什么”，以及如何寻找到一个简单易行的“纪律约束技巧锦囊”。但有效的教学远不止这些。每个职前教师必须能够解释他们自己的（虽然是新兴的）专业哲学观、他们对课堂管理的理论思路以及他们喜欢的课堂管理模式，这也是专业教学的核心所在。

当然，关于课堂管理的观点和方法多种多样。对一些教师来说，课堂管理可能是一场令人沮丧的挑战，似乎阻碍了他们的“真正”教学。对另一些人来说，课堂管理只是在学年开始时采取的强硬策略而已。也有一些老师似乎胸有“诀窍”，他们的学生似乎从一开始就有积极的回应。我们承认、接受（甚至祝贺）管理多样性的存在，但仍须强调五条能支撑我们自己的课堂管理方法的原则。接下来将对这些原则进行详细解释。

五条支撑课堂管理方法的原则

我们的第一个原则是：从生态学视角创造积极的学习环境。我们要认识到在课堂上（实际上在整个学校）社会、文化、个人和群体因素之间不断发生的互动，并做出回应。这些因素影响着教师、学生和学习集体其他成员，并受到他们的影响。最有效的方式就是让学生们感觉到他们是学习集体的一分子，让教师变得卓有成效并感到满意。我们要让一些职前教师集中注意力建立一个满足学生情感、社会、学术和身体需要的健康学习生态环境，并避免产生挫折感。本书着重探讨在更广泛的课程框架内建立积极的课堂和学校生态所涉及的问题和实践。在引入任何具体的策略或行为干预措施之前，我们要对其进行详细解释。我们认为有效的课堂管理并不是遵循“公式”或使用“纪律约束技巧锦囊”，而是通过动态的专业反思来促进实践的良性发展。

我们的第二个原则是：所有的教学实践都以实证理论为基础。我们提供了各种理论（模式、原则和框架）的概要，这些理论通常有效指导了澳大利亚的课堂实践。[我们的圣智伙伴网站（Cengage Companion Website，CCW）提供了一个拓展性的清单。] 我们对这些理论进行了简要描述和解释，首先解释每个理论如何才能找到可以促进的积极行为，以及如何在适用的地方应用干预策略。我们强调所有的教学实践（不论其多样性如何），只要它们的理论基础和一个人的专业哲学观之间具有一致性，就会更加有效。

我们的第三个原则是：让课堂管理成为课堂或学校运转中不可分割的整体。毫无疑问，课程（所教内容）、教育学（教学如何进行）和学生学习结果之间存在着紧密的联系。当一个环境有利于学生学习时，它也有利于积极的行为。我们展示了课堂管理计划和实践是如何融入课程计划和实施过程中的，并将其作为教学和学习的核心任务。

我们的第四个原则是：必须积极谋划课堂管理，通过解决所有影响课堂生态的问题来鼓励积极的行为，这远非只是以反应性方式对非成效显著性行为事件做出反应。班级管理计划应纳入更为广泛的教学/学习计划（在班级课堂和学校层面）之中，并且只在必要时关注个别或学生小群体的需要（作为干预措施）。

我们的第五个也是最后一个原则是：有效课堂管理计划的拟订和变更是一个动态的“工作进展”，它是对课堂管理的专业实践、哲学和理论方法的不断回顾。课堂管理计划是对“计划-实施-评鉴”的反思和回顾。课堂和学校的生态环境在不断变化。教师应通过持续的专业反思认识到这一转变，并做出解释；不仅是单独的，还要是合作的。

本书各章节的简介

在第四版中，我们做出了一些重大改变，主要是回应来自我们同行评议者和同事以及我们现在和以前的学生（现在很多人已经是初任教师和熟练教师）的意见和建议，当然也是为了回应我们自己不断变化的世界观。第四版的主要变化包括：本书现在以“课堂管理模式”开始，它取代了旧版的第 2 章。我们首先重点解释了莱福德课堂管理模式，但这只是众多教师课堂管理模式中的一个。在此，提出我们的模式作为一个“支架”，以指导职前教师制定自己的课堂管理模式和计划。旧版中的第 1 章理论内容已经被简化并合并到第 2 章中了，现在在我们的 CCW 上可以找到关于管理理论的更为详细的内容。我们在第 8 章中对一线管理经验的大量参考书目（现在是以故事形式呈现）进行了策略性的编辑，其他故事现在转放到我们的 CCW 上了。第 10 章是我们新增加的一章，简要地解释了一系列可能影响当代课堂管理理论和实践的问题。每章末尾的“个性化活动和小组活动”“网络链接”“拓展阅读”部分也进行了大幅修订、更新和注释，以便更好地为进一步研究提供信息。在第 1 章中，我们介绍了作为首选“支架”的莱福德课堂管理模式，用以帮助职前教师开发个性化的课堂管理模式和计划。我们将介绍更广泛的理论，这些理论为模式提供了信息、驱动模式的原则、模式的各个部分以及它们之间的相互关系。

（第 3～7 章建立在这些部分的基础上。）

在第 2 章中，介绍了一系列我们选择的课堂管理理论，这些理论不同于上述更广泛的人的发展、心理学和社会学以及教育学理论，我们认为这些理论与澳大利亚的教育背景最为相关。我们提供分类法（即对这些理论进行分类的框架），以帮助职前教师了解这些理论及其演变和相互关系。更重要的是，我们将介绍各种理论所使用的不同术语，有助于更好地分析和对比这些理论。

在第 3～6 章中，我们解释了构建积极学习环境的各种积极实践和策略。第 3 章阐述了在老师、学生、家长和其他人之间建立牢固的相互尊重的关系和清晰的沟通渠道的基本原理，进而描述并解释了各种相关策略。第 4 章提出了发展适当的、激励的和同步的课程、评估和教育学的理论基础。进而描述并解释了各种相关策略。第 5 章提供了用于策略性地组织课堂环境的物理空间和时间方面的理论基础，描述并解释了各种相关策略。第 6 章阐述了作为良好教学的基础实践的主动性和彻底性的理论基础，进而描述和解释了多种与之相关的反思策略。当职前教师意识到这些积极因素的重要性，并能够战略性地选择和有效地实施越来越多的技能时，职前教师就能够卓有成效地去实践。

我们在第 7 章中提出了一个基本原理，当积极的实践不足以创造必不可少的积极学习环境时，或当更具挑战性的学生行为出现或持续时，我们将使用一系列的干预实践策略。首先是心理教育理论，其次是认知行为理论，最后是行为理论。在大多数情况下，只有积极的实践才能创造出所有学生都能茁壮成长的环境，但在一些极具挑战性的情况下，教师还需要具备开发和协作使用干预措施的能力。我们描述和解释的多样性相关策略以便告知个人干预实践能力的发展情况。

在第 8 章中，我们呈现给读者的是一组精选的故事，写的是职前和初任教师（我们以前的学生）关于课堂管理理论和实践的理解和经验。这些故事应该是充满挑战的，也是鼓舞人心的，为我们在第 9 章提出的思考个人挑战提供了相当丰富的养料。需要注意的是，这里没有一个"正确"的专业哲学观、理论方法或有效的课堂管理计划。由于作者持续的经验、专业的成长和不断发展的世界观，这些来自一线的故事现在很可能会完全不一样了。职前教师必须找到适合自己的"正确"之处，而这最有可能发生在他们在学习和写作中找到连贯性、同步性和主题一致性的时候。

在第 9 章中，职前教师面临的挑战是把他们所知道和所理解的所有关于有效教学和课堂管理的知识集中起来。在这一章中，我们提供指导和建议，帮助他们发展自己的专业哲学观，发展自己的课堂管理理论思路和自己的课堂管理计划。这些将会随着未来教学情境的不同而有所不同（例如，实习教学、每日或分段的临时教学或"永久性"的部分或全职教学），所以我们对这些情境中的每种情况都提出了相应的建议。

在第 10 章，我们简要描述和解释了一系列当代问题，涉及影响课堂管理理论和在澳大利亚学校里的实践，范围从综合性问题（如新的国家教学标准）到非常集中的问题（如对自闭症谱系障碍学生学习需求的新研究结果的教学反应）。

大多数章节都有相似的结构。每一章都以"学习目标"和"本章概览"开始。接下来是一个开篇故事：一个简短的场景，用来聚焦本章节主题的思考和讨论。然后提供了与莱福德课堂管理模式图表相关部分的简要介绍。每一章包括一个或多个短篇故事，主要是职前和初任教师撰写的与他们教学经验相关的个人故事。这些故事内容丰富多样，与整个文本都有关联，但它们的定位是利用或关注每个故事中或明或暗提出的相关问题。解释性图表用于解释关键要点。每一章的结尾有"小结""基本概念""个性化活动和小组活动""学习工具""网络链接""拓展阅读"。正文最后附有"参考文献"，汇集了所有章节的引文、参考文献和阅读资料。

我们一般建议按照章节顺序来阅读本书，但我们鼓励职前教师随时阅读第 8 章和第 10 章。教师可能更喜欢另一种课堂管理模式（而不是第 1 章所述的莱福德课堂管理模式）。然而，值得注意的是，我们的某种偏好可以很容易地适应构成各种不同课堂管理方式的各种元素。在这方面，莱福德课堂管理模式是一个支架式模式。我们仍然相信以下各章的完整性、相关性和价值。在第 8 章中“来自一线的故事”是为了让我们深入了解其他人对课堂管理的看法。更多的故事由职前教师、初任教师和经验丰富的教师所撰写，可以在 CCW 上找到。这些为反思、比较和讨论提供了更加丰富的经验、思想和实践。第 10 章是当代问题，考察了当代问题的多样性，这些问题对澳大利亚学校环境下的课堂管理理论和实践产生了不同的影响。

致　谢

这个第四版是建立在前三版基础上的另一个“新进展的作品”，第三版由克里斯·戈登（Chris Gordon）、迈克尔·阿瑟-凯利（Michael Arthur-Kelly）和南希·巴特菲尔德（Nancy Butterfield）精诚合作，提出了原创性的概念。这一版与前三版一样，也是大家通力合作的产物。同事、同行、学生、家庭成员和朋友提供了各种各样的帮助、建议、批评和改进意见，贡献了他们的智慧，还有他们的鼓励和支持，才使得第四版得以顺利面世。我们在此对下面各位深表谢意：

拉特拉布大学的雷克·邱奇尔（Rick Churchill）

马克奎兰大学的约翰·德诺比勒（John de Nobile）

西悉尼大学的布雷达·多比阿（Brenda Dobia）

西澳大利亚大学的莉莎·贝尔（Lisa Bell）

南昆士兰大学的巴雷·菲尔德兹（Barry Fields）

迪肯大学的布莱恩·哈门弗雷（Bryan Humphrey）

纽卡索大学的盖尔·克门普（Gail Kemp）

拉筹伯大学的查利·科蒂夫（Charlie Kotiw）

爱迪斯考文大学的苏珊·梅恩（Susan Main）

昆士兰大学的凯雷恩·麦克拉斯肯（Kerryn McCluskey）

昆士兰技术大学的宝丝·萨格尔斯（Beth Saggers）

在此还要感谢在我们的职业生涯中与我们一起工作过的诸多学校的学生们，他们不但鞭策了我们，而且还让我们接受了挑战。

我们还要感谢以前教过的学生和现在的同事，他们为我们提供了“来自一线的故事”，增加了本书内容的丰富性和真实性。

还要感谢戈登·莱昂斯亲爱的妻子及好友卡伦·莱昂斯（Karen Lyons），感谢她不遗余力的支持。

还要感谢安·克拉博（Ann Crabb）和她在教育网络资源中心的团队。

谢谢你们所付出的一切……

戈登、玛戈和琼

2013 年 7 月

目　录

第 1 章　课堂管理模式的构建 …… 1
引言 …… 2
莱福德课堂管理模式 …… 3
模式的组成部分及其相互关系 …… 5
模式蕴含的重要理论及原则 …… 12
模式的运用 …… 12
小结 …… 14
基本概念 …… 14
个性化活动和小组活动 …… 14
学习工具 …… 15
网络链接 …… 15
拓展阅读 …… 15

第 2 章　课堂管理理论 …… 16
引言 …… 17
知晓课堂管理理论 …… 18
选择一种理论思路 …… 19
五种基本的课堂管理理论 …… 20
对课堂管理理论的分析 …… 28
课堂管理理论的一些分类 …… 29
何种课堂管理理论 …… 34
小结 …… 35
基本概念 …… 35
个性化活动和小组活动 …… 35
学习工具 …… 36
网络链接 …… 36
拓展阅读 …… 36

第 3 章　人际关系与交流 …… 37
引言 …… 38

关系与交流 …… 39
交流障碍 …… 41
交流的过程 …… 42
非言语交流 …… 43
更加有效的交流策略 …… 46
小结 …… 52
基本概念 …… 52
个性化活动和小组活动 …… 52
学习工具 …… 53
网络链接 …… 53
拓展阅读 …… 53

第 4 章　课程、评价和教学法 …… 54
引言 …… 55
第一个考虑：早期教育的教与学 …… 56
课程 …… 57
评价 …… 61
教学法 …… 63
小结 …… 72
基本概念 …… 72
个性化活动和小组活动 …… 73
学习工具 …… 73
网络链接 …… 73
拓展阅读 …… 74

第 5 章　课堂组织 …… 75
引言 …… 77
行为标准 …… 77
课堂组织 …… 82
小结 …… 90
基本概念 …… 90
个性化活动和小组活动 …… 90
学习工具 …… 91
网络链接 …… 91
拓展阅读 …… 91

第 6 章　专业反思性 …… 92
引言 …… 93
课堂管理反思 …… 93
全面彻底的反思 …… 95
反思与同伴指导 …… 97

行动研究 …… 98
小结 …… 103
基本概念 …… 104
个性化活动和小组活动 …… 104
学习工具 …… 104
网络链接 …… 104
拓展阅读 …… 105

第7章　干预措施 …… 106
引言 …… 107
理解干预 …… 108
综合干预与重点干预 …… 109
基于心理教育理论的干预 …… 111
基于认知行为理论的干预 …… 120
基于行为理论的干预 …… 125
应用行为分析的干预措施 …… 128
利用功能行为评估的干预措施 …… 136
使用坎特的严明纪律程序进行干预 …… 137
小结 …… 138
基本概念 …… 138
个性化活动和小组活动 …… 138
学习工具 …… 139
网络链接 …… 139
拓展阅读 …… 139

第8章　来自一线的故事 …… 140
引言 …… 141
来自一线的10个故事的指南 …… 142
来自支持网站的另外29个故事的指南 …… 142
来自珍妮的故事 …… 144
来自迪娜的故事 …… 145
来自凯蒂的故事 …… 147
来自雷切尔的故事 …… 150
来自曼迪的故事 …… 152
来自米歇尔的故事 …… 155
来自丽贝卡的故事 …… 157
来自莉莎的故事 …… 158
来自安德鲁的故事 …… 160
来自温迪的故事 …… 161
小结 …… 163
基本概念 …… 163

个性化活动和小组活动…… 163
学习工具…… 164
网络链接…… 164
拓展阅读…… 164

第 9 章　理论付诸实践…… 165
引言…… 166
反思：莱福德课堂管理模式…… 166
你的专业哲学观…… 168
你的课堂管理理论方法…… 169
你的第一个课堂管理计划“支架”…… 170
回顾第 2 章：相关背景…… 171
你的第一个真正的课堂管理计划…… 173
“临时”教学…… 176
你自己的课堂管理模式…… 177
小结…… 177
基本概念…… 178
个性化活动和小组活动…… 178
学习工具…… 179
网络链接…… 179
拓展阅读…… 180

第 10 章　当代问题…… 181
引言…… 182
综合性问题…… 183
全校倡议…… 186
学生福利、抗逆力和欺凌问题…… 190
“非常”具有挑战性的行为和精神健康障碍…… 194
小结…… 201
基本概念…… 201
个性化活动和小组活动…… 201
学习工具…… 202
网络链接…… 203
拓展阅读…… 205

参考文献…… 206
译者后记…… 213

第 1 章

课堂管理模式的构建

原则、视角、范式、哲学观、实践和过程！弄清楚这些术语是富有挑战性的。然而，值得庆幸的是，把它们整合在一起构成模式便可以提供一个支架，让它们“各就各位”来帮助你，从而使你的理论和实践保持步调的一致性。

学习目标

通过本章的学习你将能够：

- 理解对广为人知的及深思熟虑的课堂管理方法和计划的需要
- 理解形成个性化的课堂管理模式的重要性
- 理解莱福德课堂管理模式及其对你形成自己的课堂管理模式所具有的潜力
- 把你对莱福德课堂管理模式（或其他模式）的理解用于帮助你对本书其他部分的学习
- 解释基本概念并且讨论本章的小结

本章概览

- 开篇故事：多一点点时间……
- 引言
- 莱福德课堂管理模式
- 模式的组成部分及其相互关系
- 模式蕴含的重要理论及原则
- 模式的运用
- 小结
- 基本概念
- 个性化活动和小组活动
- 学习工具
- 网络链接
- 拓展阅读

开篇故事：多一点点时间……

杰德非常意外地获得了她的第一份教职。她在三天之内即本学期的第一个星期一，就要去莱瓦纳学校开始她的教师生涯了。除浏览学校网站外，她没有任何机会去调查询问她的职位或新学校的情况。杰德掌握的知识相当扎实，对课程和教学大纲非常了解。她通过微格教学和专业实习，已掌握了过硬的教学技能。虽然杰德有点焦虑和紧张，但她还是对自己教学生涯的开始充满了期待。

第一个工作日真是让杰德晕头转向，一头雾水。自己被介绍给新同事，开会，学习学校手册，讨论教学计划，安排值勤表，培训如何使用新的复印机，快速游览一遍图书馆的教师资料室，把一个空教室整理出来第二天使用。同事给了杰德一些学生的作业样本和练习册，但这些其实只是学生没有带回家的“废品”而已。弗兰克是杰德的新指导教师，经验非常丰富，对她十分支持，但杰德还是很难跟上这一天的节奏。

在这一天快要结束时，杰德有些抓狂。她多么希望自己可以有几天时间来布置新教室，来调查研究她的学生的学习史，来研究一下教学计划大纲，来全面浏览一下教师资源，来为上课准备一个开场白。弗兰克邀请杰德一起参加其他同事在当地咖啡馆进行的社交活动，但杰德婉言谢绝了。她需要回家为第二天的教学工作好好备课。当他们道别时，弗兰克回头说了一句：“哦，顺便说一句……我们是‘积极行为支持学校’。你遵照这种程序非常重要。对于学生的纪律，我们在一学期的开始就要提供具有连贯性的管理办法。否则，孩子们会变成小魔鬼的！所有这些都写在学校手册上。祝你愉快！希望明天一早能见到阳光明媚的你！”

杰德真是感觉透心凉。积极行为支持？她在大学里大致知道一点与选择理论和自信纪律相关的课堂管理理论。她喜欢选择理论背后的原理和原则，因为它们与她的专业哲学观是“吻合”的。她原本打算根据选择理论的原则来打造自己的班级纪律，可她对积极行为支持却一无所知……。她需要坐下来学习学校手册，并重新思考班级管理计划……她需要多一点点时间……

引　言

你作为师范生和刚入职的教师，可能会感觉激动人心，觉得做教师很有价值，但又感觉充满了挑战。与你的所有同学一样，你想成为好教师（高效能教师），因此你努力学习，掌握了许多关于教与学的基础知识，以及关于课程、评价和教学法的基础知识。你学习的教师教育课程包括众多理论，诸如成长与发展理论和模式、教与学理论和模式、动机理论和模式、行为理论和模式及教学法理论和模式，但你所掌握的这些理论知识到了学校和课堂的真实世界，似乎根本派不上用场。我们希望本书提供的课堂管理理论和模式，能满足你理解和应用的需要，你能把其用于你的课堂管理实践之中，从而使自己成为最有效能的教师。

在本书中，我们旨在帮助你认识并欣赏课堂管理理论和实践之间的重要联系。如果你能发展并形成你自己的专业哲学观（你认为什么是教与学最重要的方面的陈述），发展并形成你自己的课堂管理思路（你所理解的如何把理论用于指导课堂管理实践的陈述），你就能制订出有意义的和有效的课堂管理计划。（勾勒出你会带来最有效的教与学的课堂管理动力的方法，换言之，你是如何发展和维持积极的学习环境或氛围的。）

我们并没有打算给你提供一个如何回应不可接受的学生行为的“公式”，我们也并没有打算给你提供一个如何回应各式各样充满挑战的学生行为的“纪律约束技巧锦囊”（bag of discipline tricks）。有效的课堂管理并不是集结在一起的如何处理问题学生的一套课堂管理“小方法”。高效能的教师理所当然是高效能的课堂管理者，他/她懂得如何创设和维持积极的学习环境，即为自己的学生创造情境和条件以获得最佳学习结果。就我们的看法而言，本书和 CCW 的资源为你提供的是：在你的课堂和学校创设积极的学习环境的最佳方式（基于证据/研究的方式）。我们还能提供给你的是：围绕课堂管理的密切相关的理论和实践相结合的评鉴；一个课堂管理模式（我们喜欢的莱福德课堂管理模式），它会提供一个支架把这些理论和实践进行融合；一个发展并形成你个人的课堂管理模式的指南；一个形成你个人的课堂管理计划的指南。无论是对于兼职的或全职的幼儿园老师，还是小学老师或中学老师，都很适用。本书和我们的 CCW 的资源为你提供了各种各样的“来自一线的故事”，对于职前教师、初任教师和经验丰富的教师以及现在面临管理挑战的你，思考这些故事都会为你提供有价值的思想观点。也就是说，它们会有助于你转型成为高效能的教师。

首先，预习莱福德课堂管理模式［（Lyford Model）下面会深入分析］和相应的理论（在第 1 章和第 2 章以及 CCW 上面会一一做出解释），它们对你来说可能会显得非常复杂，让你摸不着头脑。但你仍会通过形成你自己的专业哲学观来厘清你的思想，会得心应手地理出你自己的课堂管理思路，甚至得心应手地开创出你自己的课堂管理模式。最终，你会形成和实施自己的课堂管理计划（包括对具有挑战性学生的干预措施）。你会有效地运用这些来创造积极的学习环境……由此，我们走上了康庄大道！

有必要提醒你的是，我们前面说过，我们不会为你提供一个“公式”或“纪律约束技巧锦囊”或一套课堂管理“小方法”。你们都曾见识过老师的课堂“管理”，有的有效，有的无效。你们中的许多人已置身于专业经验现场，已亲身体验过课堂管理所面对的挑战。在一种情形和场景中，一个高效能教师能驾轻就熟应对，但另一个教师未必能行。你必须找出适合你自己的管理之路，这要根据具体情境和情形而定。你也必须找到最适合你的课堂管理思路。这就是本书的意图，也是本书面对的挑战，本书就是为你量身打造的。

我们翻开本书，就会看到“富有挑战”的一串词语：“原则、视角、范式、哲学观、实践和过程！”明白（开始知道和理解）这些与课堂管理相关的术语的确充满了挑战。当然，好的模式会把这些方面融合在一起，在它们之间建立起连接点，这也有助于你整合你的理论和实践。由此，我们在本章为你呈献了我们喜欢的一个模式：莱福德课堂管理模式。

莱福德课堂管理模式

模式就是把理论和实践融合在一起的尝试（实践或练习）。模式化是一种重要的手段，它有助于实践者理解理论的复杂性，理解理论是如何与实践相关的，理解理论是如何提供实践信息的，以及理解理论是如何改进实践的。我们相信，莱福德课堂管理模式会为你提供一个有助益的“支架”，帮助你理解本章中提出的各种主题和问题，把你已有的知识与这些主题和问题进行融会贯通。

我们的目的在于指导你把已有的关于课堂管理的理论知识和理解与你的已有知识、理解、技能和实践相联系。我们在此提出的莱福德课堂管理模式（见图 1－1）是一个概念框架，它是本书的重要章节。它为你提供了一个实践框架，其中包括有理有据的跨学科理论基础，以此检验和形成你的专业哲学观，然后进一步形成你的合理课堂管理思路和你的连贯且切合实际的课堂管理计划。我们的终极目标是：提供这个课堂管理模式，辅助你创造积极的学习环境，由此学生学得安心、学得愉快，而且在你的课堂里每个成员都会受到珍视，由此你会成为令人满意的成功教师。

在本章中，我们会阐述莱福德课堂管理模式的各个构成部分，阐述各个部分是如何相互关联的，介绍该模式蕴含的重要理论和原则（这些理论在 CCW 上有详细解释）。我们也会演示这些理论与有效课堂管理实践之间各种各样的关联，认识到莱福德课堂管理模式不仅仅是一个简单的模式。我们相信，对于你来说，为了形成有效的课堂管理计划，你需要从广泛的视角和不同的背景去考虑问题，这是非常重要的。莱福德课堂管理模式的每一部分在其他章节将会有详细的解释。在你通过本书理解这个模式以帮助你的工作方面，你应该信心满满。你能够运用已有的知识和理解去形成自己的课堂管理模式和计划。

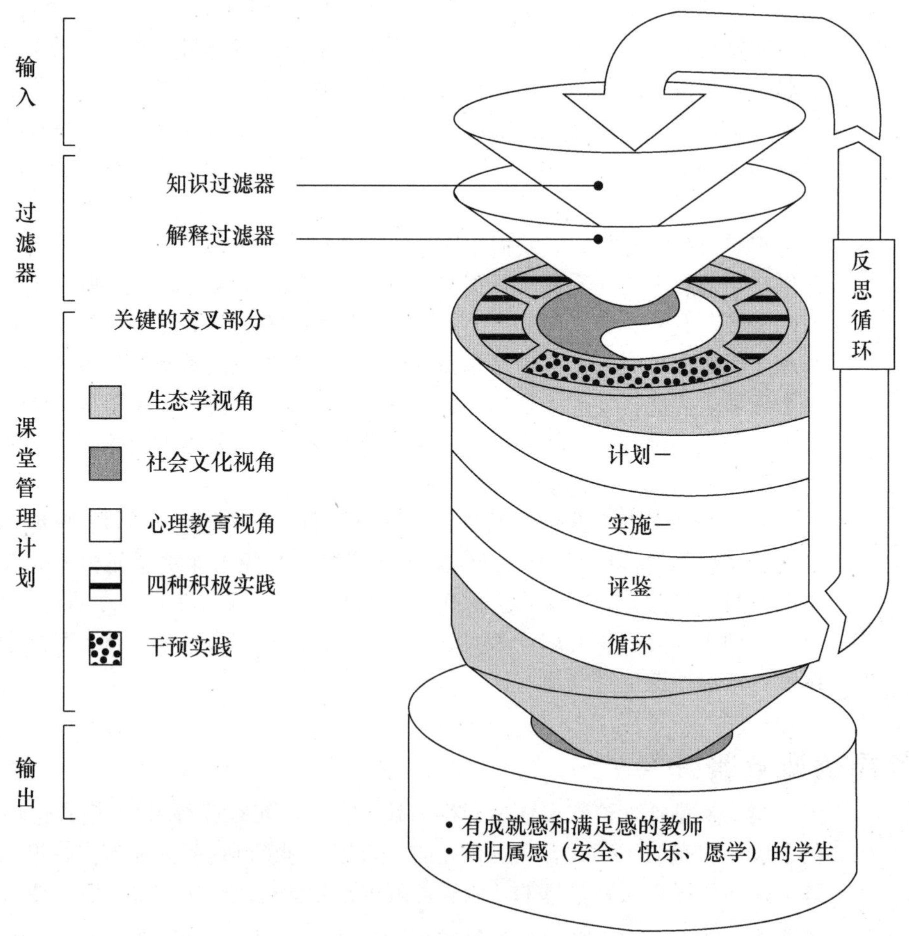

图 1－1　莱福德课堂管理模式

课堂管理文献中有各种各样的理论、框架和模式。这个领域还会继续发展，相关领域会得到更好实践。归属感这一关键概念在心理学和社会学中显然都是重要的，它对课堂管理来说也十分重要。学生的个体体验，在认知和情绪中表现为归属感。毫无疑问，这种归属感会影响他们与其他同学的互动方式，当然也会影响他们的学习。从社会学上讲，我们都有归属于什么的需要。从社会学视角，或更详细地说是从社会文化视角出发，我们会去质疑社会文化对归属感产生的动力影响。莱福德课堂管理模式阐述了这些各不相同的理论是如何塑造我们的思维的。莱福德课堂管理模式用更为详细的方式突显和发展了归属感这一概念。

无论你现在是师范生还是初任教师，莱福德课堂管理模式都将会帮助你计划、形成、实施、评鉴和改进课堂管理计划。这个管理计划应该与你初显的正在改进的专业哲学观、课堂管理思路和你对教学法的理解是紧密相关的。最终，莱福德课堂管理模式会指导你形成自己的课堂管理思路、模式和计划。将你置身于莱福德课堂管理模式之中，是期望你的观念和实践都会得到改观。莱福德课堂管理模式促使"理论与实践融合"，有助于你创造积极的学习环境，由此你的学生会体验到归属感，会感觉安全、快乐和愿学。与此同时，你作为教师会获得专业成就感和满足感。如果你选择把我们的莱福德课堂管理模式用作支架，去报告你自己课堂管理的进展情况，你将会做出与该模式各部分相关的种种决定。这些将在下面部分做一一介绍。

模式的组成部分及其相互关系

莱福德课堂管理模式包括几个主要的组成部分，它们是：

- 输入：关于课堂管理和教学法的知识及其理解。
- 过滤器：知识过滤器和解释过滤器。
- 课堂管理计划：包括作为核心部分的生态学视角、社会文化视角、心理教育视角，作为实践因素的四种积极实践、干预实践、计划-实施-评鉴循环和反思循环。
- 输出：有成就感和满足感的教师及有归属感（安全、快乐、愿学）的学生。

下面对每一部分进行阐述，再对它们之间的相互关系进行解释。

（注意：记住莱福德课堂管理模式是我们每个人的模式，它指导我们思考如何进行课堂管理。它也可能成为你的模式，但在此只是给你提供了一个支架，帮助你走上开发并形成自己的模式之旅。）

知识过滤器和解释过滤器

在一个课堂管理模式中，知识和理解是主要的输入物，这些指的就是知识过滤器，因为任何新知识都会通过你已有的知识得到解释，结果就是形成个性化的理解。这些知识极有可能是从一系列与教和学紧密相关的学科中抽取出来的理论形式、框架、模式和原则。这些学科大致包括人的发展理论、心理学、社会学和最新的教学法理论。对你们中的许多人来说，这种知识会包括许多你在读教师教育课程时所学习的教与学的知识，以及从微格教学和专业实习中获得的知识，也包括你从广泛的生活经验中获得的知识。

解释过滤器相当于一个人的“世界观”，是我们如何参与、理解和解释教与学的知识。解释过滤器会受显性的和潜在的信念、价值观、态度和广泛的人生经验的影响。当我们对教与学理解得越具体，对学校教育和教育理解得越宽泛时，我们的世界观就越会发生变化、调整和发展。

生态学视角

生态学视角是个包罗万象的视角，它浓缩了我们融合在莱福德课堂管理模式的所有部分。在此主要强调的是布朗芬布伦纳的生态体系理论（在 CCW 上有详细解释），具体聚焦在解释学校之间、儿童个体之间、儿童家庭之间、本地区和更广泛的社区之间错综复杂的相互关系上。

社会文化和心理教育视角

社会文化视角可以为我们在社会情境中人与人之间的互动提供解释。心理教育视角会对个人信念、个人思想、情绪情感和行为提供解释。这两种视角都有大量的相互关联的研究基础。对于莱福德课堂管理模式而言，这些视角发挥着核心要素的作用，会有助于解释课堂中所作所为的原因。

积极实践和干预实践

积极实践包括：人际关系与交流，课程、评价和教学法，课堂组织，专业反思性（分别参看第 3、4、5 和 6 章）。这些都是创造积极的学习环境的基于现实的实践。积极实践是为应对挑衅行为和创造一个富有成效的学习者的共同体而设计的。干预实践包括基于心理教育的、认知行为的和行为的干预（参看第 7 章）。心理教育的和认知行为的干预是针对顽固性的挑衅行为（这些行为已持续很长一段时间，很少正式出现抵制或临时的干预）。而行为干预广泛用于那些更为严重的挑衅行为（这些行为非常严重，通常会给学生和其他人带来危险）。

反思循环和计划-实施-评鉴循环

一般说来，反思意味着指向自我。在本书的专业背景中，反思更具体地指向所采取的行动。运用反思循环意味着，评鉴和反思在思维中会引起大量显著的改变，接下来通过运用新策略会引发实践的改变。因此，反思在超越关于教与学的已有思维方面大有作为。

计划-实施-评鉴循环强调，课堂管理实践是满足课程要求的必不可少的构成部分，对形成课程项目和计划的过程会做出回应。反思循环和计划-实施-评鉴循环“包裹”着我们的管理模式，并且会不断地把输入物输进知识过滤器和解释过滤器。随着知识和理解的增加，世界观会得到修正，转型会持续发生。

课堂管理计划

在这里，该模式的各个组成部分是以整体的方式整合在一起的。一个完善的课堂管理计划，肯定包含相关的专业哲学观，同时包含有富有逻辑的课堂管理思路，该模式传递的主要输出品就是积极的学习环境。

积极的学习环境

在积极的学习环境中，学生会认识到他们是受到重视的，且有归属感，他们有安全感，感觉快乐，学得很好。教师很有专业成就感（效能感）和满足感。

该模式各部分之间的相互关系

这一部分解释莱福德课堂管理模式各个组成部分之间的相互关系。你应该记得，莱福德课堂管理模式是以积极方式对理论和实践进行融合的。换言之，本模式把过程加入进来以增强我们对理论和实践关系的理解。相应地，该管理模式的过程包括输入物和输出物。下面为了更好地对各部分之间的相互关系进行解释，我们遵循莱福德课堂管理模式的循环过程：从输入物到输出物……

知识过滤器把知识和理解进行筛分，从而完成形成课堂管理计划的任务。对你们大多数人而言，这些知识包括：你自己上学时体验过的课堂管理风格和方法，你在接受师范教育期间通过各种课程所学到的知识。当你来接触新项目、新信息和教学实践时，无疑会改变你的知识过滤器。当你开始从教时，你的知识也会通过与学生的互动体验和听同事讲课并找出其中的策略等得以显现。在第2章中，我们将展示以模式、框架和理论形式出现的新知识是如何通过你开创的一系列原则融合在一起的，以及它们是如何持续影响你自己的教学实践的。你的知识过滤器也会影响你处理和分析莱福德课堂管理模式其他组成要素的方式。你从新手（职前）教师到专家型教师的转型中，这个过程一直会持续下去。你的知识过滤器与你的解释过滤器会紧密相连。

解释过滤器会影响一个人“知道”的所有事情，即个人的世界观或个人的信念系统、价值观、态度和生活经验。这就是为什么每个人对“知道”的理解是千差万别的。你的解释过滤器会不断变化，原因有二：第一，你的个人知识和生活经验在继续增加。你在大学里获取的知识和生活经验会以各种方式确认并挑战你的世界观，你初为人师的经验也会确认并挑战你的世界观。第二，通过反思循环和计划-实施-评鉴循环的实践，日益增加的反思会“打开”你的知识过滤器和解释过滤器。这个过程会变得越来越清晰有力，会不断改进你的专业哲学观、你的课堂管理思路，最终会改变你的课堂管理计划。你会期待挑战，紧张甚至冲突作为新知识会干扰你的既有信念和态度。

因此，你的知识过滤器和解释过滤器会一直变化，它们不仅影响你的教学观和学习观，而且影响你的自我观和身份认同。当你进入反思循环和计划-实施-评鉴循环的过程中时，你会更频繁地回顾与它们相关的原则性知识、理论、框架和模式，会更直接地将其纳入思考范围。当你获得经验成为优秀教师之后，你就能以更加复杂的方式处理这些知识。你就越来越能反思和检测你的知识基础，最终还能奉献关于教与学的理论与实践的专业知识。知识过滤器和解释过滤器提醒我们，对于教师和学生来说，开发教学方法是一个持续的过程。

生态学、社会文化和心理教育视角是相互关联的，也是相互涵盖的。生态学视角扮演着包罗万象的概念角色。这就提醒我们，当我们与孩子打交道时，孩子个体直接接触的环境也受到广泛的更为复杂的环境的影响。社会文化和心理教育视角构成了我们的莱福德课堂管理模式的核心。在过去，课堂管理常常被看作处理纪律行

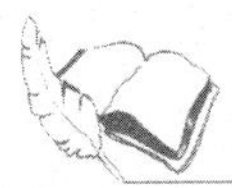

为的相关行动，聚焦在纠正学生的“坏”行为上，这几乎完全是根据行为主义的奖惩原则进行的管理。只是近些年来，从社会文化和心理教育视角探讨课堂管理才变得越来越普遍。

我们对这些视角是如何共同发挥作用的理解至关重要。广义上的生态学视角包括了社会文化和心理教育视角。社会文化和心理教育视角需要保持平衡，因此我们在这个模式中运用了阴/阳象征。这些视角和与此相关的理论，对此有兴趣的老师，可以在 CCW 上有更深入的解释。通过本书其他部分的内容，我们会展示这些视角和理论将如何帮助你形成自己的课堂管理计划。

个人的理论视角主要是报告教师个人课堂管理计划中的积极实践和干预实践的“混合结果”。四种积极实践相互涵盖、相互补充。所有实践都要求能促进积极的学习环境的创造。这四种积极实践在如今基于证据的课堂管理计划中，是至关重要的要素。基于证据的管理强调教育项目计划的关键因素包括：教学中恰到好处的社交技能、对自我和他人需要的理解。这个目标最好通过跨课程方式来达成，由此看来，课堂管理计划理应是整合性的（见图 1-2）。

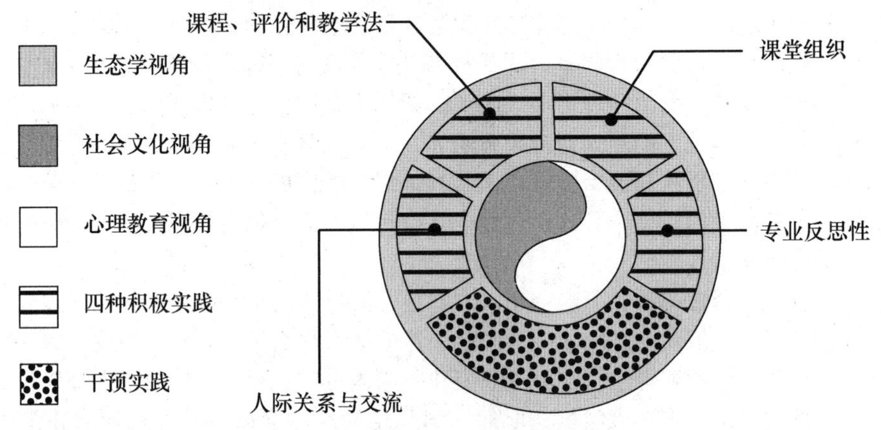

图 1-2　莱福德课堂管理模式的交叉部分

大多数学生的需要会通过发展兴趣爱好得到满足。学生投入喜欢的不同层次的学习项目之中，会更容易成为成功的学习者。教师清楚明白地教授互动的方式和策略，而学生也有需求，这有助于发展积极的课堂文化。这里有个重要概念“归属感”。那些感觉自己是班级和学校的一员的学生，在学校会有安全感，他们的需要得到了老师和其他学生的满足，这样的学生更喜欢上学，更会把注意力集中在学习上。这四种积极实践在第 3～6 章会分别做出详细的解释。但还是有少部分学生，或个别地、或集体地，要求有更专业的知识和实践来实现他们的潜能。

当只是使用四种积极实践不能合理满足个别学生的需要时，就需要采取**心理教育、认知行为和行为的**干预实践了。第 7 章将考察针对有严重挑衅行为的学生的干预策略。但是，我们的管理模式持有的观点是：那些有特殊行为需要和社会需要的学生仍然是班级的一分子，干预实践不能从积极实践中分离出来。

许多老师非常熟悉我们管理模式的主体部分包括两个循环过程。反思循环是个比较复杂并且很有力量的过程，会对我们的管理模式的所有组成部分产生潜在的影响。在反思循环中，真实而持久的改进会发生，并且是基于行动研究或行动学习进行的改进。

对教与学进行系统的记录，就会运用种种改进策略，这有助于你记录自己的业绩和实践。这是所有高效能教师在教学实践中都会采取的做法。

作为师范生或初任教师，你最先关注的可能是计划-实施-评鉴循环过程。这是一种行动研究形式，你会记录每节课的计划或单元计划、实施计划，然后评鉴所发生的一切。换言之，你的关注点在于课程内容、如何教授这些内容的策略和学生如何成功学习这些内容。在澳大利亚，普遍的做法是发布各种各样的州和地区性文件，针对课程拟订出学习目标。虽然现在澳大利亚的国家课程至少部分得到了执行，但州和地区课程及教学大纲仍然得到了不同程度的重视。但总的说来，拟订课程文件、落实具体的学习目标，目的是使学生获得各种技能、满足不同学生个体的兴趣和需要。从传统上讲，课程内容的落实与课程管理的事情是分离开来的，但在一些核心学习领域和各种跨课程学习领域，学习目标越来越多地涉及价值观、道德观和学生福利一类的问题。这种学习目标在新的《国家教学标准》中也是显而易见的，其针对刚入教职的教师、非常卓越的教师和专家引领型教师，清楚明白地制订出一套国家教学标准/胜任力，把教什么与怎么教紧密地联系在了一起。

这两个循环过程是紧密地联系在一起的，教师理解这一点至关重要。当你对计划-实施-评鉴循环的运用非常精熟时，你的教学就会更加得心应手，你对每节课、每个单元和每个项目的回顾会更多地参考学生的参与度、学生的动机、学生的关注度和学生的合作能力。在《北部地区课程框架》中，针对这些问题设置了一套具体的目标，可称之为核心学习目标。这个框架深受生态学家布朗芬布伦纳的影响，把核心目标分成了四个领域，即内在的、创造的、合作的和建设性的学习者。学习目标是根据这四个领域拟订的，要求教师传达、教授和评鉴这四个学习目标。这是一项有益的创新，因为它是把课堂管理问题作为教与学的过程的有机组成部分，而不把其看作外在于教与学过程的部分。把课堂管理置于教学之外已受到一些质疑和批评。

反思循环和计划-实施-评鉴循环都为达成课程要求和满足学生的社会文化和心理需求提供了系统的方法。当你的反思非常充分且严密时，就会对你的课堂管理计划的改善具有较好的效果。我们强烈主张，课堂管理实践、课堂管理模式和课堂管理计划，不是与课程学习、课程计划和学习项目的中心活动分离开来的，而是不可分割的内在整体。

莱福德课堂管理模式的最后部分是输出物（或结果）。我们相信，通过该模式的下列过程，你将能够创造积极的学习环境，由此，作为你的学生，在学习中会体验到真正的归属感，会觉得安全、幸福和成功（好学生）；作为他们的老师，你会体验到更多的成就感和满足感（高效能教师）。

（就课堂管理而言）高效能的教师就是指能让所有学生投入其教学中去并通过激发学生的课堂学习动力从而把能力发挥到最佳状态的人。对高效能教师的含义在第 10 章关于高质量的教学部分，还有进一步的论述。但首先我们会探究它对于成为一个好学生意味着什么。（注意：我们在此用“高效能教师”而不是“好教师”，是为了避免运用“好”时滋生出的道德含义。）

对好学生的洞察是从文化和社会意义上入手的，暗含着教师期望实现的目标。一个好学生必须总是很听话、很安静、很勤奋，还是必须是主动质疑、敢于挑战、时刻准备表达见解的？哪一个意思更清楚呢？根据麦克劳德和耶茨（McLeod and Yates 2006）关于好学生的看法，不同学校、父母、老师会有不同的看法。成为一个好学生，是从广泛的社会性定义和判断意义两方面讲的。从社会性界定，其通常暗示着一个个体体现了这样的特点；从判断角度讲，则意味着一个人要由他人和自我，甚至更广泛的人际关系来进行判断。很明显，在讨论是什么成就了一个好学生时，生态学理论、社会文化理论和心理教育理论这些线索是交织在一起的。

从课堂管理的术语而言，老师想要学生对班上同学能将心比心，有同情心；能进行小组合作学习；成为班集体的一员；上课专心听讲，对布置的任务会竭尽全力完成；敢于面对挑战；用建设性的积极方式解决冲突。并且，教师希望学生不要捣乱，不要引起不必要的冲突。老师努力寻求良方使学生在课堂里感觉惬意自在。

对于什么造就了一个好学生，存在一种规范化的观点。这种观点也会发生变迁和变化。那些远离这种规范化观点的观点，常常会被边缘化。这种基于学校建立的更广泛的社会规范，会由具体背景和情境决定。换言之，什么会被看作“规范的”，在不同地区存在很大的差别。农村与城市之间看法会有差别，种族多元化程度高的地区与低的地区会有差别，富裕地区与贫穷地区会有差别。澳大利亚通过广泛的国家层面的协议，告知到底谁有权利归属于澳大利亚，谁有权利称自己为澳大利亚人，最终由谁来决定（Ford 2009）。所有这一切会裹挟在一起，我们可以尝试从个体层次去理解。在学校层面，比如年龄和性别，也会起作用。

麦克劳德和耶茨（McLeod and Yates 2006）解释说，一些学生努力揭开这种复杂性。他们的研究对早先康纳尔等人（Connell et al. 2007）的经典研究做出了回应。对于在学校环境中处于挣扎状态的学生而言，教育结果就是变坏，相应地，这对学生的健康和幸福会产生不利影响。学生必须对自身行为方式进行操控，使自身行为不仅可以被同学接受，还会被老师和家长接受。有时也会出现截然相反的情形，同伴的价值观会超过学校的影响。当学校和课堂不能满足学生的需要时，交流就会出现断裂，期望会变成冲突，学生会变得喜欢捣乱。当学生进入高中，这些问题会频频出现，占据主导地位。老师面临的挑战是如何提供有意义的、令人愉快的课堂内容从而使学生实现新追求变得有可能。看来，如果老师不对这些广泛出现的问题加以考虑的话，那么要实现有效的课堂管理和成功的教育目标，将会变得困难重重。

麦克劳德和耶茨通过研究获得了一个惊人发现，他们访谈了许多高中学生，问他们认为在学校什么是最重要的，即在学校内和更广泛的社区意义上典型的学校中什么是最重要的。从学生的观点看，相当多的时间花在了穿什么衣服和如何穿衣服上，这似乎是从表面上在解读学校在做什么。但思考一下你自己，你在学校花了多少时间关心和讨论外表，问问你自己为什么会出现这种情况。显而易见，这是“非常容易的控制工具”，将学生置于监视之中。但付出的是什么代价？另一项发现是，在学生访谈中，关系和联系成为非常明显的特征。非常清楚的是，在课堂管理理论和实践中，归属的观念凸显出来。在令人满意（高效能）的教师和（好）学生之间存在着紧密的联系，即在课堂中感觉安全和舒适自在是重要的。一个老师与其学生建立的关系会为其课堂的所有互动定调：课堂的组织方式，选择和介绍新话题的方式，如何评价、如何批评、如何鼓励以及老师如何回应冲突和捣乱。师生关系的质量将会时刻提醒什么才是积极的学习环境。

我们的莱福德课堂管理模式是一个有变化性的模式。很显然，莱福德课堂管理模式的设计是关于学习、行动和检省行动的进展过程，这些行动要么是关于课堂管理挑战和两难处境的，要么明显是关于跨课程嵌入课堂管理实践的。当你的理解越来越深刻时，你的知识过滤器和解释过滤器就会自动做出调整。当你从初任教师走向专家型教师时，课堂管理的过程会变得越来越顺畅和容易。

到目前为止，本章给你提供了莱福德课堂管理模式各个组成部分是如何联系在一起的解释，还解释了如何运用广泛的生态学视角、社会文化视角和心理教育视角来汇报这个过程。莱福德课堂管理模式具有内在整体性，各个部分是紧密相连的。本章后面部分将通过一系列原则更清楚地解释这个模式。你可以运用这个模式的整个流程、视角和理论，来创造你自己的课堂管理计划，或者你可以把莱福德课堂管理模式作为标准去选择一套你自己的理论、原则和策略。

来自一线的故事

我对教学可谓热情满怀……

在师生都感觉有归属感的课堂里，充满了光亮和知识，充满了关怀和创造，大家感觉到的是友好而非害怕，教学支持充分，课程表安排丰富充实，教学方法丰富，教育实践充实，充满了研究和反思意味，上课过程充满了欢声笑语。这种归属感对人的心灵来说至关重要，课堂是学生在学习如何感知、认知这个世界时可以犯错误的地方。

没有比教学更伟大的工作了。与所有伟大的冒险一样，教学的报偿来自对学生心灵的发现；你永远不会知道你会打开什么样的宝藏，这些会影响他们的现在和未来。关于学习过程，充满了神秘感。当学习发生时，学生的心里“灵光”闪现，学习就得到了显现。当学生记得那些若有所悟、恍然大悟的时刻，如果这些时刻是老师促使其发生的，那么这些时刻就会成为学生终身的记忆。

我对教学可谓热情满怀，并且坚信如果给予机会，我们每个人都会成为更好的人。虽然我们一些人需要更多的机会才能理解，但我依然坚信，善良的言语和积极的姿态不会功亏一篑。我们的言行举止会产生影响，会给学生留下持久的印象。作为老师，我们必须保持积极乐观的态度，这样我们将会使事情大不一样。

专业体验场所使得我有机会去检验和反思自己关于课堂管理的专业哲学观、理论和计划。我会顺理成章地认为，课堂管理每天都是大不一样的。与我的同事讨论每天发生的事情和出现的情况让我学到了很多很多。我知道，不管我如何计划，我的课堂管理依然需要改进。

教学对我而言充满了乐趣，因为虽然我每天都面临着重重困难和挑战，都会受挫、感到沮丧，但我还是相信孩子们和他们的能力。我常会开怀大笑，而且从充满感激的孩子那里享用到他们美丽而善良的言语大餐。作为老师，你不可能非常富裕，但作为老师的幸福却是无价的。在此我想要强调的是：去发现每个学生好的一面，它就在那里，等待你去发现。

反思……

思考一下如何界定优秀学生、高效能的教师和有质量的教学。在这个故事中，优秀学生、高效能的教师和有质量的教学都有什么样的特点、属性或品质？考虑一下你自己的专业哲学观，在你的观念世界中，优秀学生、高效能的教师和有质量的教学会有什么样的特点、属性或品质?

模式蕴含的重要理论及原则

莱福德课堂管理模式有着广泛的理论基础：各种各样的理论、框架、模式和原则来自人的发展理论、心理学、社会学、教育学特别是关于课堂管理的理论。它们的包容性广为人知，取决于我们的集体经验、行动研究活动和学术文献，这表明我们的世界观是富有挑战的融合物。当然，我们承认你有自己的世界观，但当你选择理论、框架、模式和原则时，我们会敦促你深入思考，这要基于你已有的专业哲学观、课堂管理思路、模式和计划。支撑莱福德课堂管理模式的理论包括：

- 人文主义理论
- 知识习得理论
- 生态学理论
- 社会文化理论
- 心理教育理论
- 认知行为理论

这些理论在我们的 CCW 中有详细的解释。为了使你现在对这些理论中最感兴趣的理论有深入透彻的理解，我们向你推荐了这个网站。十分重要的是，你要注意这些理论并不是聚焦课堂管理的，而是从更为广泛的学科领域诸如人类发展、心理学和社会学发展而来的理论。具体围绕课堂管理的理论，我们在本书第 2 章有介绍。这些理论和其他理论我们都在 CCW 上进行了大致解释。

下面（没有特定的顺序）列出来的是莱福德课堂管理模式和实践所蕴含的原则，这些我们在本书的前言部分已有详细阐释，与我们的课堂管理专业哲学观和管理思路是紧密关联的。

- 教与学和课程、评价和教学法有关，旨在形成社会能力，成为国家和全球公民
- 对理论和研究的正确理解有助于高效教学实践的发生
- 高效能教师会事先进入反思循环并获得专业成长
- 高效能教师能够清楚地表达他们的专业哲学观和符合逻辑的课堂管理思路，他们的课堂管理思路与其课堂管理计划和实践具有连贯性
- 积极的（课堂管理）实践总是在干预实践之前运用的
- 教师至关重要，教师对其学生会产生长久的影响。高效能教师会促进高效能学习的发生
- 高效能教师会为所有的学生创造积极的学习环境
- 课堂管理模式、计划和实践必须与学校制度相关的政策和实践保持一致
- 合理的课堂管理原则可以运用于幼儿园、小学、初中和高中

模式的运用

我们对如何运用莱福德课堂管理模式进行一个初步的解释。这有助于你开始走

上形成自己个性化的课堂管理模式和计划的道路。你要心中有数，我们在第 9 章将会对如何制订课堂管理计划提供详细的解释。

首先，回顾一下“开篇故事：多一点点时间……”，如果杰德理解了莱福德课堂管理模式，并制订了自己的课堂管理原则，准备好自己的课堂管理思路，她就能够适应多数学校和课堂的管理规章和程序。我们的完整课堂管理模式包括计划过程、实施过程和评鉴过程。面对一个新模式或新方法时首先会遭遇的问题是：这个新模式如何才能与我的专业哲学观、原则和实践相适应？这个新模式如何才能与我的世界观和理论知识产生关联？你需要考虑对于已有的管理方式怎样才能做出最好的解释。你也要考虑，这种方式在指定的学校方法之内将如何进行操作。

作为师范生或初任教师，你走向有效的课堂管理和创造积极学习环境的第一步极有可能就是做好计划。一开始就形成你自己的专业哲学观会很有助益。当你对理论、实践和现实了解更多时，你的专业哲学观就会起到修正偏差的“定锚”作用。由此，你的课堂管理模式及其重要理论和原则就会引导你把生态学视角作为概念基础，同时也会采纳上面提到的其他理论的元素（本书第 2 章和我们的 CCW 上有详细介绍）。

你第一次草拟的课堂管理计划会引出四个关键的预防性实践。你可以通过有效交流（第 3 章）设计一个聚焦建立积极关系的计划，实现高质量的课程评价和教学方法（第 4 章），建立一个有组织的课堂（第 5 章）。你应该实行这些计划，有机会进行定期和频繁的检省，成为反思型实践者（第 6 章）。

第一个计划环节应该在你进入课堂之前就进行，但可以根据你所在学校及所教学生的具体情况进行调整和修订，便于学生更好地理解你的计划。计划环节可能持续好几周（甚至好几个月），因为你需要时间去了解你的学生。我们建议你把这种积极实践吸收到对教与学计划中去，这样就使得学生有更多的机会相互了解并了解老师。对于有社会文化问题的课堂，这种做法意义深刻。对一些学生（最终）有必要采取一些干预措施。只有在提出要求时，才有必要选择干预措施。但即使在最开始的阶段，你仍然需要对干预的类型进行广泛的了解，其最好与你的专业哲学观和管理模式并行不悖。

第二个环节（有涵盖）是实施你先前的计划。引介、制订、监控和巩固课堂管理计划可能花一学期时间还不够。这个时间段会因学生的社会成熟度不同而不同，他们的个人需要是千差万别的，你要能够持续且系统地实施你的计划。你在考虑计划时让学生尽可能参与是非常有助益的。去了解学生是收集整合学生个别需要的最有效的方式之一。

第三个环节是合作评鉴（检视）你的计划。这个检视作为反思循环和计划-实施-评鉴循环的组成部分，应该是动态的和修正性的，与你的计划运行有直接关联。对于师范生和初任教师来说，与其他老师、讲课者和同伴（同学、同事）讨论这些问题，有助于你弄清楚计划中的哪些部分需要改变，哪些部分需要确认，在一学期的执行过程中可能会出现什么问题。回到你的专业哲学观，原则和重要理论通常是有助益的，也要解读基于证据的实践（第 10 章中所讲述的当代问题在此是中肯切题的）。我们建议，当问题出现时，你使用了怎样的解决策略、实施了怎样的项目计划以及调用了什么样的资源，你都要把它们记录下来。日志将帮助你对该做什么、不该做什么做出更多的有远见的决定。作为评鉴的结果，你将对你的课堂管理计划做出一个或两个方面的改变，并且重检你的项目计划。你所获得的知识和理解可能会挑战你的根深蒂固的关于孩子、孩子的学习方式以及他们面对的社会文化背景的认识。这是成为一个高效能老师所要面临的所有挑战。高效能老师能公正地对待学生，严格要求学生，对学生富有同情心和同理心。

计划、实施和评鉴的过程是循环的和持续的。这个过程旨在确保你的课堂管理计划与你的专业哲学观及其理论基础是并行不悖的，确保你的管理计划对你的学生会产生有价值的结果。我们相信，在这个过程中的投入也会使你走向成为令人满意的教师之路，你能自信满满地讲清楚什么是专业的实践及其背后的原因。保持记日志的习惯有助于你追踪你是如何从一个初任教师成为熟练教师以及专家型教师的。到那个时候，你一定会对你早年的思想和行动惊讶不已。

我们的观点是，莱福德课堂管理模式为教师提供了一个基于研究的有价值的支架，由此教师得以寻求创造积极的学习环境并使学生实现更佳的学习目标，但也存在各种各样的关于课堂管理的备选理论、模式和计划，一些案例甚至是截然相反的。其中一些在澳大利亚的学校里受到广泛的支持，获得广泛的实践机会。当然，你也可以走自己的管理之路。你可以找到与你的专业哲学观并行不悖的替代理论，它采取的是不同的视角，或者说运用了不一样的实践或干预措施。但你的确需要花时间去理解一下这个模式。莱福德课堂管理模式有实用性、灵活性和深刻性，把健全的理论与基于证据的最佳实践进行融合，从学前教育到高中各个学段都得到了广泛的运用。

小　　结

在本章，我们介绍了课堂管理模式的概念，解释了我们的莱福德课堂管理模式（还有其他课堂管理模式，但这是我们喜欢的模式）。我们把这个模式作为支架，来帮助你对你自己的专业哲学观、课堂管理模式和计划进行设计、开发、实施、评鉴和反思。本章描述和解释了莱福德课堂管理模式的构成部分以及各部分建立相互联系的方式。本章的核心学习目标是你能够运用自己的基础知识去理解这个管理模式和其他理论，从而使自己带着“广阔视野”进行后面章节的学习。下面，我们将在第 2 章对课堂管理理论进行更为详细的解释。

基本概念

- 课堂管理
- 积极的学习环境
- 莱福德课堂管理模式
- 理论、实践和实施
- （学习和教学）专业哲学观
- 知识过滤器和解释过滤器
- 反思循环和计划-实施-评鉴循环
- 生态学、社会文化和心理教育视角
- 积极（正面）干预实践
- 课堂管理原则、模式和计划

个性化活动和小组活动

活动 1

回到“开篇故事：多一点点时间……”，讨论在你学习教师教育课程期间，形成专业哲学观、课堂管理思路和课堂管理模式的重要性。考虑关于课程、评价和教学法的重要理论和基于证据的实践。

活动 2

对学生而言，莱福德课堂管理模式是如何创造和维持积极的学习环境从而实现最佳学习目标的？比较和对照不同国家和地区是怎样解决课堂管理问题的。

活动 3

考察我们在本章中提出的原则，识别本章所描述的与我们的原则相关的个性化理论的构成因素。讨论我们的原则和这些理论的关联性。

活动 4

你认为是什么成就了优秀学生和卓越教师？用今天的学术文献来证明你的观点。

活动 5

讨论你自己的教学原则和与这些原则密切相关的理论。

学习工具

请访问 www. cengagebrain. com，获取与本书有关的学习工具。

网络链接

Australian Curriculum Assessment and Reporting Authority (ACARA)
http://www.acara.edu.au/default.asp

Australian Government Department of Education, Employment and Workplace Relations
http://www.deewr.gov.au/Pages/Default.aspx

Melbourne Declaration on Educational Goals for Young Australians
www.mceecdya.edu.au/mceecdya/melbourbe_declaration,25979.html

New Zealand Ministry of Education
http://www.minedu.govt.nz/

拓展阅读

Colvin, G. (2009). *Managing noncompliance and defiance in the classroom*, Thousand Oaks, CA: Corwin, Sage.

Killen, R. (2007). *Effective teaching strategies: Lessons from research and practice (4th ed.)*. Melbourne, VIC: Social Science Press.

Ladwig, J. G. (2009). 'Working backwards towards curriculum: On the curricular implications of quality teaching', *Curriculum Journal*, *20*(3): 271-86.

Manning, M. L., & Bucher, K. T. (2013). *Classroom management: Models, applications and cases (3rd ed.)*. Melbourne, VIC: Pearson Australia.

McLeod, J., & Yates, L. (2006). *Making modern lives: Subjectivity, schooling and social change*. New York: State University of New York Press.

Porter, L. (2007). *Student behaviour: Theory and practice for teachers (3rd ed.)*. Crows Nest, NSW: Allen & Unwin.

第 2 章

课堂管理理论

> 好的理论会对教学现象做出解释和预测，并给予指导。掌握可靠的教育研究理论并对其进行充分的理解，有助于你甄别和参与最好的基于证据的实践。
>
> Beutel 2007，p. 1

学习目标

通过本章的学习你将能够：

- 认识到课堂管理理论对形成课堂管理计划的重要性
- 对五种课堂管理理论进行识别、评判、比较和对比
- 展示你对一个或更多的课堂管理理论的深入理解，揭示其与你的专业哲学观的内在关联性
- 理解课堂管理理论的分类情况，理解它们是如何与你自己的课堂管理观保持一致的
- 自信地讨论本章的小结和解释本章结尾列出的基本概念

本章概览

- 开篇故事：新鲜的方法……
- 引言
- 知晓课堂管理理论
- 选择一种理论思路
- 五种基本的课堂管理理论
- 对课堂管理理论的分析
- 课堂管理理论的一些分类
- 何种课堂管理理论
- 小结
- 基本概念
- 个性化活动和小组活动
- 学习工具
- 网络链接
- 拓展阅读

开篇故事：新鲜的方法……

新学期开学已三周了，卡伦是初任教师。初为人师的卡伦尝试着步入正轨。大部分教职员工已在这个学校工作多年。虽然他们乐于助人，聊天也十分投机，但他们对卡伦关于教与学的新思想并不感兴趣。该校在当地的教学联谊会中声誉非常差。但是卡伦发现她的学生对她投注在教与学上的热情非常欢迎。卡伦第一次同意加入当地的“饮吧会”（watering hole），即周末的饮品聚会，谈话很快就转向了学校和学生行为……

“我这一年带了一个糟糕透顶的班级，”乔老师痛苦地说道，“他们抱怨我给他们布置的功课，我的耐心已消磨光了。我还得这样走下去，因为我多年来就是这样教的。就因为他们抱怨我就得做出改变，简直太可笑了吧。我想是时候开始给他们点颜色看看了。”

“我根本就不能让我的班级按时上课，”琼斯老师抱怨道，“他们在学习上落下了太多的功课。我把迟到的学生直接送到校长办公室，那也只能让他们忙活 10 分钟……”

“我知道你的意思，”副校长应和道，“今天，太多的学生根本不重视他们的教育。就在昨天我还不得不处理那两个一次又一次溜出教室的新生。他们看起来满不在乎的样子，我希望他们在家反省三天能改变他们的态度……”

接下来是长时间的沉默。大多数老师都在喝他们的饮料。卡伦一小口一小口地喝着自己的饮料，在想她刚才所听到的这一切。“我的学生精神焕发，热情洋溢，一点也不像他们所描述的那个样子啊。也许我的同事们要换个思路去考虑他们的课堂管理方法了……”

引　言

在本章，我们将介绍一系列从课堂管理文献中摘录出来的课堂管理理论、框架和模式。这有助于你更加深入地理解和欣赏课堂管理理论的多样性，有助于你报告在学校里看到的种种课堂管理实践情况。这些理论与第 1 章中解释过的人的发展、心理学、社会学和教学理论等更加宽泛的理论有着明显的区别。我们也请你接受这样一个事实：你的课堂管理知识来自你自己，是通过你的个人知识过滤器和解释过滤器获得的。本章介绍的这些课堂管理理论、框架和模式与你自己的一套原则是相互关联的，而且它们是通过你自己的一套原则才得以呈现的。有时候这些原则和相互联系是显而易见的，有时候需要你花大力气把它们找出来。如果你想要设计自己的课堂管理计划，你就需要理解你自己的课堂管理原则，了解它们是怎样支撑自己的课堂管理实践的。图 2－1 标识出了理论、框架和模式之间的相互关系，指出了原则在这些相互关系中所发挥的重要作用。就我们的个人知识获取和解释而言，图 2－1 也强调了知识过滤器和解释过滤器（包括我们的世界观）所处的地位。

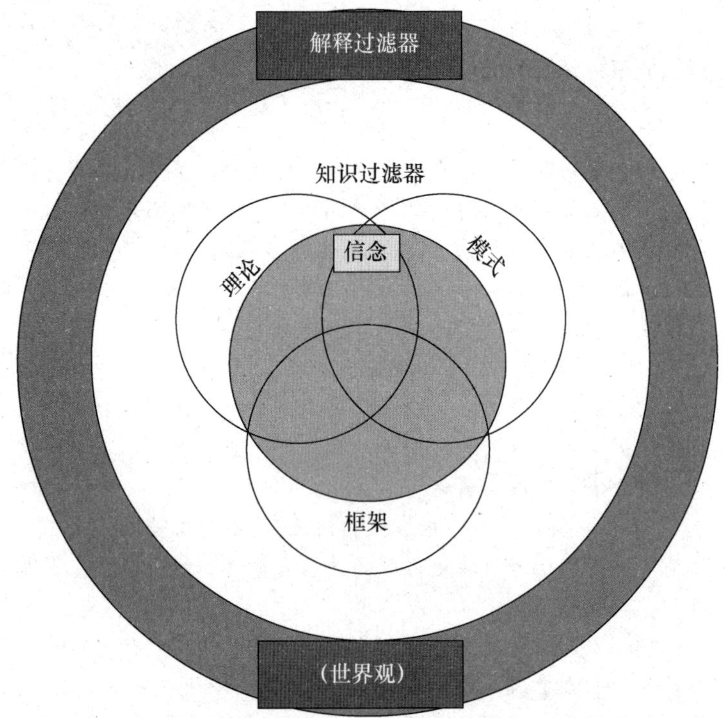

图 2-1　理论、框架、模式和我们的世界观之间的相互关系

我们也提出了一系列课堂管理的类型，这有助于你理解这些课堂管理理论的本质和各种各样的相互关系。在本章中，我们会让你看到我们是怎样选择混合的理论、框架和模式的，以及我们是如何选择基于莱福德课堂管理模式的课堂管理原则的。这样做有助于你做出最佳选择，来支持你用最连贯和最实用的方式形成你自己的课堂管理模式。而且，本章基于课堂管理理论的多样性，详细阐述了对课堂管理原则的理解。这有助于你找到最适合你的课堂管理理论，这是一场幸福的探寻之旅。

知晓课堂管理理论

弄懂学生的行为对于学习与教学的成功至关重要。因此，能否策略性地利用关于学生行为和课堂管理的理论十分关键。对相关的理论有透彻的理解，能让你教得更好，能让你向学生、家长、同事和督导解释你的教学决定。

好的理论解释和现象预测，会为你的教学提供指导。因此，对理论知识和相关教育研究的透彻理解使你有机会甄别和参与基于理论和证据的实践。就像阅读理论，如果不通过理解改进你的阅读实践，那么它一点用处也没有。我们希望你通过提高对关系（理论和实践的关系）的理解水平来发展你的实践能力（把理论用于实践的能力）。对于你的教学实践，理论与实践缺一不可。见多识广/高效能的专业人士会进行具有远见卓识的实践，而且能够解释和证实他们的行动。

虽然你是一线教师，但随着时间的推移，你对课堂管理理论形成合理的理解是完全有可能的。对于许多经验丰富的老师而言，他们在职前教育期间不可能有机会接触这些课堂管理理论，这就是他们的现实。因此一点也不奇怪，他们中的一些人

会觉得理论是毫不相关的或艰深难懂的。当然，你也可以选择做一个有理论素养的课堂管理者，我们强烈建议这样做。我们坚信，你应该形成自己的课堂管理思路，由此把你的专业哲学观和课堂管理实践紧密结合起来。

选择一种理论思路

关于课堂管理的知识，以理论、模式和框架形式呈现，对于课堂管理计划的形成，它们是最主要的输入物。通过本书第 9 章的学习，你将会致力于形成自己的课堂管理计划。你的课堂管理知识，会经过你既有知识的过滤，也会受到你的世界观或解释过滤器的影响。你的解释过滤器受到信念、态度和价值观的影响，有时是意识层面的，有时是潜在的。当你接触新知识或新经验时，你会进行总结。当你接受获取的新知识和新经验时，你的知识过滤器和解释过滤器会发生变化。你对基于这些理论、模式和框架的原则的理解，是把你的专业哲学观和课堂管理计划融合起来的关键。

我们看到，你选择和拟订自己的课堂管理思路时，可以采取三种选择（更像是理论上的选择）思路，分别是：简便思路（simple approach）、混合思路（hybrid approach）和实用思路（pragmatic approach）。

简便思路意味着，你在采用课堂管理的理论和实践方法时，只会运用一种课堂管理理论。这意味着，你对我们提供的这些管理理论分别阅读和理解，一个一个地用来告诉和指导你如何拟订自己的课堂管理计划。这种思路一点也不复杂，对教师职前培训或初任教师而言是最受欢迎的。然而，如果你的新学校持有不兼容的理论思路，其将是完全不同的实践，那么你的简便管理思路就很难得到实施。

对课堂管理理论采取混合思路意味着，开发一种个性化的方法，从不同理论中抽取各种可以兼容的元素组合在一起。这种方法有容易执行的潜力（与简便思路一样），与此同时，可以根据你的专业哲学观进行“剪裁”。采用混合思路要求你对各种课堂管理的理论和实践有非常全面的知识和理解。值得注意的是，并不是所有的课堂管理理论和实践都可以天衣无缝地结合在一起。事实上，许多理论家和实践者批评说，混合思路把单个理论和井井有条的实践完整性“肢解”了。如果你要选择拟订和采用混合思路，你就要确保每个理论依据的原则与你的专业哲学观之间具有内在关联性。

在课堂管理中采用实用思路意味着，要根据你所教班级和所在学校的性质改变或转化理论与实践的关系。根据各种具体情况，你可能选择不同的管理思路：学生年龄及认知水平、社会或情绪发展、已有的班级行为特征（同质性）、你的任教情况（临时任教、阶段性任教、永久任教）、学年的时间长短、学校的规章制度、学校的实践、同事（特别是那些与你教同一批学生的同事）的理论与实践思路。实用思路的潜力在于，它会使你在理论与实践上具有变通性和灵活性，但它要求你对自己所选择的理论的所有方面要全面深入地了解，对所选择的课堂管理实践要全面深入地了解，对你为什么、什么时候以及怎样改变你的管理组成要素要全面深入地了解。

最佳的情形就是，在一学年的开学之初，你被分派到一所理想的学校和一个理想的班级，而且并不要求你去拟订一个严明的课堂管理思路，你的课堂管理计划自然而然地与你的专业哲学观相吻合。现实情况却是，大部分老师在开始教职

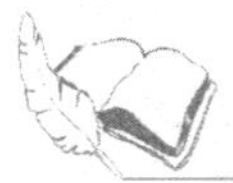

生涯时情况并不容乐观。情况随关联度的变化而变化。当你的课堂管理计划与你的专业哲学观没有出现关联时，思考改善结果则困难重重。如果你要重建你的管理思路，按你的管理思路指导管理实践、引导学生走上正轨，你将面临严峻的挑战。

哪种课堂管理理论是最好的？最好的管理理论是那些蕴含的管理原则与你的专业哲学观依循的原则相匹配、相关联的理论。你正在寻找一种与你的专业哲学观和课堂管理实践密切相关的理论（或系列理论），情况就是如此。

五种基本的课堂管理理论

下面是对深刻影响澳大利亚学校与课堂的五种重要理论的简要介绍。本章（网站上的题目为“附加的课堂管理理论和模式”）提供的是一种资源，无论你是想要获取专业经验的师范生还是初任老师，你都可以借此重新考查你在学校里学习的理论。我们之所以选择这些理论，是因为它们在澳大利亚的学校里得到了广泛运用，也是因为今天的课堂管理理论受到心理教育理论、认知行为理论和行为理论的影响。其他作者通过他们自己的知识过滤器和解释过滤器，会识别出不同的重要理论。

我们以同样的格式呈现这五种重要理论，这样做有助于你对它们进行对比和分析。每种理论的名称都广为人知且易于识别，理论名称之后列出了该理论的代表人物的名字（从某种意义上讲，理论提出者就是该理论广为人知的主张者）。接下来就是对该理论在实践中的运用情况进行简单描述，然后列出了该理论支持的主要原则，大致包括：核心哲学观、价值观、伦理和道德观。积极实践辨别的是管理实践中的这些方面：试图形成良好的课堂管理，主要是打造良好的学生行为，预防（干预）或减少不良行为。总的说来，要尽可能经常实践积极的课堂管理行为。干预实践辨别的是管理实践中的这些方面：试图恢复良好的课堂管理，主要是减少或消除更多的较为棘手的不良行为。普遍实施的干预实践我们在本部分都已按顺序列举出来。然后是挑战与批评，指的是一些哲学或实践挑战，即成功实施理论所面临的挑战。通过对这些重要理论的比较，你将会对莱福德课堂管理模式加深理解，亦会对我们在网站上列出的管理理论的类型和其他理论加深理解。

我们后面将对管理理论的分类进行探讨，我们认为管理理论最好分成如下相互涵盖的三类：心理教育视角的管理理论、认知行为视角的管理理论和行为视角的管理理论。

心理教育视角的管理理论主张，学生（其实每个人）都有需要，他们的行为（不良行为）是为了满足这些需要。教师应该努力创造最能满足这些需要的学习环境。德瑞克斯（Dreikurs）的目标中心理论（Goal Centered Theory）和格拉瑟（Glasser）的选择理论（Choice Theory）是这方面的典范。

认知行为视角的管理理论主张，介入学生的行为要思虑周详、友好协商，这样才有助于改善行为。这种类型的管理理论兼顾认知和行为技巧，共同校正学生的思维方式、感觉方式和行为方式。卡普兰和卡特（Kaplan and Carter）的认知行为理论（Cognitive Behavioural Theory）是这方面的典范。

行为视角的管理理论是高度程序化的理论，聚焦于个性化地校正可观察的行为。斯金纳（Skinner）的应用行为分析［Applied Behavioural Analysis，艾伯特和

特劳特曼（Alberto and Troutman）阐释］和坎特斯（Canters）的严明纪律（Assertive Discipline）是这方面的典范。

下面呈现的前两种理论有其心理教育理论和实践基础。它们是以个体心理学原则为基础的，个体心理学是 20 世纪初的心理治疗师艾尔弗雷德·阿德勒（Alfred Adler）提出的。阿德勒原本的理论被后来提出类似观念的思想家发扬光大，比如说鲁道夫·德瑞克斯（Rudolf Dreikurs）和威廉·格拉瑟（William Glasser）的理论，下面将会对他们的理论进行讨论。“心理教育”这个术语描述的是一系列与课堂行为管理相关的理论。这些理论寻求让学生从自身经验出发预防或处理负面观念、负面思想或情绪。我们将在第 2 章中更加深入地重温心理教育理论，但在此我们希望介绍具体的理论，它们在澳大利亚的学校的课堂管理实践中十分常见。

目标中心理论（鲁道夫·德瑞克斯）

目标中心理论（也称为民主纪律）要求老师对学生为什么会表现出不良行为做出基于需要的解释，然后通过协调找出替代方式去满足学生的需要。这要求老师把学生的不良行为与学生个人区分开来对待。要想实施目标中心理论，老师必须让全班同学就需要与行为的满足问题参与讨论；特别是就规则、后果和学业方面提供选择；示范连贯的、体谅的、负责的行为；提供明确的指南、期望和底线；建立班级信任感和自我责任感；采用自然后果法而不用惩罚；鼓励努力而不是成绩，把努力作为主要手段去满足需要，避免让学生灰心丧气。值得注意的是，在我们课堂管理理论的分类中，目标中心理论主要被视为深受心理教育理论影响的理论。

原　则

- 人是有天然需要的社会人，渴望归属于社会群体。学生的重要群体是学校群体和家庭群体。在这些群体中发展积极的人际关系是为了满足需要。
- 行为是“有秩序和目的的”，行为寻求实现社会认知和自我确认。行为主要由个体的社会影响力得以体现。
- 当学生错误地相信不良行为（包括不恰当地引起注意、显示权力、实施报复、显示无能为力）可以使他们归属于某一群体时，不良行为就会发生。灰心丧气和不能获得归属感是导致不良行为的主要原因。
- 目标中心理论关注学生的人际关系、情绪情感、思想和行为。
- 预防不良行为总是优先于干预。
- 教师的个性和风格（特别是老师如何对学生的行为做出反应）对学生的行为影响很大。民主型教师比放任型或专制型教师更能支持学生成为负责任的学习者。
- 当学生理解了他们的动机并学会了用合理的方式替代不良方式满足他们的需要时，不良行为才可能得到改善。

积极实践

遵照目标中心理论的教师通过如下方式创造积极的学习环境：

- 形成民主的教学氛围和课堂环境。
- 树立和培养相互尊重和珍重的行为与态度。
- 识别和回应学生的优点和能力。
- 慷慨地使用鼓励以减少学生的沮丧情绪，满足学生的基本社会归属需要和受重视的需要。

- 使用（安全的）自然后果法和协商逻辑后果法。
- 对不良行为进行回应时要讲求适宜性和灵活性。
- 促成全班参与对规则、后果、挑战和成绩进行的讨论。

干预实践

遵照目标中心理论的教师通过如下方式可以对非常具有挑战性的学生进行干预：

- 甄别个别学生出现捣乱行为的原因，如引起注意、显示权力、实施报复、表达无能为力。
- 帮助学生理解和认识他们的不良行为和动机。
- 帮助学生寻求积极目标而不是错误目标去满足自己的需要。
- 对情绪低落的学生进行鼓励，激发其自信心、责任心，重拾积极的目标。
- 鼓励学生在恢复过程中承认、重视和实践逻辑后果法，不要用惩罚。
- 促成全班参与就规则、后果、挑战和成绩进行的讨论。

挑战与批判

一些个体并没有寻求群体归属的动机。个别人可能会否认或掩盖他们做出捣乱行为的动机，也就是说，一方面，一些年幼儿童认识不到或讲不清楚他们的行为动机，而一些大孩子却不愿意讲。另一方面，老师也没有受过训练如何去对以特别方式表现的行为进行辨别，只能凭直觉去判断。对于具有民主氛围的学校或班级，平等和公正十分普遍，但老师比学生要承担更多的关怀职责和责任担当。在民主的环境中，个体合乎情理的参与要求合理化的道德能力，但一些学生缺乏这个能力。

目标中心理论对具有高度自律性的学生来说并不适用，面对充满挑衅的学生或不接纳学校其他成员支持的学生也很难奏效。为了追求效率，它也缺乏充分的证据基础。

现在阅读本章后面对课堂管理理论分析部分引荐的场景，遵照目标中心理论草拟一个设想的课堂管理计划和干预计划，特别是你还没有自然而然地运用目标中心理论的时候，这对你来说会很具有挑战性。

选择理论（威廉·格拉瑟）

选择理论属于新阿德勒心理教育理论，它是基于这种观点的：所有行为都基于个体竭力去满足现在和未来的需要：生存需要、归属需要、权力需要、自由需要和乐趣需要。

在教育背景中，课堂管理主要表现为运用干预手段指导老师去引导（而不是控制）他们的学生，创建令人喜爱的课堂和学校生活氛围，从而与学生的世界观保持一致。也就是说，过去人们的记忆、过去的时间和地点的记忆，结合在一起，被人们看作最令人满意的“理想生活”。在学校和课堂中追求有质量的生活（特别是当时最迫切的没有满足的需要）指导和驱动着学生的行为。

格拉瑟认为所有的行为都由行动、思维和感受构成，把每个构成部分都看作个人的选择。格拉瑟强调，教师需要引导学生通过恰当的行为选择而不是威胁利诱他们遵守规则去实现需要的满足。有质量的学校和课堂是指，在那里，学生极有可能

通过思维和感受采取恰当的行为，去满足他们的需要。值得注意的是：在我们的课堂管理理论的分类中，选择理论深受心理教育理论的影响。

原　　则

● 所有学生的行为都指向需要的满足，主要指向归属感、控制、自由和乐趣四个方面。这些需要并不是相互排斥的，一种行为在同一时间会在不同程度上满足多种需要。

● 教师应该引导学生走向他们的“质量世界”，在那里，通过恰当的行为选择，创造有质量的学校，他们的需要会获得最大程度的满足。

● 选择理论对行为管理采取的是发展而不是干涉（威胁）的方式。

● 所有人都受动机驱动。行为是受认知驱动的，只有个体才能控制他的行为指向何处，如何运用。

● 学校中的无聊、沮丧和不恰当行为，是学习环境不能满足学生基本需要的产物。

积极实践

遵照选择理论的教师通过如下方式创造积极的学习环境：

● 老师要承认和回应他们的核心责任是创造有质量的学校，由此，学生的基本需要会得到最大满足。师生关系的中心是尊重。

● 扮演“领导”管理者（而不是“老板”管理者）角色，教师要关注对学习的促进。这意味着有质量的学习内容、方法和评价的抉择权要与学生共享。

● 把合作学习策略作为优先考虑的学习方法。

干预实践

遵照选择理论的教师通过如下方式可以对非常具有挑战性的学生进行干预：

● 承认问题行为的发生在于学校和课堂的氛围及师生关系方面。

● 重建积极的师生关系——参见“积极实践”部分。对教与学进行重新建构能改善正在变坏的师生关系和学生行为。

● 重建积极的人际关系，这样老师就会参加有关解决个别学生问题的会议。

挑战与批判

选择理论在学校里得到了广泛运用。如果个别老师采用不同的方法，学生可能形成混乱的和不一致的质量世界的印象。这种方法需要花大量的时间和精力去做事前计划和实施计划。这种理论关注长期的改变，因此解决短期的棘手问题时并不适用。选择理论为处理非常具有挑战性的学生行为提供的可选方法很少，只有重建积极的人际关系一种方法。与目标中心理论一样，选择理论缺乏强有力的系统的研究基础。

认知行为理论（约瑟夫·卡普兰和简·卡特）

认知行为理论寻求发展学生的自我管理技能，指向行为的独立性。有自我管理能力会强化学生与教导和指导保持一致的动机，为学生提供“便捷式”的一般性的元认知技能。这些技能也会增加其他行为干预的有效性。认知行为理论主要适用于那些具有挑战性行为的学生，特别是那些显示出低自尊、有捣乱行为和低成就的学生。它在通过学生的“自我谈话”改善常规的学业技能方面也被证明是有帮助的。

认知行为理论主张，通过认知行为理论的培训而增强的认知技能也能够改善个人的精神健康。值得注意的是：在我们的课堂管理理论的分类中，认知行为理论深受心理教育理论和行为理论影响。

原　　则

- 个人既能变好也能变坏，个人可以选择他们的行为。
- 个人可以自我指导，而不只是被动接受外在影响的回应者。
- 行为选择受到这些因素的影响：结果和社会背景、价值观、动机、问题解决技能、自我组织技能、对别人反馈的解释。
- 纪律既是管理性的（创造学习的秩序），又是教育性的（发展内在服从的自我纪律）。
- 动机与成功是高度相关的。
- 在解决行为问题时，认知行为理论关注学生的独立认识技能的发展，旨在支持学生去控制他们自己的思维和感受，这样他们就能更好地理解他们所想的事情、在做的事情和在思考的事情。
- 成功的社会和学术行为取决于多种相互关联的变量，包括情绪、信念、能力和技能，因此任何一个变量出现问题都会影响其他方面。
- 形成建设性的思维习惯会帮助个人获得控制自己情绪和行为的能力，能减少压力并改善精神健康状况。

积极实践

遵照认知行为理论的教师通过如下方式创造积极的学习环境：

- 预先清楚教授学生与其行为和学习自我管理相关的建设性的思维技能和习惯，也就是帮助他们理解他们的思维过程和发展他们的自我控制技能。
- 在选择行为目标和正当程序时主动与学生合作。
- 使用最大化权威而不使用威胁手段，要赢得和给予尊重。
- 创造有帮助作用的学习环境（不只是控制学生），在这种环境中，学生受到指导和鼓励去学会自我管理。
- 树立对成功的期望、对个人成功价值的欣赏和尊重成功的社会（课堂）环境，将注意力放在学生的动机上。
- 运用行为策略，诸如奖惩策略，但只是作为社会强化的次要方法使用。

干预实践

遵照认知行为理论的教师通过如下方式可以对非常具有挑战性的学生进行干预：

- 识别从更为密集的干预中受益最多的学生；也就是说，学生能找到内在动机去改进差的社会技能，改善愤怒，改进管理技能和注意力缺乏的问题。
- 首先分析取得成功需要哪种技能和策略。识别学生所缺乏的技能，实施一个教授这些技能的项目计划。项目计划可能集中关注动机过程的缺乏或自我规范过程的缺乏。
- 实施认知培训，通常是技能展示，然后是演练，接下来为情境技能转换提供机会，通过演练和运用进行协商强化。
- 确保这些干预和设计能增加和提升一般化的新技能。

挑战与批判

一些批评者认为，认知行为理论干预假定主要的目标就是通过内在控制点来提高学生动机，这在认知和行为因素之间存在一些逻辑矛盾。外在控制运用奖惩方式，对一些情况而言，是不道德的。在认知行为理论的干预中，对作为动机因素的情绪重视不充分，主要依靠学生参与。而且，关于克服认知技能缺乏的认知培训有效性的研究所得的证据是矛盾的。最后，一些批评者认为基于认知行为理论的干预更适合教育更为成熟的儿童和青少年。

应用行为分析（保罗·艾伯特和安妮·特劳特曼）

应用行为分析以斯金纳的开创性工作为基础（更为准确地界定为功能行为评价和积极行为支持），假设行为可以通过先前条件——环境和结果受到“简单”的控制。也就是说，强化的结果会增加行为的频率、强度和持续的时间，惩罚的结果会减少行为。在学校中，应用行为分析是许多老师在课堂管理中运用的一系列管理实践的基本方法。在需要应对学生更具挑战性的行为时，应用行为分析策略就会运用得更多。在他们的先前条件和结果下，应用行为分析干预涉及界定、观察和记录焦点行为。如有必要，需要使用强化结果（运用等级强化）去增加或减少目标行为。值得注意的是，在我们的课堂管理分类中，应用行为分析作为一种理论，受到行为理论的深刻影响。

原　　则

● 行为哲学是应用行为分析的理论基础。它对行为的改变秉持一种严谨的权威方法。所有学到的行为都是自愿的，通过操作先前的条件和强化的结果可以使行为得到修正。

● 儿童的行动是由作为成人的同一外部因素决定的。当他们因为模范行为受到奖励或因为不良行为受到惩罚时，儿童就会表现良好。

● 行为是可证实的（可观察的），也是功能和目的导向的，这样他们就会倾向于达成或避免后果。

● 应该通过引用（课堂）环境的变化来改进行为。如有必要，强化结果价值的改变以促进行为的改变。根据侵扰性（对学习的影响）和受限制（控制水平）的变化而进行不同程度的强化和惩罚，但应用行为分析必须通过最少的违规和受限来得以实施。

● 实施应用行为分析的正当程序是经过严格和缜密考虑开列出来的，但通过应用行为分析的所有学习案例可发现，当行为发生时，一定只会出现校正化的结果。注意，结果是由其效果界定的，而不是由意图界定的。

积极实践

遵照应用行为分析的教师通过如下方式创造积极的学习环境：

● 建立课堂秩序，这样学生就能成功地学习。

● 运用直接的教学方法进行教学（而不是用建构主义方法），把焦点放在学生的学习上。

● 把教学的焦点放在增加令人惬意的学习行为和技能上，减少阻碍学习的令人不愉快的行为。

● 将最少的具有侵犯性和受限制的方式运用于应用行为分析理论和实践。

干预实践

遵照应用行为分析的教师通过如下方式可以对非常具有挑战性的学生进行干预：

● 对目标行为进行研究，确定一个全面的、基于数据的基准线评估范围，对它们进行准确界定。

● 组织充分的技能资源，根据广而言之的一致意见实施一个可行的干预，对资源进行系统记录，对进步进行监控和评价是很有必要的。

● 操控前提（环境）条件，对目标行为的呈现及结果性质施加影响。

● 强化令人惬意的行为。

● 根据恰当的强化程序，从最少到最多的侵入手段，（作为最后的选择方法）“惩罚”不良行为。

● 在任何干预中都包括一般化培训。

挑战与批判

对目标行为进行全方位的观察常常很困难，耗费颇大。而且还有把复杂的课堂行为过于简单化的嫌疑。在一个复杂的课堂情形中惩罚的运用（并不是它的多种形式）显得非常浅陋。要有效运用惩罚手段，老师需要有相当的技巧，需要接受相应的培训。虽然运用应用行为分析策略通常可以引起短期的行为改变，但如果没有持续运用，在一般化和持久的行为改变方面还是没有显示充分的证据。

严明纪律

严明纪律是为了促进最好的教与学，涉及建立一个“纪律训练计划”来维持秩序。这就要求设定清楚的界限和规则，并且传达给学生。在同一时间保持步调一致并受到支持的话，老师需要采用果敢的管理风格。服从通过正式的认可和激励受到奖励，而不服从的捣乱行为则会受到相应等级的惩罚限制来强化规则意识。个别计划通过协商，会受到学校行政和家长的支持，但个别咨询则是在上课时间之外进行的。课堂实施的奖惩并非一定会与运用于课外的完全一样。值得注意的是，在我们的课堂管理分类中，严明纪律受到行为理论的强烈影响。

原　　则

● 儿童需要明确的行为限制，需要成人去对他们施加控制，因此教师必须严格，履行他们的权力职责去控制学生。外在控制会教导学生发展自我约束力。

● 严明纪律是建立在清晰的课堂纪律计划基础上的，违反纪律会由学校行政实施惩罚，但不依据学校层面的计划。

● 课堂秩序要求设置清楚的行为限制，然后才能对服从和不服从实施奖励和惩罚。教师掌控课堂，学生则不。

● 遵守（服从）为学生提供心理安全感。

● 在学校里，学生的许多捣乱行为是家庭生活不稳定、缺乏支持和约束的产物，也是低自尊和缺乏自我责任感的结果。

● 不严格的老师会纵容不良行为。

积极实践

遵照严明纪律的教师通过如下方式创造积极的学习环境：

● 建设井然有序和富有成效的教与学氛围，由此好的教与学（包括好的课程和教学方法）就会培育起来。

● 准备和教授综合的纪律训练计划，包括规则、服从和不服从的奖惩规定。

● 不断了解并熟悉学生，特别是他们的名字和兴趣爱好。

● 每天通过叫学生名字来问候学生，从而度过互相打趣的、（平等）有“质量”的时光。

● 专注于帮助学生取得学业上的成功。

● 用冷静、就事论事的系统方式提出负面结果并逐步提高惩罚程度。

干预实践

遵照严明纪律的教师通过如下方式可以对非常具有挑战性的学生进行干预：

● 对那些没有对课堂纪律计划做出恰当回应的学生，要清楚地识别其不服从和捣乱的行为，提供清楚的证据。

● 用冷静、系统的方式，当众重申规则、对行为的期望、惩罚和后果。

● 与这样的学生密切接触，以确保他们理解不良行为和持续不遵守规则导致的后果。这通常需要课外的咨询。

● 与学生合作，制订一个个人行为计划。这依然包含课堂规则和行为期望，但可能会用到个性化的后果法、惩罚和正当程序。要把这个计划教给学生，这个计划可能也需要学校行政系统和学生父母的支持。（注意，学校规则仍可以在课堂之外运用。）

挑战与批判

严明纪律受到的批评是：没有严格的理论基础，不能解释更为广泛的学校文化。严明纪律假定教师有绝对权威，丝毫不考虑民主原则或学生的权利。严明纪律不给学生提供发展自我纪律的路径。批评者认为严明纪律让老师和学生都受到了广泛的限制，虽然严明纪律可以控制学生的行为，但却几乎不能影响不良行为发生的根源。严明纪律的严厉性使得老师没有任何空间去运用专业判断或根据学生的差异性做出相应的调整。也几乎没有研究证据为其有效主张提供支持。

来自一线的故事

达到沸点

那些话语仍在我耳边回响：“你认为你必须要说的是重要的！你只是个孩子。”

这并不是我期望在我的专业经验场所要见证的东西。然而，我观察到那个学生回到了他的座位上，两眼低垂着，沉默不语。毫无疑问，那些话深深扎进了这个孩子的心里……

我不敢想象一个经验如此丰富的老师会用这种态度对待她的学生。不管怎样，这位老师失去了一次用积极的姿态与这个学生交流并实现她想要达成的行为类型的机会。我一次又一次地反思这种情形。如果她只要再多一点儿耐心，如果她在达到沸点前离开常规路线，如果她只要对那个孩子所说的表示一点兴趣，如果她知道积极交流的权利……

还是这一个学生，他在信息通信技术（ICT）课堂上的表现却十分优秀。为什

么呢？因为他只要一进教室，就会受到老师的微笑礼待和热情问候。他会因为自己的成绩而受到表扬，他发出的声音在这个课堂里会受到欢迎。更为重要的是，他与ICT老师的互动是建立在积极的体验基础上的。ICT老师有能力引导和支持学生深度学习。

这种情形的发生并非易事。老师需要花大量的时间和精力去了解这个学生和同伴的兴趣。明确知晓学生的需要可以成为推动教学的助推器。开放的、接受的态度，看起来是件简单的小事情，但对一些人来说，它就是一切。目睹了这两种教学方法的差异之后，我产生了强烈的欲望，要去建立积极的师生关系。这当然意味着，我得花更多的时间和精力，但我完全相信，这样做的益处会无穷无尽。

反思……

塔玛拉老师隐含的专业哲学观和课堂管理思路，总的来说与心理教育理论的原则是一致的。从细节上讲，与德瑞克斯的目标中心理论和格拉瑟的选择理论是一致的。你现在的专业哲学观也是这样的吗？你能在塔玛拉老师的故事与本章中介绍的其他课堂管理理论之间建立起更多的联系吗？

对课堂管理理论的分析

为了让你能够对这五种理论（其实是我们网站上解释过的任何理论）进行研究和分析（理解、比较和对比），我们提供了两个场景。我们建议你运用下面的具体程序反思这两种情景。这应该有助于你分析它们。我们希望你避免落入运用“抓阄”去选择策略之陷阱（这种方法在本书的开篇故事中的许多教师似乎都采用过）。

在第一种场景中，想象你作为一个研究生，在开学初被指派到你的第一所学校去。你把每一种重要理论运用到实践中去，也就是说，你根据每种理论，准备一个课堂管理计划的提纲。运用下面的步骤去撰写这个提纲。

● 考查你所选择的重要理论的原则。假设这些原则与你的原则相吻合，即你的专业哲学观与课堂管理思路与这个理论是一致的。

● 考查列出的积极实践。准备一个课堂管理计划提纲，尽可能多地包括这些积极实践。

● 考查列出的干预实践。根据这些干预实践准备一个事先的干预计划。

● 考查列出的挑战与批判。确保你能合理回应这些理论（假设你对这些理论的看法是一致的），能够为你的课堂管理计划和事先的干预计划的完整性做出辩护。

在第二种场景中，为一个学生（或一个学生小组）准备一个干预计划。这个学生（这些学生）在几周后就不能合理地回应你的课堂管理计划，而且出现了持续的或严重的挑战性行为。运用下面的类似步骤去撰写干预计划。

● 考查你所选择的重要理论的原则。再次检查你的专业哲学观和选择的理论之间的吻合程度。确保你准确地把握了这个理论。

● 考查你对所列出的积极实践的运用情况。确保你的课堂管理计划提纲尽可能多而全面地运用了这些积极实践。

● 考查并细化你预备的干预计划。现在确保你的详细干预计划能尽可能多且全面地实施，并且是根据建议的顺序实施的。

● 考查列出的挑战与批判。确保你（仍然）能对这些课堂管理计划和干预计划做出恰当合理的回应，并且能够为你的（修正过的）课堂管理计划提纲和详细的干预计划做出辩护。

你可能会把关注焦点放在你感觉很亲切的一种理论上，因为它与你的专业哲学观是一致的。运用我们提供的这五种理论，把它们分别用到上述的两种情形之中。如果这个原则自然会以这些理论中的一种作为理论支撑，那么很清楚它会与你自己的专业哲学观一致，这就要祝贺你了，你已走上了发展一个密切相关的有益课堂管理思路和计划的道路。如果不吻合，那么你就得花大力气去拓宽你的知识领域，去对一种重要的理论的原则、优势和弱势进行理解，由此你就走上了发展你的思路和方法之路，这也不错。

对课堂与理论相结合进行理解并付诸实施，充满了智力和实践的挑战。如果你发现不止一种理论与你的专业哲学观吻合，那么你的挑战就会更大，因为你必须要看到不同教学情境中的不同要求（遗憾的是，这在教师职业生涯之初通常会感觉万念俱灰），因为行为是错综复杂的现象，通常要求复杂的解决方式。在这些案例中，你采取混合的或实用的思路去形成你的课堂管理思路。本章后面部分的活动有助于你解决这些富有挑战性的问题。

课堂管理理论的一些分类

本部分简要介绍一下我们选择的这些课堂管理理论的分类情况（分类是对相关因素的安排或分类）。不同的作者对管理理论进行比较、对比，把它们归入不同类型，对其进行了解释和分析。通过对这些分类的考察，你会更加见多识广，根据你的解释过滤器去建构你对课堂管理理论的理解，即通过你的信念、价值观、态度和以往知识去建构理解。

要注意的是，澳大利亚作者对这些分类进行了修正。我们为你提供了分析，并根据不同元素和概念所做的贡献度，用解释图表的形式呈现了我们的分析。这些分类有助于你比较和对比理论之间的相互关系，更好地理解这个领域使用的元语言。每种分析都有异同点，一点或两点会有助于你形成对不同理论的理解。每一点都由作者进行了辨别，然后进行了概括性的描述，并画了一个结构图（见图 2-2）。（以我们在开始提出的莱福德课堂管理模式作为参考点，有助于你比较和对比这些理论的分类。）

戈登·莱昂斯、玛戈·福特和迈克尔·阿瑟-凯利

他们主张，课堂管理理论最好分为相互涵盖的三类：心理教育的、认知行为的和行为主义的。心理教育理论设想，学生（事实上每个人）都有需要，他们的行为（不良行为）都是为了满足这些需要。教师应该竭力创造环境更好地满足这些需要。行为主义理论是高度程序化的，特别关注识别和校正可观察的行为。认知行为理论主张学生事先进行深入的思考，协商需要改进的行为。认知行为理论结合了认知和行为技巧，便于校正学生的思维方式、感受方式和行为方式。

为了通过恰当运用积极实践和干预实践实现好的课堂管理，教师应该通过把关注点放在良好积极的学习氛围的形成上，来形成具有说服力的课堂管理思路。这也

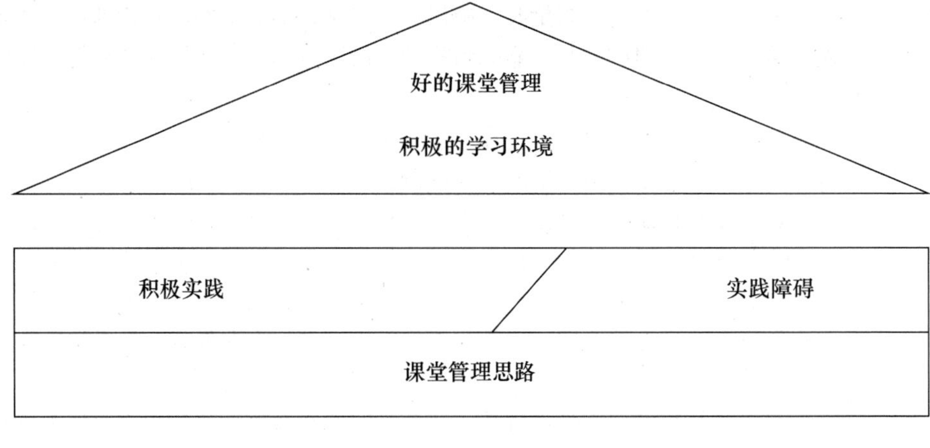

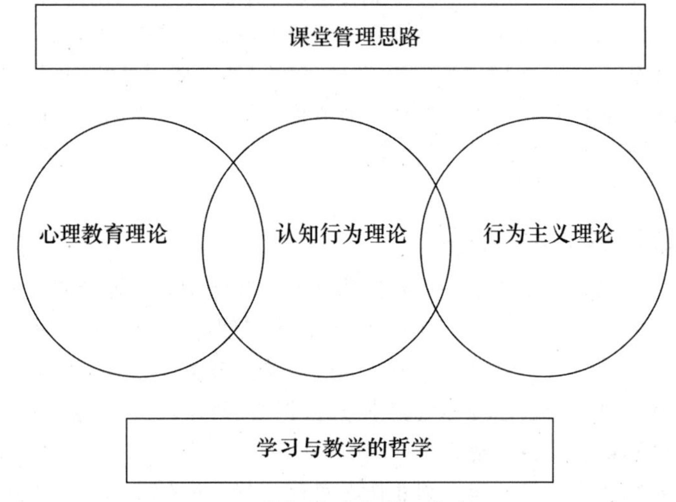

图 2-2　莱福德课堂管理模式

包括了社会文化视角，并将它们整合进课程计划和课程项目。众所周知，这个方法的理论（或混合理论）受到了个人的解释过滤器的强烈影响，即信念、价值观和态度，应与个人的专业哲学观相一致。在此，隐含的输入是作为专业哲学观部分的理论，隐含的输出是好的课堂管理，即积极的学习环境。

拉蒙·刘易斯

刘易斯（Lewis 2008）设想，课堂的纪律最好通过最大化学生的自我责任感得以确立。自我责任感可以通过三种哲学视角来理解（见图 2-3）。第一种视角的关注点在于，设置清晰的行为期望，然后系统地认可并奖励好的行为、惩罚不良行为，以此形成学生的责任感。第二种视角的关注点在于，鼓励学生的自我约束而不是运用外在威胁来形成学生的责任感。第三种视角强调合作的、全班的决策，形成共同的集体责任感。每种哲学视角呼吁不同的课堂纪律策略。刘易斯建议，实质上多数课堂纪律计划都包括选择更多的注重反映偏好的哲学观的折中策略。在此，隐含的输入是吻合的哲学视角，隐含的输出是通过学生责任感建立起的良好课堂纪律。

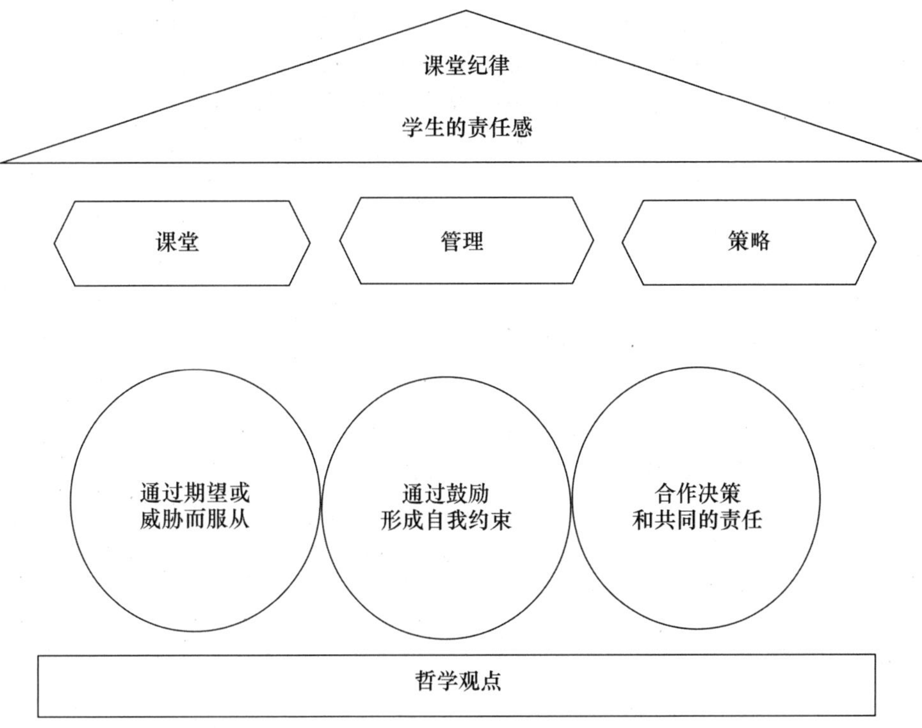

图 2-3　拉蒙·刘易斯的三种哲学观

德斯里·康赞、杰西卡·格林格尔和凯思·布拉德肖

康赞、格林格尔和布拉德肖（Konza，Grainger and Bradshaw 2004）设想，“行为管理模式”可分为五种（见图 2-4），第一种是“小组管理模式”，关注发展教师的技能，特别是组织课堂环境和系统应对不良行为的技能。第二种是“行为主义模式”，指经典的行为理论和干预，首当其冲就是斯金纳解释的行为模式。特别是应对更具挑战行为的学生时，这种模式被认为是最有影响力的行为管理模式。第三种是“认知行为模式”，主张学生进行更加深思熟虑的思考。

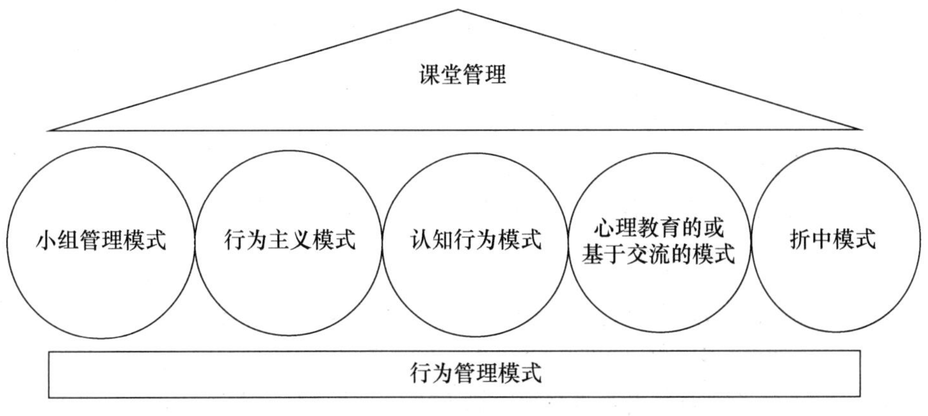

图 2-4　康赞、格林格尔和布拉德肖设想的五种行为管理模式

把认知和行为融合在一起的技巧被称为“认知行为治疗”，它对学生的思维进行校正，然后对行为进行校正。第四种是“心理教育的或基于交流的模式”，主要认为每个人都有需要，他们的行为，不管好或不好，都是为了满足他们的需要而产生的。从这个视角出发，教师必须把焦点放在创建一个最能满足需要的课堂氛围和关系上。第五种是折中模式（罗杰斯的决定性纪律），将其他模式的因素放在一起。在此，隐含的输入是一个各因素密切关联的行为管理模式，隐含的输出是良好的课堂管理。

克里斯汀·瑞奇蒙德

瑞奇蒙德（Richmond 2007）用作为控制点的关键变量对行为管理方法的分类进行了解释。也就是说，内部控制是指导学生在社会情境中发展他们的自我控制；外部控制是教师根据行为对学生施加控制。如图 2－5 所示，在连续的控制范围内，四组行为管理方法是彼此涵盖的，这些方法可以分为如下类型：建构主义方法，控制点在于学生的内在控制；民主方法，控制点在于师生之间的民主方式；行为主义方法，控制点在于学生的外显行为（主要由老师控制）；权威主义方法，控制点完全在于教师的外在控制。在此，隐含的输入是吻合的行为管理方法，隐含的输出是良好的行为管理。

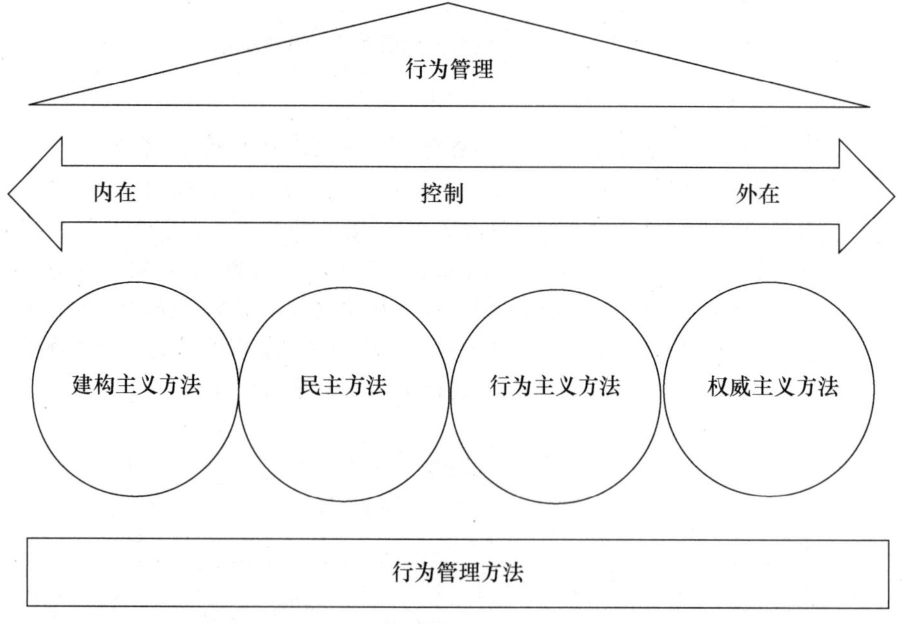

图 2－5　克里斯汀·瑞奇蒙德提出的彼此涵盖的四组行为管理方法

刘易塞·波特

波特（Porter 2007）提出了一个关于纪律（和教育）理论的全面分类（见图 2－6）。纪律理论和教育理论一致主张，纪律管教主要是预防性的而不是干预性的。学生的纪律教育，旨在通过聚焦学生自我纪律的形成来改进学生的行为。老师个人选择的“混合”理论主要受到他们的个人信念和专业信念及价值观的影响。波

特把纪律理论串联起来，跨越了从专制到权威的连续体，混合构成了平等主义。理论的连续体根据从教师中心到聚焦学生行为的变化而变化，关注学生行为只会关注行为、认知、情绪和关系。波特也注意到了组织和系统限制的影响，系统限制指教师个人实施的纪律管教。他还解释了与教育（教与学）理论相关的综合分类变量的相似性。在此，隐含的输入是纪律理论和教育理论，隐含的输出是良好的学生行为，特别是学生自我纪律。

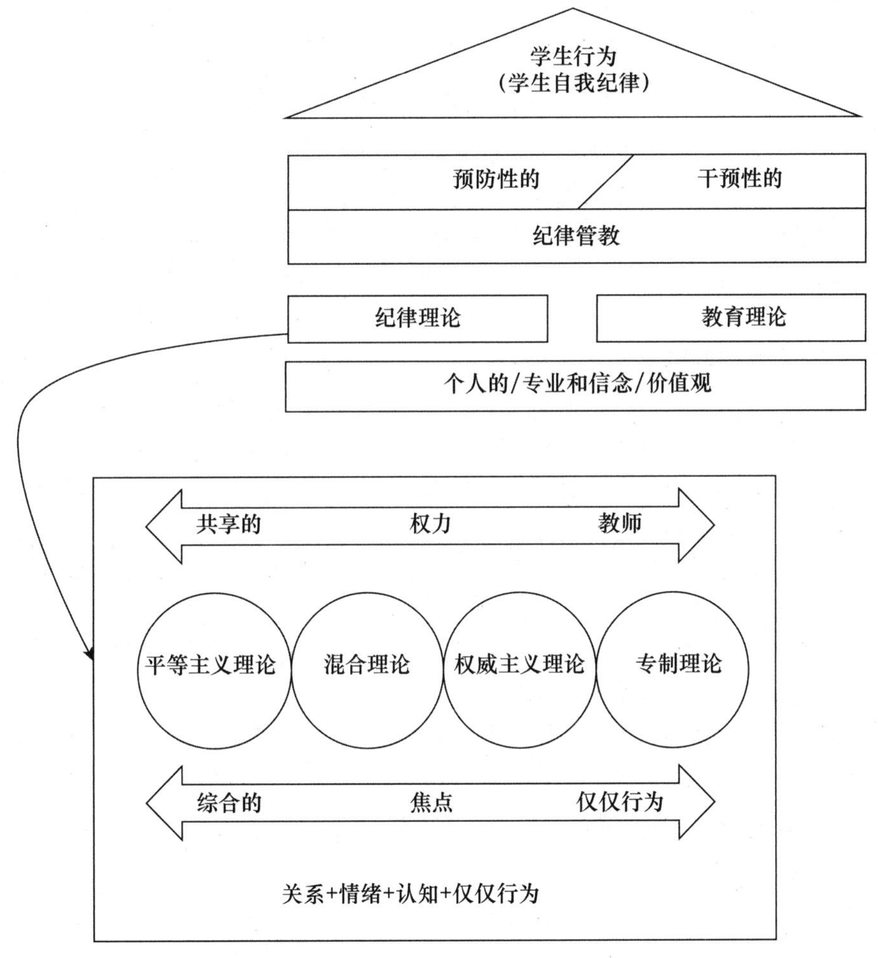

图 2－6　刘易塞·波特的可持续性纪律理论

彼特·米勒斯

米勒斯（Miles 2003）强调健全的哲学基础的价值，即以行为管理理论为根基，来支撑教师的“抓阄”式的行为管理策略和技巧（见图 2－7）。虽然米勒斯认为，多数教师采取的是“抓阄”式的而不是折中的行为管理策略和技巧，但他还是强调最好根据理论来形成行为管理策略和技巧。米勒斯提供了一系列的中肯的理论作为参考，但他假定没有具体的分类。他宁愿让每个老师去发现自己的理论准则。在此，隐含的输入是“指导的哲学（理论）基础”，隐含的输出是成功的行为管理（变化）。

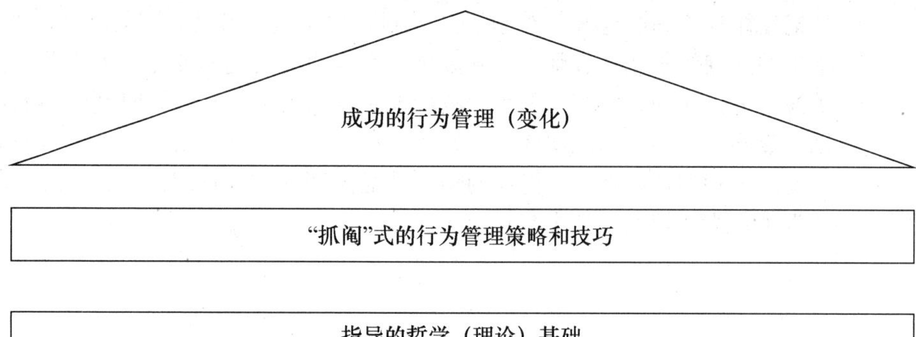

图 2-7　彼特·米勒斯指导的哲学（理论）基础

注意：还有很多课堂管理理论和分类。你会在其中发现一些与你的专业哲学观的相关度更为密切的理论。在我们的配套网站上，还包括更为宽泛的与课堂管理相关的理论清单，为你进一步阅读提供参考。我们鼓励你去在线网站探索这些理论，但要在你对本章介绍的五种重要理论有合理的理解并且非常熟悉之后再去探索。

何种课堂管理理论

现在，就澳大利亚的课堂管理领域的理论（至少五种）、框架和模式，你已有了一些了解，其中包括最常用的一些理论类型和实践类型。在此，我们的观点是，根据你对自己课堂管理实践的原则和有效性的思考，去选择你喜欢的课堂管理理论，从而维持你思考的完整性。

重要的是：这一部分（以及相关网站的资源）没有为你提供足够的知识去信心十足地把任何一个课堂管理理论运用到实践中去，但我们为你提供了进一步独立和合作学习的指导。当然，我们鼓励你去涉足任何引起你产生共鸣的理论的文本资源，便于你更多地了解此理论。

如果你需要更多的证明理论重要性的证据，就请阅读下面来自谢里尔的故事。

来自一线的故事

理论化，如此简单

我们的教育学老师似乎总是向我们提出具有挑战性的任务，即“让我们对自己的学习负责”。我思考了一下老师正在教授的社会文化理论，觉得它们与小学的教与学似乎没有什么关系。老实说，我有点被理论吓着了。只有实践材料才好理解。

我记得去年听过的一次课，课名叫“理论与实践的关系”。这课讲的什么，我刚开始时并没有怎么在意……读得越多，术语越多。在上学期间，当这个话题的作业布置下来时，我真的有点不知所措。我们必须选择一件发生在我们身上的事情，讨论我们如何理解这件事，或如何解决这件事。这节课给我留下的印象是，这课教导我们不用做研究。事实上，在多数时间，我们根本不可能去做深入的阅读。嗯……挺有趣的。

我们通过四个个别指导小组开展这项学习。在课堂上，我们看了一个简单的小情境故事：一个妈妈在超市收银台付账时，她的四岁女儿从货架的底架上拿了一块

巧克力，并撕开了巧克力包装，这个妈妈打了她女儿一巴掌。开始时，我们分组讨论这个情境。在接下来的一周，老师叫我们各自组成“兴趣”小组，就我们感兴趣的一个具体问题进行探讨。这样一来，一些同学探讨的是儿童发展；一些同学探讨的是父母教养；一些同学探讨的是公共场合中儿童的文化压力。我选择加入了儿童发展探讨小组，我们的探究发现，对于四岁孩子的思想以及对上述情形的理解，有许多不同的观点。

然后我们必须把我们所说的写成一个报告。结果，我们整个过程是在从理论上讲四岁孩子的思维是怎么样的，从本质上讲，这个报告体现了我们对四岁孩子思维的理解原则。这个作业表明，我们总是在理论化我们的世界，实践不会在真空中发生。这个作业帮助我理解了理论和实践之间是存在关系的。作为老师，我们的工作就是能够解释我们、我们的学生、家长和同事为什么要做什么事。

反思……

实践就是将理论运用于实践之中，而连接点就是理论与实践的关系。你不可能只有理论而没有实践，反之亦然。根据谢里尔的大学经历和她在本故事中的专业成长进行评论反思。

小　结

在本章中，我们向你介绍了五种课堂管理理论，并解释了为什么对这些理论进行理解是重要的。我们还阐释了有助于你比较这五种理论的策略。我们也提供了各种不同的分类，可以为你筛选和分析这些理论提供备选的支架。我们解释和强调了这一点，你需要找出你已有的专业哲学观和管理原则与理论之间的关联性。我们在讨论这些理论提供的种种备选方法中，进一步突出了一致性的需要问题。本章潜在的哲学支架是我们的莱福德课堂管理模式。

基本概念

- 课堂管理理论
- 基于证据的实践
- 课堂管理的简便、混合和实用的理论方法
- 实践和关系
- 课堂管理理论的一些分类
- 理论-实践的关联性和一致性

个性化活动和小组活动

活动1

回顾本章的“开篇故事：新鲜的方法……”如果你面临同样的情形，你将会做出怎样的回应？基于个人的课堂管理和基于学校的课堂管理，卡伦可能会有什么样的期望？你能识别出卡伦的同事对此情形的回应是否具有关联性吗？就卡伦使用的课堂管理方法而言，她下一步会做什么？

活动2

讨论/辩论：课堂管理理论对形成课堂管理计划重要吗？

活动3

你的专业哲学观、课堂管理思路或课堂管理计划不一致会导致什么结果？

活动 4

采取一种课堂管理思路的结果可能会是什么?

活动 5

比较和对比简便、混合和实用的方法，选择并形成自己的课堂管理思路。

学习工具

请访问 www. cengagebrain. com，获取与本书有关的学习工具。

网络链接

Education World
www.educationworld.com/

Positive Behavioral Interventions and Supports (PBIS): Effective Schoolwide Interventions
www.pbis.org

Reitano, P. (2007). *The behaviour management strategies of one beginning teacher: A study of conceptual change*. Proceedings of the 2007 Australian Teacher Education Association National Conference: Quality in teacher education: Considering different perspectives and agendas. The University of Wollongong, Australia, 3-7 July, 2007.
www.atea.edu.au/

Stop-Think-Do
www.stopthinkdo.com

UK Department of Education
www.education.gov.uk/

William Glasser Institute Australia
www.wgia.org.au

You Can Do It! Education Program
www.youcandoit.com.au/AboutYouCanDoIt/

拓展阅读

Manning, M. L., & Bucher, K. T. (2013). *Classroom management: Models, applications and cases* (3rd ed.) Melbourne: Pearson Australia.

Miltenburger, R. (2012). *Behaviour modification: Principles and procedures* (5th ed.). Belmont, CA: Wadsworth, Cengage.

Porter, L. (2007). *Student behaviour: Theory and practice for teachers* (3rd ed.). Crows Nest, NSW Australia: Allen & Unwin.

Zirpoli, T. (ed.). (2008). *Behaviour management: Applications for teachers* (5th ed.). Upper Saddle River, NJ: Pearson.

第 3 章

人际关系与交流

> 当问题和冲突成为生活中不可避免的因素时，良好的沟通技巧有助于问题和冲突的解决。无效的沟通会制造滋生误解和不信任的空间。
>
> Dettmer，Thurston & Dyck 2002，p. 125

学习目标

通过本章的学习你将能够：

- 理解在形成最佳课堂管理实践计划过程中人际关系和交流的地位及重要意义
- 欣赏有效的人际关系交流过程中的复杂性和动态性
- 探讨发送信息、接收信息和提供反馈的基本交流过程
- 理解干扰和推断概念以及它们在降低有效交流中所扮演的重要角色
- 对非言语交流的各种形式做出评判
- 运用基本的积极倾听、开放性提问、我信息和协商策略去提高课堂交流水平，有助于解决冲突，形成强有力的积极的人际关系
- 解释在本章结束部分列出的基本概念

本章概览

- 开篇故事：恍然大悟
- 引言
- 关系与交流
- 交流障碍
- 交流的过程
- 非言语交流
- 更加有效的交流策略
- 小结
- 基本概念
- 个性化活动和小组活动
- 学习工具
- 网络链接
- 拓展阅读

开篇故事：恍然大悟

“真是奇怪，”露丝老师想，“但似乎只有学校放假时我才有空闲的时间和精力来深度思考我的教学。一些学生让我十分焦虑不安到底是怎么回事？或许是我们沟通的方式有些问题。”露丝老师思忖道……事实上，最要主要的一点，可能是我们没有联系的方式。我一天大部分时间似乎只是在谈话、说教，处理没有完成任务和捣乱的行为……

那天晚上，露丝老师恍然大悟。她反思道：“我一直把注意力放在服从上了。我所需要做的就是把更多的注意力放在和我的学生建立积极的关系上，在积极关系层面和他们进行交流。我要开始认真倾听他们到底想要告诉我什么。”还有一周的假期，露丝老师专心致志地思考她这样做的策略是什么，回到学校后她就可能尝试这个新方法了……

引　言

在本章中，我们呈现了重要的交流过程、交流技巧和交流策略的概况，老师可以用此来创造积极的学习氛围，班级成员之间就可以培养和形成积极正面的人际关系。我们强调口语的重要性，是因为口语表达是最直接、最自然和最广泛运用的交流形式。我们也考查了交流过程以及倾听、推断和协商的技巧。

正如图 3－1 所显示的那样，人际关系和交流共同构成了积极实践的组成部分，这对于建立积极的学习氛围和帮助克服捣乱行为和没有成效的行为是非常有必要的。你是否有能力建立积极正确的人际关系，受到你的生态学、社会文化和心理教育视角影响。这些与你的世界观是紧密联系在一起的。你的交流实践是你的课堂管理实践的核心组成部分，应该归属于你的反思和计划-实施-评鉴循环。

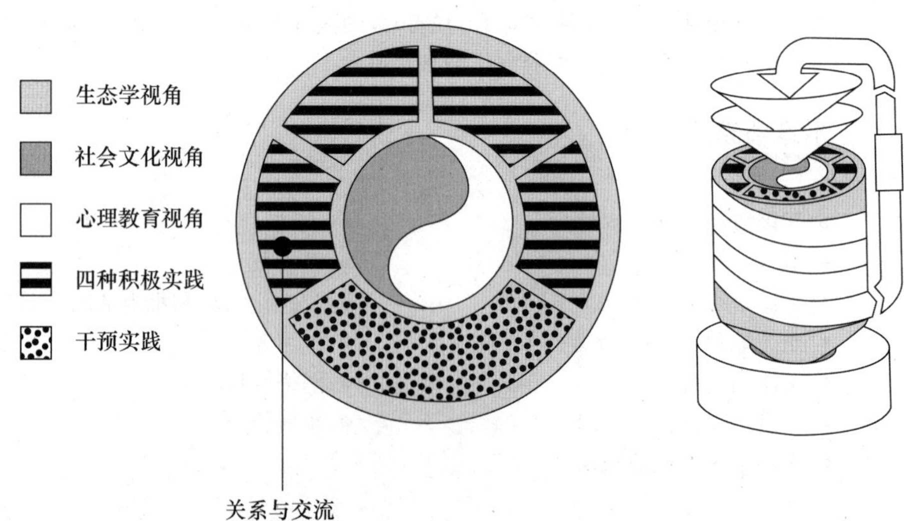

图 3－1　莱福德课堂管理模式中的人际关系和交流

关系与交流

有效的交流是建立健康的人际关系和促进学校和课堂的积极（正向）行为的基本组成部分。由于这个原因，人际关系和交流就是莱福德课堂管理模式中的第一个积极实践。交流是发展人际关系的平台，交流的作用是相互的。课堂成员之间传递信息的姿态是课堂氛围的主要决定因素。如果一个课堂的交流是充满尊重的，对每个人的需要是清楚的、体谅的和敏感的，那么这个课堂里的学生就会感觉受到了支持、受到了尊重，觉得自己是班集体的一员。相反，如果学生身处误解、受贬抑并且需要得不到关注的课堂，他们就会有陌生疏离感，感觉受到了威胁，感觉软弱无力。

要创造一个人人都感觉受欢迎并能贡献自己力量的课堂，对于老师来说是极大的挑战，对学生来说也同样如此。尤其是对千差万别的澳大利亚课堂来说，更具挑战性。简单的回应可能被看成是千篇一律地对待学生，把每个学生看成一模一样的人。遗憾的是，要建立平等的人际关系也并非易事。我们需要牢记在心的是，并不是每一个来到学校的学生，都处于同一个知识能力水平或社会能力水平，都具有同样的信仰和价值观，都说同一种语言，或者说都具有同样的个性。我们不能同每个人用我们知道的同一种方式进行交流。同不同的人交流时，比如说同我们的合作伙伴、家长、朋友、老板和同事交流时，我们需要调整我们的语言。在不同的情形中，比如说在工作场合、娱乐场所、购物场所，与孩子谈话或与成人谈话，我们也需要调整我们的语言。

父母和照顾人在孩子开始学习互动时，（常常不知不觉地）教他们的孩子在不同的情形下进行不同的交流，采取不同的行为。在课堂里是同样的。我们期望在课堂里教授恰当的行为、正确的语言和社交能力，但对不同的学生可能需要采取不同的形式。用同样的方式，我们会调整我们的计划去适应不同能力范围的课堂，我们会调整我们的语言。并不是要用同一个方式对待每个学生，与学生交流时，我们需要用对他们管用的方式进行交流，这样才公平且可持续。换言之，我们努力追求想要实现的是平等而不是相同。

课堂交流或许可以用“对话教学”来描述。在对话教学过程中，特别是在思想和主题探究的进展和拓展过程中，老师和学生都要对学习过程做出自己应有的贡献。对话教学是群体的、支持的和真正互惠的。对话教学会使用精心设计的交流框架，通过收集信息，整个对话过程会呈现学生自己的语言、观念、猜想和论点，学生由此获得理解。你作为老师的交流技巧，对你自己的课堂管理整体风格和你学生的成功教育体验都有深刻的影响。

遗憾的是，我们总在用想当然的方式进行交流。我们很少仔细考查我们所说的内容、说话的方式或倾听的方式。同样，我们很少花时间去思考我们的非言语交流，即我们的身体语言、距离和姿态。交流的困难之一就直接产生于我们语言交流时伴随了太多的非言语信息。人会表现大量的复杂行为，一点也没有意识到它们产生的影响。我们通常把关注点放在了信息的传递上，我们很少关注我们交流时的姿态。由于长期以来我们表现的是这样的姿态，就觉得自然而然了。这也是让交流变得难以捉摸并且有时很难改变的原因。要理解另一个人是怎么感受和怎么想的就更加困难了。没有说出来的或是误解的就更多了。

我们在本章中阐释的策略可能很具挑战性，或许有点笨拙，一些策略需要大量的实践。我们鼓励你掌握每种策略，这样你在学校的日子就会过得十分令人满意，而且收获丰厚。我们也想要你在离开学校的那一天没有沙哑的嗓子，没有疲惫不堪，没有沮丧不已，因为你在学生那里已畅通无阻了。

我们从“系统”视角来考查交流，这十分简单，我们对这个复杂的话题提供了比较容易的开场白。我们建议的好多策略都是从社会心理学视角抽象出来的，关注个体是怎么想的和如何关联的，以此来帮助你理解形成积极人际关系的实践。为了与我们的核心理论保持一致，我们也考虑了可能影响交流的社会文化因素。

简单的交流（人与人之间的直接交流）是一个双边过程（见图 3－2）。交流总是涉及发送和接收信息，在许多情况下，这两个方面是同时发生的。信息接收者并不是被动的，他们会继续给信息发送者提供反馈信息，有时候是语言反馈，比如说“嗯，哦，是的，我明白”一类的，或者用沉默来反馈。记住，在交流中，沉默和停顿与说话同样重要，它们让接收者有时间把握意思，并把意思传递给信息发送者。信息反馈也可能是非言语的，因为我们通常会无意识地发出一些信号，比如目光接触，面部表情，或者是我们的坐姿或站姿，这些会为我们怎样接收信息提供明显的信号。

信息发送者通过形成观念，把这些观念编码成语言，再把这些思想传递给他人。信息接收者接受观念，解码和阐释所接收的信息。相应，信息发送者会根据反馈对传递的信息内容和传递姿态做出调整。当然，这些调整我们可能意识到了，也可能没有意识到。如果我们捕捉到听的人觉得不舒服的表情，我们就会让自己的语气变得柔和些。如果我们看到满脸迷惑的表情，我们通常会重复我们所说的内容。

我们没有意识到这就是我们在做的事情。当然，有的时候我们故意让交流的信息不明晰或是太匆忙，我们可能会错失接收者的微妙信号，在这种情况下，误解和不良交流就会发生。

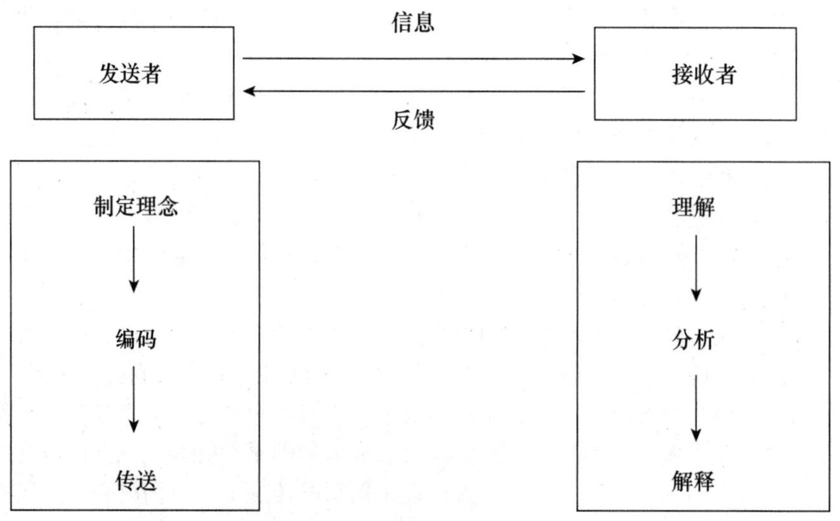

图 3－2　简单的交流

交流障碍

当然，与上述的简单交流相比，有效的交流是一个更加复杂的过程。鲍威尔和卡苏（Powell and Caseau 2004，p. 6）这样写道：

> 我们的交流概念是从关注排斥性信息的线性观念进化到参与意义、建构和管理的观念的。

障碍和推断会阻碍信息的清晰传递和理解。这归因于交流过程的许多变化，最开始的思想和最终的思想很少会不走样。图 3－3 分析了可能影响交流的一些内部、外部和社会文化障碍。

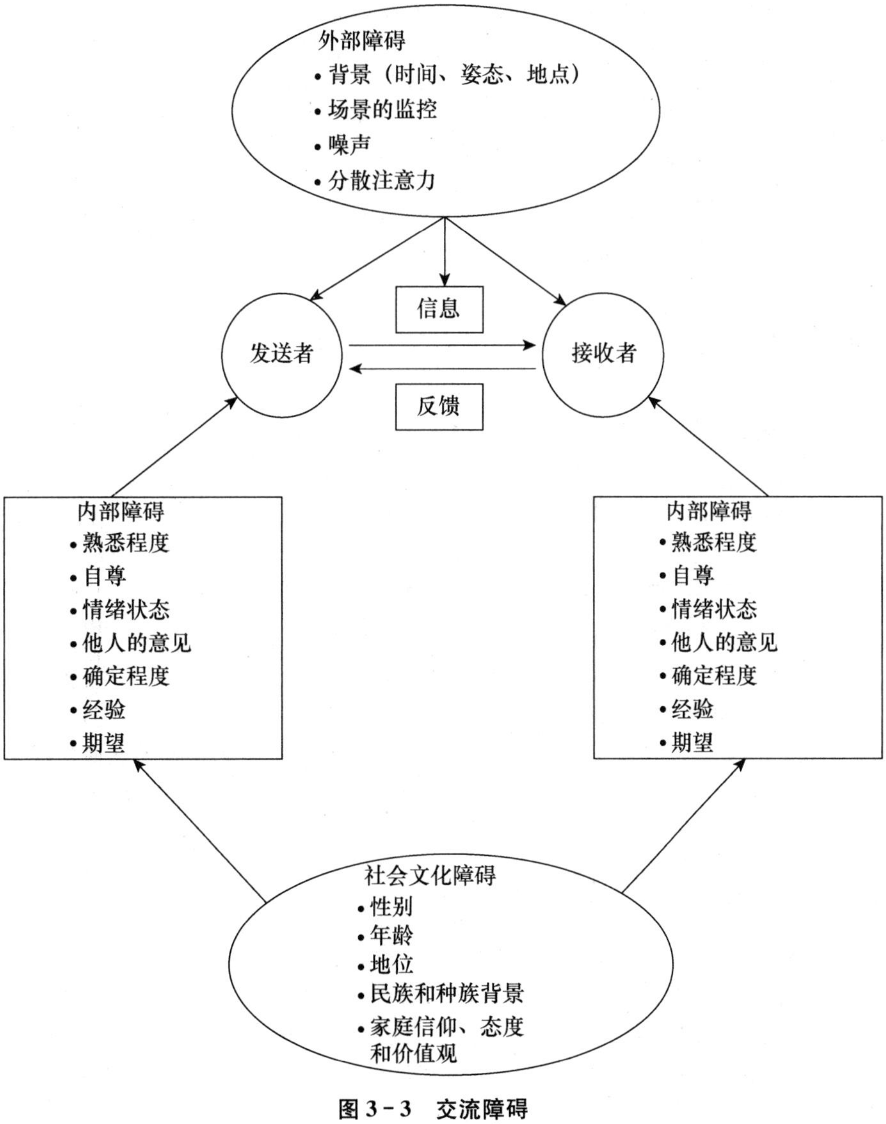

外部障碍
- 背景（时间、姿态、地点）
- 场景的监控
- 噪声
- 分散注意力

信息

发送者

接收者

反馈

内部障碍
- 熟悉程度
- 自尊
- 情绪状态
- 他人的意见
- 确定程度
- 经验
- 期望

内部障碍
- 熟悉程度
- 自尊
- 情绪状态
- 他人的意见
- 确定程度
- 经验
- 期望

社会文化障碍
- 性别
- 年龄
- 地位
- 民族和种族背景
- 家庭信仰、态度和价值观

图 3－3　交流障碍

内部障碍对发送者和接收者的交流都会产生影响。外部障碍特别是在与背景和情境变量相关时也会对交流产生影响。比如说，与一位学生的家长在活跃而吵闹的教室里讨论学生的问题和与其在安静的私密办公室谈话，交流的效果完全会不一样。就学生的注意力而言，我们高度集中注意力的期望是多还是少，会因一天的时间不同而不同。我们在学校还有半个小时就要放学之时，不可能还会开始上数学课。吵闹和分心程度影响很大。有孤独症的学生与其他学生对环境的要求是不一样的。充满了工作、色彩、活力和活动的班级，恐怕也不适合所有的学生。但是，我们不能假定沉默不语的环境对许多学生的学习都同样是最好的环境，特别是对初中和高中的学生而言，没有耳麦的背景噪声，他们简直就没法做事。

社会文化障碍对交流也会产生很大的影响。文化信念、态度和价值观会受到家庭、朋友、我们的生活经验、广泛的社会群体、社交媒体、互联网、电视和收音机的影响。它们会以微妙或明显的方式影响我们的交流方式。所发生的事情是，障碍产生于我们所知道的一切与人进行互动的过程，或者我们认为我们了解他们。我们对他人几乎会做出瞬间的判断，有些时候这些判断是基于虚假信息或误导信息进行的。特别是如果我们对一个群体的社会、文化和宗教及实践不熟悉时，更容易出现误判。我们每个人都带有个人的偏见，我们不可能指望当我们进入教室的时候这些偏见会留在教室之外。我们的学生也一样。我们所能做的就是清楚地意识到我们的偏见所产生的影响，从而对我们的行为和语言做出相应的调整，培养我们的文化敏感性，采取不同的交流方式。

交流的过程

发送信息

正如上面所解释的那样，信息发送者通过组成观念用语言编码观念，然后把它们传递给他人。在把观念编码成语言之前，需要按照逻辑顺序组成相关的部分，这样才能成为接收者重新建构的最终产物。在最开始的阶段，在图 3-3 中列出的那些因素都会影响观念的形成。我们对接收者的专业知识进行了估计。比如说，我们假设五岁的孩子不会用八岁的孩子的方式去理解一个概念，反之亦然。如果我们过度概括化，我们就会把交流弄得过于复杂，这样我们就会失去听众。如果我们的交流过于简单，听众就会觉得枯燥，不想参与。

在认真考虑之后，交流的过程会是及时的并不断发展的，观念被编码成语言，再进行传递。如果是口语，就会根据讲话的场所和对象选择用词、音调、音量。当我们和亲近的家人和朋友在一起时，虽然我们也在以特定的方式进行信息传递，但我们不会意识到这些选择过程。当我们为了一份新工作去参加面试时，我们就会花很多时间去组织和练习我们怎样才会打动面试官。我们也会考虑外在的因素，比如说服饰和总的面貌，因为我们理解这些会产生什么样的影响。我们会尽力在我们想要传递的信息和听众获取的信息之间建立一种匹配。对这些方面比较合适的准备，达到相对较好的状态，从某种程度上讲，原先构设的观念和传递的信息之间会产生不一样的效果。

接收信息

正如上面解释的那样，信息接收者理解、分析和解释信息。然而，信息接收者

会受到信息发送者类似的干扰因素（和推断）的影响，以语言交流为例，听觉灵敏度是中心。在信息接收过程中，其他认知系统，特别是注意力系统和工作记忆系统也会参与。与编码相对的过程——解码过程，也会发生。通过个人的知识过滤器和解释过滤器，会生成意思。词语，有些时候是短语，会有外延（字典上的定义）和内涵。

内涵高度依赖一个人的经验和文化背景。如果传递的信息包含有比喻、讽喻、幽默、嘲讽或术语，那么就极有可能是想传递内涵。一个人除英语说得非常流利外，还会说另一种语言，有时候会很迷惑，有时候也可能会误解信息。这是因为我们往往都是根据自己的经验和文化背景来解释信息的。比喻会引起困惑，讽喻、幽默、嘲讽会引起不舒服和羞辱的感觉，会有被冒犯的感觉，因为接收的信息是文字意义上的，也就是说，是表现价值。这一点特别是在年幼的学生身上表现得非常明显。

以索菲为例，她从教两个月后，十分不理解当她对其年幼学生说“你们现在到前面来坐到垫子上，好吗?”时，他们为什么会花如此长的时间才能做到这一点。如果给非常年幼的孩子提供选择，他们宁愿继续做手头正在做的事情。索菲并没有意识到这一点，如果她想让学生坐到垫子上来，就需要直接告诉他们，而不是让他们选择。

提供反馈

信息接收者通过反馈来交流他们的理解和判断。反馈可以是言语形式的，包括停顿和沉默；可以是非言语形式的，比如说姿势、面部表情和行为动作。甚至就是这种简单的解释，信息的接收和传递也存在一系列的过程，这就不难发现误解是怎样产生的。

信息传递是持续的双边过程。信息发送者和信息接收者同时在进行信息的交换，提供及时的反馈，然后进行判断和解释。当然这个过程涉及两个以上的交流者。当一个老师对一个班级的学生讲话时，面临着多重的复杂挑战，因为学生们的认识水平不同，可能母语并不是英语，原住民学生可能会有传递性听力丧失的情况。

非言语交流

非言语交流指的是除言语交流之外的任何传递有意义信息的交流。非言语交流包括面部表情、目光接触、辅助语言（我们怎样传递信息的效果及特征，比如说，音量、抑扬顿挫的变音转调、音高、音调、发音、停顿和语速），也包括语词的选择、身体姿势、姿态、距离和触碰。起源于社会因素的推断，比如长相、风格、体型、种族特征（如肤色）和民族特征（如口音、特别的服饰）也会通过各种各样的解释来传达信息。

我们相信，非言语交流具有无所不在的特点，对于个体来说，无论什么时候有人在洞察他们，他们都不可避免会产生一些交流。非言语交流通常传递情绪状态，比如说愤怒、沮丧、欢乐、兴趣和枯燥，他们也能传递态度和价值观。非言语信号是习得的行为符号，很快就会内化为自己的行为。不同的文化有不同的非言语信号，这些信号有时具有完全不同的意思。比如说，在印度的一些地方，从一边向另一边摇头意味着听者听得非常专注并且赞同说者的意思。但在西方大部分国家，摇头的意思是否定或拒绝。

尽管在学校和更广泛的社会场所中，口语交流比较普遍，但在今天通过技术媒体（电脑、手机等）进行的交流也很多。这就产生了不同的交流方式和新的规则，可以漫无边际地交流。尽管交流什么内容需要通过媒体技术撰写和编辑出来，但这种对话更像是讲话。它会诱导人把东西写得不够确切，而交流记录却一直广泛存在。

下面部分对这些非言语因素的影响进行概要介绍。有兴趣的读者可以参考鲍威尔和卡苏对课堂交流过程的分析。

面部表情和目光接触

面部表情（主要通过嘴巴、眼睛和眉毛表现）在非言语行为中是广为人知的，也是最容易辨认的。面部表情会在无意之中传递我们的感受。目光接触常会传递这样一些信息，如兴趣、亲密程度、相对地位和个人特征（比如害羞和果断）。目光接触会有额外的功能，可以调节对话的进展速度。

不同的文化背景对恰当的面部和目光接触行为有不同的风俗习惯。这会很快成为孩子的第二天性。许多原住民的孩子由于文化原因会避免目光接触，而在澳大利亚的大部分社会中，目光接触被看作专注的标志。澳大利亚的电视剧《凯西和金》（*Kath & Kim*）中有句人人皆知的台词“看着我 MOIEE”，现在的流行文化中被广泛运用，这个电视剧就是目光接触文化习俗的确证。但在不同的文化背景中，这一类非言语信号可能很容易引起误解。

姿态、姿势

姿态指身体的移动，通常指头、手臂、手或肩膀发出的移动。这些动作通常有具体的意思，会传递有细微差别的信息。比如说，把双手交叉着（斜放在前面或背后）会传递不参与或专注和自在的信号。在表达情绪状态时，比如说激动、无望或不耐烦，会时常伴随有姿态和姿势语。

在原住民文化中，传递信息时会有许多手势动作。2009 年，澳大利亚的电影《萨姆森和德莱拉》（*Samson and Delilah*）就同时使用了英语和毛利语（Walpiri）。有许多手势信号会传递专门的意思。甚至一个人相对于另一个人而言怎么站，会传递相对的地位、亲密度和正式程度。

姿态和姿势结合在一起传递特别的信息。考虑一下，一个老师双手抱着，严肃地站在课堂中央；另一个随意地坐在桌子上，双手随意地伸展或放在一边；第三个老师把膝盖轻轻地靠在一学生的桌子的一边。他们传递的信息肯定会不同。第一个老师可能是由于学生捣乱正在对全班同学施加权威，第二个老师可能希望学生在课堂讨论中持开放的态度，第三个老师传递的信息是愿意帮助一个处于困境的人。

距离、触摸和物理环境

距离指的是人与人之间的物理距离。许多人对个人空间的观念十分熟悉。对我们中间看得见的空间区域的侵入，会让我们感觉不舒服。我们许多人都体验过“背靠着墙壁”的感觉，而这种感觉是由于有人侵入我们的空间所造成的。空间与抚摸的运用意味着在对话中关系是否十分亲密、是否受到尊重以及对话是否很正式。个人由于人际关系的亲密度和文化背景的不一样，所接受或容忍的距离也会不一样。

一些形式的触碰是打招呼或分别时的仪式信号，比如说与一个陌生人握手，或吻一个家庭成员的脸颊，当然不是所有文化背景下的人都这样做。触碰肩膀或手臂意味着支持、鼓励或喜欢，但触碰身体的其他部位可能解释为太亲密或冒犯，甚至要承担法律责任。比如说，在一些文化情形中，摸人的头顶会引起严重的冲突。在男孩与女孩、男人与女人的互动中通常也有一些文化规则存在。

距离和触碰通常是关系、亲密度和关怀度的有力信号，由于这个原因，保持特别的敏感性就很有必要。特别是涉及两性交往时更需要保持敏感性。

交流沟通发生的物理环境，会影响讨论的类型、性质和有效性。比如说与一个人在一个大桌子后面的会议室里谈话，强调的是正式性和不平等的权力关系，而在一个咖啡吧谈话就显得不那么正式。物理环境的选择甚至在讨论开始之前就传递了有力的信息。

对非言语交流的阐释

非言语行为对交流的影响非同寻常。它们非常重要，但关于交流涉及的这些方面，我们很少意识到，很少被教过如何运用非言语行为。我们通常对自己的非言语行为和交流都不会认识到，这就是研究者如此关注非言语交流的原因。

非言语交流之所以重要是因为：

- 它很少被意识到受到了控制，因此极可能没有欺骗性
- 我们所说的许多话都模棱两可，因此所说的意思需要通过非言语手段来使其变得清楚
- 我们通常不会按照完整无缺的句子来说，因此非言语行为常常会帮助我们形成意思的边界
- 在交流情绪时，非言语的特点更加有效
- 我们十分依赖非言语方法来贯穿对话的流程

撇开非言语交流的重要意义不谈，非言语交流不太容易解释，我们没有办法运用字典去核查它们的意思。有的时候，即使是相对明显的信号，比如说一个微笑或一个皱眉也可能具有欺骗性。因为它们是影响课堂行为的强有力方式，你应该确保你的非言语行为得到了广泛的理解。在言语信息和非言语信息表达的意思相反时，我们通常相信非言语行为传递的证据。换言之，我们通常倾向于相信我们看到的而不是听到的。

我说明了对非言语信息进行准确解释具有很大的挑战性。我们通常倾向于观察行为并推断意思。我们的解释来自我们的习惯行为和那些熟悉的人的习惯行为。当我们看到有人做我们或我们亲近的人在做的事情时，我们会假定如果我们也这样做，那么她或他的意思就与我们的一样，但事实并非完全如此。这个错误源自我们会根据我们所处的社会阶层、地理位置或文化背景所获得的经验，来决定人与人之间的亲疏关系。在多元文化背景中工作的老师特别需要考虑这一点，误解往往是相

互的。但就是在澳大利亚，在文化多元性不明显的社区，老师和学生也会意识到社会实践的多样性构成了公民的市民性。

更加有效的交流策略

为了减少误解，有效的交流需要注意到他们从非言语交流中进行的解释和推断，要避免直接下结论，说他们的推断是正确的。也要意识到他们自己的非言语行为以及对其怎样解释。现在你应该知道了交流是多么复杂的一件事，非常容易对非言语信息以及实际的言语内容做出错误的解释。

在下面部分，我们将解释倾听策略、组织信息和协商策略，提供减少干扰因素的方法，提高课堂和学校情境中的交流清晰度和有效性。在本章结束部分列出了在更为广泛的领域中运用交流技能的资源。

积极倾听

人类对许多言语交流会产生误解。这自然会把我们带向关注倾听技巧的道路，特别是广为人知的倾听技巧，比如说积极倾听、反思性倾听、移情性回应、主动性倾听或回应性倾听。在本书中，我们指的积极倾听是处理问题行为和协商解决问题时最有效的倾听策略。

倾听和听见之间有标志性的差别。听见指声音被耳朵接受了，并翻译成信号传递给了大脑。倾听涉及的是运用注意力系统把声音和其他信号翻译成语言，以便能够解释意思和评价信息。听见是被动的，而倾听是有目的性的。积极倾听是意识到了听的行为动作。倾听是我们都会做的，是交流的组成部分。但根据泰勒的研究发现，我们的倾听行为的准确性低于50%。倾听作为交流的一部分，人们很少接受过训练。当他们倾听时，展示的都是无意识的倾听行为。

在熟悉的朋友之间倾听的效果和发生在孩子之间的倾听相比，存在显著的变化。前者效果最好，后者效果最差。在课堂师生关系中（正如本章开篇故事中所反映的那样），教师处于权威地位，处于承担责任的地位，教师有处于发展糟糕倾听技能的危险。课堂情境的指令性，课堂情境需要维持秩序，老师几乎没有时间去很好地倾听。相应地，学生不可能听老师的教导，因为老师说得太久了，周围的学生也试图想说话。

基于共情观念考虑下面的例子。

> 想象你将打算出门上班。你走出前门，发现你的汽车被偷了。你返回屋里对你的伙伴说："有人——偷了我的车！"你的伙伴却回答你："是吗，我建议你给警察打电话而不是告诉我。租车去上班。我希望你从这次事情中吸取教训：不要不锁车。"

你会有怎样的感觉？成人常常用这样的方式对孩子遭遇的问题进行回应。当你没有同理心说话时，孩子和你的感觉会是一样的。

积极倾听会发出言语和非言语的信号。当一个人正在交流时，倾听者会用点头表示确认，或用短语比如"嗯，是的，肯定的，我明白"来表示确认。倾听时发出的专注信号有开放的身体姿态、两只手臂和双腿展开、身体向前倾、面带微笑。当说话者处于同一水平时，会走近倾听者，但不要侵犯曾建议过的个人空间距离。最强有力的信号就是，倾听者复述讲话者所讲的内容后才进行回答。像这样说来展示积极的倾听："我想你说的是……我说得对吗？你说的是……"这样也有助于有效的交流，因为他们给讲话者提供了一个可以澄清误解之处的机会。这也显示了倾听者很关注，这就提供了一个构建强有力的人际关系的潜力。这也有助于本书致力于发展的基本原则，即健康的人际关系鼓励积极的行为。

反思下面利姆老师和学生肖纳之间的对话。

> 肖纳：我恨小米！
>
> 利姆老师：听起来你对她非常生气。
>
> 肖纳：她简直让我痛苦死了。
>
> 利姆老师：你对她做的事非常恼火？
>
> 肖纳：她总是取笑我。她把关于我的不好事情告诉其他同学。
>
> 利姆老师：当别人在背后说你坏话你觉得很受伤。
>
> 肖纳：是的，她总是这样做。上周，她传播朱丽的谣言。我认为我不要与她打任何交道了。

肖纳以表达强烈情绪开始对话的。利姆老师抵制住了问为什么的诱惑，或者用这样的建议回应"你为什么不选择忽视她"或者用道德化的口气甚至是贬低肖纳的感受，比如说"那样说可不好"或者"肖纳，你需要学会与他人友好相处"。通过用她听到的情绪短语对肖纳做出回应，利姆老师的交流体现了她在乎肖纳的感受，她愿意不加判断地倾听肖纳。利姆老师鼓励肖纳继续表达，因此使得肖纳能够把情绪表达出来，让问题更加具体和清楚。在利姆老师的第二次回应中，利姆老师再一次避免了问"为什么？"，但对问题的来源进行了更为广泛的猜测，并用温和的方式表达了问题。在第三次回应中，利姆老师通过指明她理解肖纳的感受从而表达了同理心。肖纳接下来的表述显然情绪化程度降低了不少，因此利姆老师复述了肖纳表达的内容。

上述勾勒的这个对话过程，能够让肖纳得出一个理性的结论，在这个沟通过程中利姆老师早就心中有数，但因为利姆老师帮助肖纳找到了解决问题的方法，肖纳就更加能够接受，也会付诸行动。肖纳和利姆老师也会由于这个沟通过程，她们之间的关系会得到巩固，因此肖纳如果陷入进一步的困境就会再回来寻求帮助。掌握积极倾听的技能并不容易。在刚开始时会觉得很不自然，但通过实践就会变得更为容易。实施积极倾听，有必要全神贯注地听讲话者所讲的内容，然后用复述内容的方式及感受等做出反馈。要形成一个回应，丁克梅尔和马肯推荐用这样的句子：

- 当……时肯定会……
- 你感觉……因为……
- 你是说……
- 你是……因为……
- 听起来像……
- 似乎尽管……但是你感觉……

● 我猜想当……时你感觉……

回应要尽可能具体。复述得越准确，学生可能感觉越得到了理解。但是，当感受或突然突发情况很难洞察到时，“听起来像……”的句式用起来就不真实。就像上面情境中描述的那样，这个过程会随着问题的解决自然结束。如果没有结束，本章下面部分描述的协商程序将被引进，对情绪进行澄清。

开放性提问

在积极倾听的过程中，老师会希望通过提问来获得进一步的信息，以此帮助学生考虑他们还没有提出的问题。我们相信，在鼓励学生继续讨论一个问题时，开放性的问题往往比封闭性的问题更加有用。开放性的问题通常以开放性的结语作为回应。封闭性的问题只能做出是、不是或者有限制选择的回应。

以“怎样”“什么”“何时”“在何处”开始的提问通常是开放性的。以“有”或“是”开始的提问，或以很少选择开始的提问通常是封闭性的，因为它们只能以“是”或“不是”做回答。虽然以“为什么”开始的提问，从技术上看是开放性的，但要求学生对其行为做出证实，往往只能进行封闭性的回答，比如像这样的回答“我不知道”，再耸耸肩膀。由于这个原因，“为什么”的问题往往被看作是半开放性的。

在心中牢记这一点非常重要，那就是在不同文化背景中，提问会有不同的社会功能。在一些原住民的文化中，对一个我们已经知道答案的问题进行提问，会被认为非常奇怪。在这种情形下，原住民的学生可以选择不予回答，因为这样做看起来一点道理也没有。在这种情况下，用陈述的方式比较适宜。在上面利姆老师的例子中，利姆老师实际上用的就是陈述，而不是直接提问题。这样做等于是用更加具有支持性的方式给予回应的机会和维持对话。

史密斯等人（Smith et al. 2004，p. 410）对课堂交流的研究发现，在所有的交流问题中，只有10%的问题是开放性问题，只有15%的研究样本对象没有用开放性提问。通过老师的调查，当老师与同一个学生相处时，只有11%的提问交流，会提出进一步的问题来鼓励和维持拓展性对话。只有4%的课堂教学交流会发生提问，43%的老师没有使用任何提问一类的策略。只有很少的老师把提问用来帮助学生更完整或更详细地表达他们的观点。绝大多数小学生的交流时间非常短，回答问题持续的时间平均是5秒。在回答问题的70%的时间里，都只用3个或更少的字。

断　　言

好的倾听技能会改善交流沟通，因为它们能够让倾听者更加准确地解释别人的信息。由于倾听技能会有助于减少情绪障碍，所以它也能让说话者更加清楚地表达他们的思想。在有必要减少干扰障碍的地方，当发出一个信息（与接收信息相反）时，就有必要用到确认性交流方法。承认说话者的权利，同时不侵犯倾听者的权利，这样的交流就是确认性的。

基于断言式交流的重要原则是，人们要么用忽视或否认说话者权利（唯命是从的信息）的方式发送信息，要么用忽视或否认倾听者权利（挑衅性的信息）的方式发送信息。当这种情况出现时，就会产生交流障碍，开放性接收信息的可能性就会减少。断言是许多确认性方法中的一种。

对下面涉及的断言式交流情境进行思考。

> 肖纳和朱丽正坐在树下吃午饭，一边吃一边聊天。安杰洛经过她们旁边，找了一个地方坐了下来。两个女孩突然爆发出一阵大笑……
>
> 安杰洛：你们在笑什么？
>
> 两个女孩停止了笑声，朝安杰洛这边看了看，没有意识到他觉得她们是在嘲笑他。
>
> 艾米：你怎么啦？你疯啦？
>
> 安杰洛：找死！
>
> 安杰洛捡起一把从树上掉下来的坚果，朝两个女孩扔过去。两个女孩躲避坚果的同时大声朝安杰洛吼叫。帕克老师正在操场上值勤，过来看到底发生了什么事。
>
> 帕克老师：安杰洛，不要扔石头！
>
> 安杰洛：我没有扔石头，我手里没有任何石头。而且，她们在嘲笑我。安杰洛朝着女孩子的方向吐了吐舌头。
>
> 帕克老师：安杰洛，我认为你应该去老师办公室外的椅子上坐一会儿，坐到你安静下来为止。
>
> 安杰洛：不！我不去，你把我怎么样！
>
> 帕克老师把安杰洛护送到座位上，他一边走一边嘟囔着老师只会针对他、女孩是老师的宝贝一类的话。他坐了下来。
>
> 帕克老师：安杰洛，你安静下来后，我想和你谈谈这件事。坐在这里，等我回来。
>
> 帕克老师离开，继续她的操场值勤工作。安杰洛把午饭扔到地上，朝帕克老师离开的方向踢去。

如果帕克老师看到安杰洛扔“石头”时，她顺着安杰洛的意思，可能这样做出回应：“安杰洛，请不要扔‘石头’，那样会惹人烦的。”如果帕克老师带着挑衅的口气回应安杰洛，她可能会说：“安杰洛，你简直是个暴徒。难道你没有意识到你扔‘石头’会打伤人的吗？现在去教师办公室，希望在我再看到你时你已冷静下来了。”如果帕克老师软弱无力地回应安杰洛：“安杰洛，停止扔‘石头’。”安杰洛可能把这个行为解释为软弱可欺，继续扔“石头”，或试图掌控帕克老师。如果帕克老师带着挑衅的口气回应安杰洛，会让这个情形恶化，安杰洛会以攻击行为做出回应。在确认性交流中，安杰洛更可能用令人想要的行为做出回应，而不是阻碍交流。

我信息

我信息是通过描述一个你观察到的问题来确认你的处境的陈述，会表达你有怎样的感受，你为什么会有那样的感受。我信息是确认性陈述的一种特别方式，声称说话者的希望，并对说话者为什么有这样的愿望给出清楚的理由。这之所以称为我信息，是因为它关注的是说话者的需要而不是倾听者的行为，与此同时，避免了用带有指责意味的“你”。

我信息技巧是由戈登开发的，是作为教育有效性培训课程的组成部分开发的。这个技巧很有效果，广泛运用于学校和儿童之中。

构建我信息的“格式”是……

1. 当我……时　2. 我感觉……　3. 因为　（4. 供选择的指导行为的陈述）

给出的例子：

- 当我上课期间受到打扰时，我感觉很沮丧，因为我不得不停下来。
- 当我发现课堂乱七八糟时，我感觉特别失望，因为我要想办法把它弄整洁。
- 当我看到你学了这么多时，我感到非常自豪，因为我的工作很有成就感。
- 当我听到你把你的铅笔敲击得很大声时，我感觉特别沮丧，因为我知道其他同学没办法集中注意力。（选择）我希望你把铅笔放下来，安静地听课。

应该用平和的、就事论事的口吻说我信息，同时对你的体验不要夸大其词。用这种方式，不会侵犯倾听者的权利，你把行为的决定权交到了倾听者的手中。当老师遇到问题希望学生合作解决时，我信息非常有帮助。老师不是强迫性地解决问题，而是让学生注意到问题，这样做表明老师相信学生是愿意合作的。

我信息策略也可以教给学生。面对年幼学生，你开始时可以鼓励他们说“当……时我不喜欢这样”。当你看到糟糕的行为时，你可以马上提醒学生“记住用你的我信息”。

协　　商

积极倾听和使用我信息的确认通过协商可以使问题得以解决。积极倾听帮助学生澄清问题，没有情绪障碍地解决冲突，并且协商提出一个有效的解决办法。我信息使老师能很好地厘清问题，并向有助于解决此问题的学生很好地做出解释。这能帮助学生理解他们的行为所造成的影响，因此更有可能使学生停止这些行为。但运用了积极倾听和我信息，可能问题还是没有得到解决。在这种情形下，就需要运用协商程序了。

协商依赖相互尊重的原则，消除情绪和信息“污染”造成的障碍。

协商是建立在教育家杜威建立的反思性思维模式的基础上的。虽然这个模式广泛运用于许多学科，但下面的协商程序是经过戈登等人修订调整的。协商程序的最终组成部分是根据这些理论推荐的交流体系来决定的，并吸收了上面描述的倾听和确认要素。协商程序包括如下六个步骤……

协商程序

第一步：确认问题

学生：积极倾听和开放性提问要等到学生的情绪性回应表达时才运用，问题的实质得到辨识。

老师：我信息形式用来清楚地表达问题的本质，积极倾听用来理解学生的回应。

第二步：确认可能的选择

学生：学生首先列出可能的选项，在这个阶段没有评论。

老师：老师和学生一起列出没有详细阐述的评论观点。如果老师还有其他的建议选项，依然没有详细阐述或评论。可以使用开放性提问形式。

第三步：确认每种选择引起的结果

学生：学生识别他或她会如何受到每种选项的影响。解决问题的可能方式以及其他任何结果得到识别。

老师：识别每种解决问题的备选方式对老师和学生会造成什么结果。

第四步：删除不能接受的选择

老师和学生：

某种特定的选择如果老师或学生有一方强烈不希望运用（因为不能接受第三步中列出的结果），就需要删除这些选项。

第五步：运用达成一致的解决办法

学生：让学生去选择看起来是最佳解决方法的选项，即对负面的反弹风险最小的解决方法。

老师和学生：

运用一致同意的方法，遵照最有可能成功和具有最少负面的反弹选项。双赢的解决方式是要追求共同的目标，如果有一方不满意，就得再去寻求解决方法，直到成功解决为止。

第六步：确认一个检查的时间

学生和老师：

老师和学生同意用规定的一段时间来尝试解决问题。时间不能太短，否则新方法的效果可能都不会被注意到，或者新技能还不能被掌握；时间不能太长，否则会带来不可预料的负面后果。通常有必要花几天或一周的时间进入到解决过程中来，但这要看冲突的频繁程度。如果解决有效，双方都同意没有时间限制地实施。如果解决对一方来说是不成功的，那么双方需要回到第二步，去识别或修订新的选择。

确认、我信息和协商程序可以清楚明白地教给学生，这样他们可以相互使用。在一个班级里，许多角色扮演和通过解决问题的案例的引导，有助于学生使用恰当的和有效的交流方式。对下面成功运用的“和平桌”策略进行思考：

在我们看到的这些策略中，运用得最成功的策略之一就是北部地区的两位老师，即西沃恩·卢斯莫尔老师和凯特·麦卡恩老师使用的“和平桌”。在他们的5岁孩子的过渡课中，除主要活动外，他们创设了一个“和平桌”，在上面是块漂亮的桌布和一朵和平百合花。如果有了冲突，就开始使用这个方法，一个老师把孩子带到和平桌边，示范协商解决问题的方式。过了一会儿，孩子们自己会直接去那里。有时候，他们会说，“卢斯莫尔老师，我们需要想出解决问题的办法，我们可以去和平桌那里吗?”协商到最后，卢斯莫尔老师和麦卡恩老师会检查他们的解决办法是不是可以被接受。

在早期阶段，你用了什么样的策略来促进你和班级成员之间建立起积极的人际关系的呢？在不同的情形下，比如说在学前阶段，在小型的或大型的小学里，在高中，在较大的郊区学校、在较小的农村学校，你考虑过会存在差异吗？

交流沟通是复杂的、双边的过程，涉及多通道的信息和反馈。许多人从来没有接受过交流沟通的培训，通常没有意识到他们的一般交流行为的效果。在非言语交

流和倾听技能的领域，低觉察力的作用就十分明显。非言语交流会让倾听者建构太多的意思，这方面的交流通常很不容易，会频繁地引起误解。意识到交流中的非言语维度对于减少干扰和阻断影响是至关重要的。

小　　结

在本章中，我们对处于学校环境的所有成员特别是师生中建立积极的人际关系的至关重要性进行了开放性的解释。然后，我们对清楚地交流与建立和发展这样的关系之间的复杂动态关系进行了解释。我们把社会心理学和社会文化的维度引进了探讨之中，以此演示为什么在创造一个有效的生态情境时记住要理论化是重要的。我们揭示了在交流实践中，为了有效交流而需要做出选择时，深入理解涉及的因素会提供更加广泛的选择范围。

本章对交流过程的因素以及交流的主要障碍和误解进行了描述和解释。本章结尾我们介绍了提高交流特别是师生之间的交流的实际策略。下面，我们将进入第 4 章，在这一章中，我们将解释课程、评价和教学法在开发最好的课堂管理计划实践方面也是重要的因素。并且它们也是最好的管理实践的重要因素。

基本概念

- 积极倾听
- 断言
- 反馈
- 我信息
- 交流障碍
- 人际关系和交流
- 协商
- 非言语交流
- 开放性提问

个性化活动和小组活动

活动 1

回顾本章的“开篇故事：恍然大悟”，如果你处在露丝老师的位置，是你“恍然大悟”了，你将会与你的学生重建怎样的人际关系，你将会怎样重温和检省你的专业哲学观、课堂管理思路和课堂管理计划？具体运用第 3 章的理论时，你会实施什么样的策略来促进这种人际关系的建立？

活动 2

组成两人小组，一个人（作为“发言者”）表演下述的一个情绪情景。发言者在用言语表达情景情绪的同时应该运用恰当的非言语信号，使其尽可能有真实感。然后另一个人（“倾听者”）用积极的倾听转述来做出回应。两个人的角色可以互换。建议的情境如下：我真的不能站在岳老师的立场；我不知道要做什么；他简直就是一只猪！她不会再喜欢我了；我周末的时间很空；这周的篮球很有趣；我真希望我能通过这次考试；我对数学绝望了。（这个活动会为你提供机会去发展和锻炼你的积极倾听技能，我们鼓励你定期练习这些技能。）

活动 3

回顾以“确认”标题的那部分中涉及的关于帕克老师和安杰洛的案例，想象安

杰洛已经多次涉及这种和其他社会不可接受的行为，帕克老师想实现长期解决这个问题的目标。两个人一组，对这个场景进行角色扮演，看看如何解决这个问题。

（你可能开始会和帕克老师说的一样："安杰洛，我看到你扔'石头'时我很担心，因为有人可能会受伤。我想找到一些你在学校可以玩的方法，而且不用生气。"）

活动 4

首先单独一个人，然后两人一组，用我信息设计并讨论下列问题：

- 朱丽一直反复向后斜靠椅子，会有摔倒的危险。
- 艾米总是不停地激怒她周围的同学、扰乱上课。
- 当你没有直接对安杰洛的帮助要求做出回应时，他总是很粗鲁。
- 艾伦交的作业乱七八糟而且没有做完。他能力很强就是太懒。
- 伊万非常吵闹，爱捣乱，他的这种性格你觉得很烦人。

活动 5

识别三种你最近遇到过的发生误解的交流场景。这些误解在什么程度上是由内部障碍引起的？在什么程度上是由社会文化障碍引起的？你是如何避免这些误解的？

学习工具

请访问 www. cengagebrain. com，获取与本书有关的学习工具。

网络链接

About.com Secondary Education: Active listening for the classroom: An important motivational strategy
http://712educators.about.com/cs/activelistening/a/activelistening.htm

Conflict Research Consortium, University of Colorado, USA: Cultural barriers to effective communication
www.colorado.edu/conflict/peace/problem/cultrbar.htm

Cotton, K. (1988). Classroom questioning. Portland, Ore: NW Regional Education Laboratory. Retrieved 09/10/2012 from:
www.learner.org/workshops/socialstudies/pdf/session6/6.ClassroomQuestioning.pdf

Saunders, S., & Mills, M. A. (1999). *The knowledge of communication skills of secondary graduate student teachers and their understanding of the relationship between communication skills and teaching*. Proceedings of the NZARE and AARE Annual Conference, Melbourne, Australia.
www.aare.edu.au/99pap/mil99660.htm

State Government Victoria: Department of Education and Early Childhood Development
www.education.vic.gov.au/school/teachers/health/Pages/default.aspx

拓展阅读

Dettmer, P., Knackendoffel, A. P., & Thurston, L. P. (2012). *Consultation, collaboration and teamwork for students with special needs (7th ed.)*. Needham Heights, MA: Allyn & Bacon.

Jones, V., & Jones, L. (2013). *Comprehensive classroom management: Creating communities of support and solving problems (10th ed.)*. Sydney: Allyn and Bacon.

Pirola-Merlo, S. (2003). *Relationship management in the primary school classroom: Strategies in the legal and social context*. Frenchs Forest, NSW: Pearson education Australia.

Sleishman, P. (2005). 'The 5R framework: Building relationships and managing behaviour', *Special Education Perspectives*, *14*(1): 13–27.

第 4 章

课程、评价和教学法

给学生提供有意义的课程并通过教学教给他们时，他们参与学习的动机会受到激发，不太会偏离学习任务。

学习目标

通过本章的学习你将能够：

- 界定和解释课程、评价和教学法三者的关系
- 探讨有助于课堂管理和学生学习的课程特点
- 探讨有助于课堂管理和学生学习的评价特点
- 探讨有助于课堂管理和学生学习的教学法特点
- 识别和讨论社会行为和学习行为之间的内在关系，认识和讨论有助于社会行为和学习行为整合的各种策略
- 解释本章结尾列出的小结和基本概念

本章概览

- 开篇故事：学生会想什么
- 引言
- 第一个考虑：早期教育的教与学
- 课程
- 评价
- 教学法
- 小结
- 基本概念
- 个性化活动和小组活动
- 学习工具
- 网络链接
- 拓展阅读

开篇故事：学生会想什么

“我打算一定要改一改这一单元”，当约翰老师走向三年级的教室时心里这样想。课表上的这个话题不会吸引学生的注意力。特蕾西通常是个好学生，但

她把太多的时间花在与好朋友玛乔丽闲聊上了。蒂姆、迪安和莫汉蒙德多数时间都让人头痛，他们越来越难应对了。甚至连我使出最佳招数时，他们依然哈欠连天。也许革命这个背景就是个问题，或许我应该与时俱进，找到与现实更有关联的内容可能会有些帮助。我用这种方式依然能达成学习目标。我注意到莫汉蒙德和塞巴斯蒂安正在谈论阿富汗的问题……或许这个背景更理想一些。通过媒介可以获得许多最新的资源，我们可以从其他国家在线的英语报纸报道这个视角来讨论。我会问学生们会怎么想……

引　言

在上一章我们强调了交流沟通在课堂和学校生态中所发挥的作用，因为许多信息是通过交流得以传递的。师生之间的交流有许多方式，教师怎样向全班学生打招呼，怎样鼓励学生互相打招呼，学生通过教师的语气和整体气氛便会知道他们作为班级一员是否受到了重视。另一个重要的特点（一些认为是最重要的）是课程。

对许多人来说，课程就是教育权威开发来指导老师的课程框架。我们希望你把课程看得更为宽泛一些，课程代表所有的学校活动，即代表支持学业的、社会的和个人的能力的那些活动。这个定义超越了一些课程和教学大纲文件的范围，但后面我们还会回到这一点上来。为了优化学习成果，课程包括落实在任务上的行为、学业成就和积极的学习态度。这就需要在课程、评价、教学法和课堂管理之间建立更密切的关系。

本章的焦点在课程、评价和教学法的特点上，它们会影响学生的学习并促进积极的行为。我们会讨论学习过程中的自我效能感和动机。我们把计划-实施-评鉴循环作为有效教学的关键（见图4-1），用来满足不同学习阶段学生的需要。最后我们会拓展第1章中介绍过的知识。

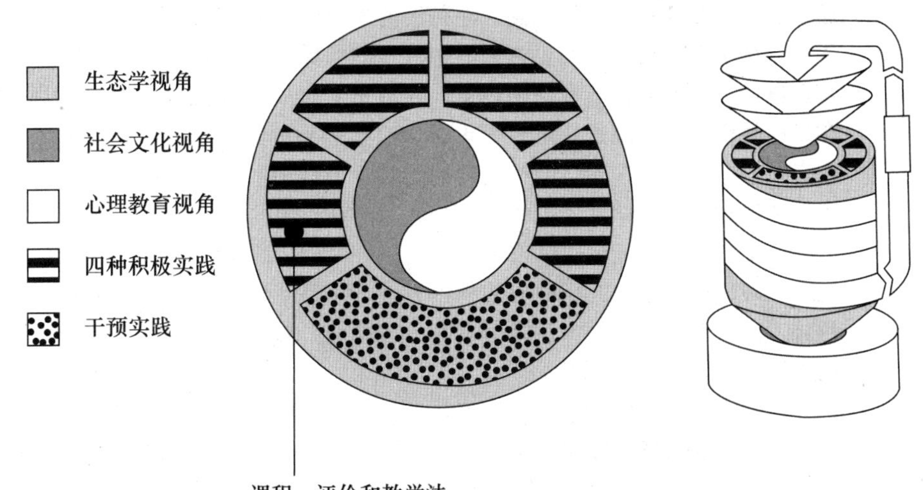

图4-1　课程、评价和教学法与莱福德课堂管理模式

如图4-1所示，课程、评价和教学法是莱福德课堂管理模式中的四种相互联系的核心积极实践之一，对于建构积极的学习行为，从而对扭转和帮助预防捣乱行为和没有成效的行为而言是必不可少的。你是否有强烈的动机去开发和运用恰当的、同步的课程、评价和教学法，这个能力受到你的生态学视角、社会文化视角和心理教育视角的影响，并且与你的世界观是联系在一起的。课程、评价和教学法是你的课堂管理计划的重要组成部分，应该纳入你的反思循环和计划-实施-评鉴循环。

第一个考虑：早期教育的教与学

儿童和年轻人有各种各样的社会的、情绪的、认知的学习需要，有不同的能力和社会经验。我们需要保持一种平衡的办法，不仅能实现所开列的学习目标，而且能处理个别差异性。

刚进入学校的年幼儿童需要接受学校文化和课堂文化的教育。在澳大利亚，有相当数量的年幼儿童上过看护机构（幼儿园），他们可能已走出自己的家，进入了更广泛的社会网络空间。但是，也有孩子是直接从家庭进入学校上学的，也有些孩子上过非正式的儿童看护中心如儿童体育游戏中心和玩耍游戏小组。在第一天，对于五岁的孩子来说，就需要大量的社会和认知技能。在早期教育中花过时间支持儿童学会恰当的社会技能，会为儿童进一步的社会和情绪发展提供良好的基础。但技能的获得存在个体差异。最好的实践例子就是"美国开端计划的教师和儿童培训项目"（the American Incredible Years Teacher and Child Training Program），这是一个计划为儿童提供的具有广泛意义的干预项目，适用于幼儿园和小学一年级的孩子。

先前经验的性质不仅对年幼儿童适应学校社会的能力有重要的影响，而且对其理解和意识到通过课程提供概念的能力也有重要的影响。父母和照顾者对儿童适应学校生活所需要的各种能力发挥着重要作用，这些能力包括社会性、情绪和智力的成熟。很显然，在早期教育阶段，家校之间的合作伙伴关系是至关重要的。

当年幼儿童拓展对学校情形的社会性理解能力和其他相关能力时，需要为他们提供实际的和真实生活的范例。在每天的学习活动之内，他们需要在具体技能方面获得清楚明白的教导，也要解释清楚对他们的社会期望，而不是在事情发生之后进行远离社会情形的长篇大论的说教。对具体技能，比如阅读，应进行详细的教导，在早期教育阶段强调这一点也很重要。对年龄小的学生而言，除了学术能力之外，也必须塑造他们的信念，即相信他们能够运用日常生活中的那些技能。有研究报告说，学生对自己的学术能力的看法与儿童时期出现的反社会行为之间存在着联系。

为了捕捉儿童天生对学习的热爱之情，早期阶段，应让他们能浸润在新的体验之中，即我们主张的儿童中心的学习方法。在第一学年中，为儿童保留游戏玩耍的领域，应把游戏玩耍作为教学项目的组成部分，而不只是把游戏玩耍作为完成作业的奖励。它们包括：

- 在一个充满学习活力的地方，儿童几乎没有意识到他们在学习。
- 一个课堂活动既包含隐性的课程部分，也包括教师的显性教学部分，因此这对儿童来说充满了挑战，要允许他们在不同思维水平上进行学习。
- 在一个多样性得到承认的地方，多样性会被用来丰富学习环境，因此在示范全纳性课程中，所有的儿童都与课程相关。
- 在一个不会浪费时间的地方，儿童会从一个任务转移到另一个任务。检查工作要么是实行自我检查制度，要么是实行教学督查制度。[关于较为全面的实践和评价学习中心的特点及建议，参见布雷格斯和波特的著作（Briggs & Potter 1999, pp. 178-199）。]

在这些关键的早期岁月奠定的基础会影响一个人对学校学习的态度，也会影响他们的自我价值感，以及他们怎样看待自己作为一个学习者。习得性无助或受排斥，在他们的整个学校教育经历中极有可能造成不利的影响。

课　　程

课程，简单地说，就是你教给学生的是什么，也就是内容。从更广泛的意义上，我们将对课程进行简要的解释。但在我们这样做之前，特别是在课堂管理和学生行为的背景中，需要提及一些基本的术语……

- 课程可以是单一的，可以是小组的，也可以是全班的教程。对于师范生来说，课程是最基本的教学概念。
- 活动可以是一个或一系列包含一节课、一个学习（序列）单元或一个工作单元的学习行动，在活动中学生可以用多种方式进行学习。活动可以是基于问题的行动、基于研究的行动或表演和创造行动。
- 学习单元是在一个课堂领域内的一系列的课程。比如说，在几何图形主题下的一系列的支架式数学课。
- 在这一背景中讲的一个完整的工作单元是指一个主题单元，它融合了几个课程或教学大纲范围的目标，通过相当复杂的方式进行整合。
- 课程框架，澳大利亚教育行政当局一般是基于课堂途径的目标而展开的。(这当然是澳大利亚课程中开列的实施途径）有许多资源可以对这个途径和正在进行的争议进行解释。

注意：《澳大利亚课程》（*Australian Curriculum*）出版发行时，将会最终替代各个州和地区开列的课程，在澳大利亚的学校中，至少会部分替代。

在一些州，比如新南威尔士（New South Wales），课堂目标是在关键学习领域(key learning areas，KLAs）框架之内构设的。其他地区，比如昆士兰(Queensland)，也提供了一个新的基础课程。北部地区的课程具有关键学习领域和国家核心学习的特点。国家核心学习包括四组：内在学习者（我是谁？我向何处去?)、创造学习者（什么是可能的?)、合作学习者（我怎样才能与他人建立联系和关联?)、建构学习者（我怎样才能做出有用的区别?)。这个结构允许从关键学习领域及其超越中引申出目标。用这种方式，完全融合的学习项目就可以实现。这要求老师去查阅课程文件，摘录出目标来形成课程、活动、学习顺序和完整的工作单元。你应该学习相关的国家、州或地区的课程文件，思考你如何处理围绕课堂管理的问题。

课程、课堂管理和积极行为

形成一个课堂管理计划的核心挑战是，找到形成一个有效的课堂共同体的方法，向学生灌输与成为卓有成效的澳大利亚社会成员有关的价值观和信念，改善学生的福利和行为。同时，你需要满足个别学生、学生小组和全班的需要。我们认为，做到这一点最有效的方法就是去看相关的课程框架和达成学习目标的方法，通过这些方法你可以把课堂管理计划与你具体的教学融合起来。

在一天中最好的情况就是，学生们只与一个老师打交道，这是最容易掌控的。老师比较容易把学习单元与学生的行为和福利（权利）问题整合进教学计划中，把从几个关键学习领域中摘取的学习目标融入这种情形中。在学生需要花大量时间与好几个老师（特别是高中）打交道的情形中，这样做就很具有挑战性。原因有二：一是课程被分成了支离破碎的关键学习领域，二是老师看见的只是一个小时或两个小时的时间板块的学生。因此要形成健康合理的人际关系就很有难度了，更不用说建立需要考虑学生多方面需要的积极的人际关系了。

如果你把课程不只看作教学大纲文件规定的内容（老师一般会把他们的角色定位得更宽泛，支持学生发展恰当的行为和社会实践），你就极有可能把课堂管理计划当作课程活动整体的一部分。当然，多数教师理解这个宽泛的角色，但在高中，处理恰当的社会实践活动这个任务通常落在社会科学领域或是个人发展和体育课上，而不会落在科学或数学课上。

当然，整个学校的文化发挥着重要作用。今天，学校里的许多课堂管理和学生福利政策吸收了全校统一的做法。的确，严重的行为问题、欺凌问题的处理，寻求学校层面的解决的做法已经有 20 多年的历史了（参见 Rigby 2002）。在激发学生终身学习的愿望和形成个人欣赏与社会和谐相处的价值方面，学校承担着巨大的责任。在学生学习成为合格公民、学习掌握积极主动解决问题的技能以及能在不同生活联合体中单独和合作地做出决定方面，学校课程发挥着中心作用。

比如说，多尼克等人（Daunic et al. 2000）探究了中学生为应对日益复杂的世界而形成积极策略的方式。研究者介绍了学校范围的课程对冲突的解决之道，对一个学生核心小组进行了同伴调节策略的培训，包括理解冲突、保持自信和有效交流。据报告，同伴调节者对争端双方提供的可接受的解决策略达成一致意见的成功率在 95%。年龄大些的调节者能让冲突双方达成“和解并友好相处”，而不是“回避一方”或“阻止冒犯行为”。

在高度的纪律约束中，维护公正（restorative justice）是一种赞美平衡的哲学观和实践，包括清晰的期望、清晰的限制后果，还包括高度的支持和教育。它关注每个学生的责任而不是学校权威的责任。这种方法可以成为学校精神或每个老师的管理思路的组成部分。在哈尼（Harney 2005）的研究中，在对多所实施维护公正项目的学校的有效性进行评定时，他发现，18 个月的项目实践大大减少了学生的一些负面行为，如迟到、旷课和校内停课行为。

来自一线的故事

“哇”时刻

职前教师的专业体验使教师处于焦虑和兴奋的不确定状态。在特定的一天中，教师体验的要么是焦虑，要么是兴奋，但最终会达到两者的平衡，会得到个人和专业的成长。专业经历中的一些仗打赢了，一些则打输了，但“哇”时刻则会让我们会心一笑。在我实习期间，一个小男孩名叫约翰尼，对我产生了重要影响，促进了我的个人和专业的成长。约翰尼心地善良，他很容易放弃，又对什么都感兴趣，又有惊人的一致性。无论如何，我知道这个小男孩会对我产生很大的影响。

我的所说或所做都没有任何作用。我的沮丧感与日俱增。我怎么样才能走近他并让他知道，他能做他认为他不能做的事情。反思是我每天都会做的事情。我知道反思会让我感觉好一点儿，让我思考得更清楚一些，让我对自己的能力更有信心。但为什么我对约翰尼就无能为力呢？

每天早晨、课间休息后和午饭后，都会有默读课。这是让他们从玩耍中安静下来的时间，是在上课前做的收心活动，让他们做好把心思放在课上的准备。我把这些时间段用来安排学生写日志。我让学生写他们头一天觉得非常自豪的事情，也写他们觉得不光彩的事情。我也让他们反思，写上他们所做的过程不一样，结果也会不一样的情况，以此意识到为什么会有最好的结果。每天我都会对我的每个学生有更多的了解。这种了解比课堂上的了解深刻多了。这更有点像他们的“发声”时间。（最开始，我不敢确信，我能否把这个独自的时间变成共同的时间，事情的结果证明我完全用不着担心。）

我们正在上数学课。约翰尼显然是沮丧至极，他发出了咒骂声，把书扔在地上，并大声叫道：“我根本就不会做这个该死的数学题。”约翰尼分享过他早先写的一个“日志聊天”内容，他非常自豪，因为他成功地掌握了滑板技巧。我虽然不知道他说的确切意思是什么，但他很自豪，这才是事情的重点！我叫他谈谈这件事情：“是什么让你最后掌握了滑板技巧？”他回答说：“我不断地练习、练习再练习，我终于能滑了。”他回答时满脸笑容。“是的，你肯定能做到。”现在是我出手的时候了。我有办法向他证明，如果他把心定下来，他能做好任何事。我解释说，学数学也是一样的道理。每次当他感觉沮丧并觉得“我不能”时，他应该记住他玩滑板的成功。是什么把他带向成功的？是毅力带给了他成功感，他知道他能成功，这个感觉是多么好啊！

这个简单的策略帮助我走近了约翰尼，最终帮助我走近了其他学生。我能慢慢了解他们，用我的了解去帮助他们学习。他们渐渐地对自己的感觉越来越好，他们的感觉在他们的“骄傲页”中得到了体现。他们逐渐学会了怎样反思他们“在那不同寻常的‘骄傲页’上所写的事，我是怎样做到的？”“哇”时刻……

反思……

安妮塔老师想方设法走近约翰尼去教他。当安妮塔老师仔细观察她让学生所做的事情和学生每天默读的内容时，她突然顿悟了……“我让学生写他们头一天觉得非常自豪的事情，也让他们写觉得不光彩的一些事情。我也让他们反思，写上他们所做的过程不一样，结果也会不一样的事情，以此意识到为什么会有最好的结果。”一个深思熟虑的改变对于她正在教什么来说，就完全不一样了。

四维课程包括学术的和社会的维度，当你发展、形成自己的课堂管理思路时，需要考虑一系列问题。课程怎样进行教授与教学法的观念是密切相关的。我们将简要地对教学法进行界定和解释。

计划-实施-评鉴循环

一旦选择了一套目标，就会涉及计划-实施-评鉴循环。许多教育权威对这个基本循环设计了可比较的变量。比如说，在昆士兰，《课程计划 P-9 指南》（*Guide-*

lines for Curriculum Planning P-9）问了下面的问题：

- 我们想要儿童学习什么？
- 学生将怎样展示他们知道什么和能做什么？
- 需要学习的迹象有哪些？
- 为了让每个学生能最大化地学习，需要怎样教？
- 学生是怎样学得很好的？
- 我们需要做什么来改进学习？

计划-实施-评鉴循环的开始

从一开始，至关重要的是，要通过清楚地陈述结果和目标，指出目标与课程的相关性，建立成功的期望，来激发学生参与学习活动。要对学习任务进行解释，这样学生才会知道你期望他们做什么。在布置开放性任务的时候，尽可能用不同的方式进行解释。这样会激发学生喜欢任务的动机，增加任务与学生的相关度。在本章的开篇故事中，学生始终对老师做出的单元改变回应得非常好，而且作为回报，他们的学习质量也得到了很大的改进。就像每日反思报告所做的那样，他们对自我反思很投入，兴致很浓，做了许多有趣的工作。

计划-实施-评鉴循环的实施

为了使学习效果达到最大化程度，学生需要与课堂的内容互动，需要在学习过程中接收到恰到好处的智力和情绪支持。这意味着，学生要与其他同学互动，通过谈话来厘清自己的思想，相互帮助来促进理解和掌握技能。在这个过程中，你的作用就是，在维持有质量的教学的同时，确保这些机会存在于井井有条的管理框架之中。这包括给予提示、指导实践或演示，保证你的学生在确保成功的水平上与教学材料互动，课程的进度要让知识信息有关联性和挑战性。

学生保持对任务的高参与率也很重要，提供正确的反馈以避免错误的实践同样重要。在这个阶段，给你的学生集中教学通常很重要，包括示范、解释、提供实践框架，这样他们会建构自己对教学材料的理解。

计划-实施-评鉴循环的监控

学生没有你的帮助，能够进行其他的独立学习实践活动十分重要。这可以巩固学习，使学生对学习的回应具有流畅性和自主性。独立实践的机会通过这样一些策略来提供，诸如同伴指导、合作学习、教学游戏和计算机辅助项目。

对你和学生之间的高水平互动，需要在学习过程中进行持续的监控，这样做很有必要，可以确保学生把注意力放在学习任务上，而且在一步步实现可以辨认的学习结果。对学生学习的频繁检查可以杜绝错误的学习，让他们形成深度理解。对学生理解的认真监督，会让你对每个需要持续支持的互动进行评估，以此确保学习的精确度。在开始示范之后，一些学生只需要监督和反馈，而其他的学生则需要对所布置的任务做进一步的解释。

计划-实施-评鉴循环的评价与反馈

就课程的具体内容的性质而言，评价很有必要。因此，在持续的学习过程中，

反馈是前瞻性的，而且要认识到个别学生的学习速度和需要。新的目标或结果要基于评价来确立，这样学习过程在与恰当的教学匹配的情形下，就会持续下去。

上课过程中高质量教学的变量，在学习过程中会对学生的任务关注及其参与方面产生直接的影响。掌握的概念是一清二楚的，它需要你持续指向学术性的内容，把注意力放在任务上，防止错误的学习实践，提供反馈，由此让你的学生认识到他们在学习过程中付出的个人努力是受到重视的。

评　　价

接受分数通常是学生学习环节最有压力的部分。几乎每个人在上大学时提交的作业都有过得到令人失望的成绩的经历。一些人耸耸肩，这事就算过去了，一些人会为差的成绩找外部原因，诸如工作太多，所有的作业都挤到一起了，我孩子生病了，分数不公平或给得太随意了，等等。一些人会把令人失望的成绩归因于个人，把它看作是由个人学习的怠慢造成的，但这会强化他们觉得自己对这个科目不擅长的观念。换句话说，评价会让人产生忧虑的情绪。对于所有的老师而言，问题在于“我们怎样才能提供建设性的评价而且又清楚地指出了错误所在”；对于所有的学生而言，问题在于“我们怎样才能最好地接受建设性的批评或者我们怎样才能处理负面的评价”。在这一部分，我们将讨论评价的类型，并对如何处理批评提供一些建议。

先前的或“基准线”评价

在计划-实施-评鉴循环中，对评价任务做出决定是计划阶段的重要部分，也是基于结果的教育的重要组成部分。在此，评价的呈现方式是定好的，比如说，一份书面报告、作业纸、海报、小册子、解释、演示或表演。评价工具也是动态的，可以采取题目检查单（老师评价、同伴评价或自我评价）或考试的形式。评价工具最好是可观察的，但我们建议要谨慎选择，因为很难执行。比如说，你在全班讲故事活动中运用可以观察的评价工具，那么你会用什么标准来评价学生的参与度、理解力和表现能力？如果你班上有 28 个学生，而且你在读故事，你怎样对每个学生使用这些标准呢？最后，你需要考虑如何记录信息。课堂上的学习记录，对于追踪谁参与了什么活动，在何种程度上参与非常重要。在基于结果的评价中，通常记录的标准是根据学生能够或不能够达到的目标来定，或根据一个学生对一个目标是否形成了牢固的或综合的理解来定。

先前的或“基准线”评价活动，就是为学生对一个话题知道什么。在课堂上的知识水平是什么，每个学生的优势和不足是什么这些方面进行摸底。“基准线”评价方式有很多种，最受欢迎的是心智脑图或概念脑图法。实际上就是教师对一个话题组织一次头脑风暴活动。

活动中，教师鼓励学生说出关键语或短语，所有的回答都写在黑板或白板上。然后全班分成几个小组，运用学生们创造的这个关键词单子，就会形成心智脑图。学生把关键词写在一张大纸上，若学生看到短语之间存在关系，就使用箭头标出连接线，然后讨论为什么不同的小组会有不同的心智脑图。可能会有些短语用得不合适，有的小组选择用了新的短语。然后，这些概念脑图会在一段时间的课程中、学习过程或单元学习中得到呈现。

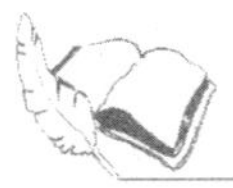

用这种方式开启一个新话题的优点是，对概念进行了强调。因为已呈现了短语，所以组织文字就并不困难了。学生展示已经知道的东西会产生自豪感和成功感，他们对这个话题和学习过程亦会产生获得感。最后，如果心智脑图形成了，在这个话题结束时，可以用来进行比较。学生亲眼看见了自己完成的作业，由此会产生一种满足感。

形成性评价

形成性评价是在上课期间、学习过程或单元学习中进行的与基本目标相关的评价，用来评价学生在实现学习目标的过程中取得的合理进步。形成性评价可以用来调整话题内容、活动和教学方法，从而促进学生的学习。形成性评价有三种可以遵循的可能途径。

第一，学生显示取得了进步，但对学习还不精通，可以进一步提供机会，使其学习达到要求的流畅性和精确性。老师开发的计算机项目是指向具体技能水平的，或者说是额外的资源，可以为学习提供独立的实践机会。第二，显示了专业能力的学生可以转移至丰富的活动中，比如说，参与需要恰当的关注点的课堂游戏，或者是由其他小组的学生提供的同伴指导活动。第三，对于没有显示精通能力和在评价过程中错误凸显的学生，运用纠错程序。为那些在学习上需要提供进一步帮助的学生提供及时和具体的反馈是十分重要的。这些纠错程序要给学生充分的时间去进行独立的掌握学习。

总结性评价

总结性评价主要是用于对一个单元学习结束时进行的评价。在基于结果的评价中，总结性评价需要提供与各个学习阶段计划达成目标相关的定量和定性资料。总结性评价是在一长段时间里的所有学习结果的综合性评价，通常是对数周学习的评价。如果一个单元学习是以学生为中心的，极有可能出现没有在原先计划之中的结果，这些结果是合理合情的，需要被注意到，在总结性评价中也要得到体现。同样，由于某种原因，可能原来计划的结果没有满足或实现。在总结性评价中，需要注意到这些方面。经过一年时间，总结性评价就会提供清楚的记录，什么目标已经达到，什么目标还仍需努力。

学生的技能达到了精通和保持一定程度的地方都应该标识出来。对于技能一直没有达到应掌握水平和理解水平的几个学生，要对个别学生或小组的具体领域进行补救。对每个学生完成任务使用的方法、参与程度进行记录也非常重要。这些定性和定量的信息在学期末要写学业报告时具有不可估量的价值。

评价提供的信息有助于为本年度和后面几年建立档案记录。当你回顾学习的历程或单元学习时，它们是重要的资源，它们扮演了什么可以做、什么不可以做、学生能达到什么水平的提醒者的角色。

来自一线的故事

找到“基准线”

作为“跃跃欲试”的初任教师，面对我所在学校的教学理论与实践之间存在的

差距，我有些震惊。我是一位在 k-12 学校中为智障学生提供支持的老师。我的学生分布在所有年级。我的工作在开始几周真是充满了挑战，因为我处于挣扎状态，只是为了适应这个工作环境。

工作刚开始时，我通过搜索学生的相关记录去寻找评价资料来启动我的项目和上课计划。我发现寻找低年级学生的资料倒是比较容易的，而寻找高年级学生的资料可是费尽了心思。我对所有的学生进行了评估，以便获得一个"基准线"的资料，这样我就能了解他们已经知道什么和理解什么了。这个"基准线"的资料是用来指导我制订所有个性化计划的。

我发现，"基准线"评价是许多经验丰富的老师谈及的话题之一，他们指的是"你在大学里所学的那些东西用不到真实的教学之中来"。我坚持我的原则。我相信，每个老师要做的第一件事就是评价。在每学期结束时，我的督导和校长需要知道我和我的学生做了什么。我会向他们展示我的"基准线"评价结果、形成性评价和总结性评价的结果。更为重要的是，我会监控我自己的进步，确认我的教学法实践是否适合我的学生，是如何适合的。"基准线"评价可以用多种形式进行，包括正式的数字化或文字性测试，或其他的切合实际的评价，比如观察学生的生活技能。

我不希望你形成错误的印象，做定性评价是很花时间的，并且很难。对我的学生做这么多的评价实在太难了，但我非常高兴我这样做了，因为我现在能自信地测量和评价我的教学和我的学生的学习……

反思……

显然，在本科特殊教育课程中，菲莉帕老师（至少）学到了非常有价值的一课，那就是及时做出全面的评价是至关重要的。你的工作计划与评价有多大的关系？在你的工作计划、单元工作和上课计划结束时，评价占有一席之地吗？你想把什么样的评价实践和程序吸收到你的教学计划中来呢？

教学法

教学法，简单地说，就是教的艺术与科学。你选择用什么方法教学生十分重要。教学法包含着你与学生之间的动态关系，这种关系涉及新知识、新理解和新技能的产生。海斯等人（Hayes et al 2006，p. 20）认为，"……所有形式的教学法，都是以人性的表达为中心的，其意义在于成为人"。教学法就是帮助你创造你的教师身份。根据查阅的相关文献来看，朱卡斯和马尔科姆（Zukas and Malcolm 2000）界定的教育者身份有五个：

- 具有批判思维的实践者
- 心理诊断专家和学习促进者
- 反思性实践者
- 实践共同体内的情景学习者
- 组织的质量与效率的确认者和协商一致的或强制性标准的传递者

教学法是个多层面的概念。教学法对用于教学中的所有不同技巧进行了解释，比如说直接教学、小组学习、基于问题的学习、掌握学习等。还有计算器的运用、小黑板和便签贴也是教学法涉及的内容。教学法与学习者涉及的教学模式或框架密切相关，比如说真实教学法、高效能教学法和新南威尔士高质量教学模式（NSW Quality Teaching model）。纽曼（Newmann 1993）的真实教学法识别和解释了在课堂中带来真正体验的教学实践的关键因素。

在澳大利亚，一个被称为“昆士兰学校改革纵向研究”（Queensland School Reform Longitudinal Study，Department of Education 2001）的综合学习调查了在澳大利亚的真实教学法包含的因素，开发出了被称为高效能教学法（productive pedagogies）的新模式，其包括四个教学维度，每个维度包括六个因素。高效能教学法的最大亮点是，构成因素广泛而且系统，便于在真实课堂中对真实老师的教学进行观察，可以做大量的数量化研究。在澳大利亚，对高效能教学法的研究有几十年的历史，是最大的和最有意义的研究，它的研究基础是，把基于证据的研究融进了有质量的教学效果之中（我们可以参考后面的 NSW 高质量教学模式）。

适应不同水平的学习

好的教学必须考虑到不同学习者的熟练水平。在第 1 章中我们解释过知识获得理论对学习者进行的定位：新手型、进步的初学者、胜任型、精熟型、专家型。对于老师而言，最错综复杂的挑战之一就是如何在课堂中有效解决技能、兴趣和知识千差万别的问题。当我们讲一个新话题时，对于 5 岁的孩子，还是 10 岁或 15 岁的学生来说，他们的熟练程度极有可能各不相同，因此上课的老师有必要以此为起点。最简单有效的准则就是“了解你的学生”。了解他们喜欢什么，不喜欢什么，兴趣是什么，有什么技能。这些有助于你决定选择什么话题，怎样组织你的课堂，如何分组，如何根据学生个人的需要进行调整。与学生家长、照顾人进行开明的、良好的沟通，会为你提供更多的信息，你也可以观察学生在课余时间会和谁一起玩耍。

我们极力主张，在课堂上通过获取帮助来满足各种不同层次的不同能力的学生的需要。依靠家长是一回事，通常社区中的人们也愿意参与以提供帮助。当然更重要的是，任何进入你的课堂中的人都要有合格的安全证明书。每个州和地区在这方面的制度各不相同。在学校内，也有许多人可以利用，比如说，专家型老师、支持人员和教学助理。许多学校执行伙伴制，年龄大的学生和年幼学生一起学习。伙伴制可以是两人一组，可以是小组形式；可以是合作项目，也可以是个人性质的任务，比如说读书。在课堂内，你可以把学生组织在一起有效地完成一项任务，但要保持敏感性。

一旦引介了一个话题或任务，为了让学生流畅地完成任务，有必要为其提供实践练习的机会。实践练习可以是实践运用的形式，也可以是语言文字的复述，通常两者结合。当准确性增加时，展示一连串任务的速度就会变快。然后就会减少对正确回答的强化。然后，我们应把眼光转向一般化的技能或能力，即反复地发展独立运用技能的能力，在不同情境中运用技能的能力，强调学习过程的关联性和有用性。这也会提升自信。然而，处在胜任学习阶段的学习者，有必要把已知的技能迁移到不同的情形之中去运用。有必要用谨慎的节奏去促进学习的过程，直到学生适应为止。在实践中，既要为学生提供机会，也要提供挑战，两者兼顾是最好的做法。保持较高的介入率、参与度和动机也很关键。

注意：在课堂和学校情形中教授和学习的许多技能和能力都是为了能在真实的

生活情形中找到用武之地。所以，我们不能只教仅仅在课堂中有用的技能，流畅性非常重要，而且它也是通用的能力。

最后，进行评价和给予反馈的工作方式也会对课堂氛围发挥作用，学生把自己看作是有价值的，这样的评价和反馈方式对全班同学都有意义。

有质量的教与学

许多教育当局已开发或正在开发更加精细的教学方法。昆士兰采取了新基础的形式，形成了“昆士兰学校改革纵向研究”。新南威尔士教育和社会部提出了 NSW 高质量教学模式。

NSW 高质量教学模式由三个教学维度组成：智力质量、意义和有质量的学习环境。每个维度包括六个因素。这些维度和因素有助于教师用清楚观察的方式去考查他们的实践，因此可以把它们吸收进计划中。拉德维希（Ladwig 2009，p. 278）对 NSW 高质量教学模式进行了中肯的评价。

> ……所提供的这些视角，从独立观察者的视角运用具体的分析框架，是对课堂上实际发生了什么事情的特征的揭示。从这个意义上讲，教师和学生的行为是可见的，因此，就有可能从实证的角度对“官方课程”和课堂里可以实际观察到的发生在课程之间的关系进行考察，比如说“颁布的课程”。

当 NSW 高质量教学模式的智力质量维度的因素，比如深度知识、实质性交流或高级思维在高水平上得到了执行，它们对积极的学习氛围所做的贡献就会不证自明，因为我们把交流放在了重要地位（在第 3 章讨论过了）。有质量的学习环境这个维度包括这样一些因素，比如说参与度、高期望、学生指导和社会支持。这些与我们主张的在课堂管理计划的实施中把社会文化理论和心理教育理论进行融合类似。

有质量的课程会为学生提供机会，我们可以去欣赏他们作为学校和更广泛社区的成员的行为所产生的影响。这个过程中最重要的因素是，增加他们与他人一起工作的机会，增加向恰当的榜样学习的机会。这有助于开始发展解决问题的技能和合作决策的技能。同时，重要的是用课程引导社会和情绪发展，也要引导学生的学术技能和知识，所有这一切在形成积极的课堂管理环境的过程中都很关键。

在下一部分，我们将勾勒出在这些计划实施过程中体现得更具体的一些特征，它们对维持高质量的全纳性课堂氛围会产生影响。

任务的相关性、成就感和成功感

学生的参与度与成功感与完成任务的质量和学习实现的数量密切相关。高参与度与高成就感与更好的任务完成质量联系在一起。进而，更好地完成工作任务，就会产生更高水平的学习。在考虑课程材料相关的过程中，任务相关度和兴趣是要考虑的必不可少的因素。为了把学习活动看作有意思的、有趣的和有意义的，学生需要看到课堂上所学习的东西与实际生活情境之间的联系。这意味着要采取额外的步骤，来确保引荐的技能会被看作与学生的经验是相关的，而且是值得学习的。

从年幼儿童的特别愿望出发，需要仔细选择与本地文化经验相关的话题。随着他们对抽象情境理解的能力的发展，可以引进更具深度和广度的经验。需要给学生提供均等机会的学习、实践，让他们运用有意思的和有趣味的信息和技能，并且这些信息和技能要与直接达成学习目标相关。

给予的任务也需要学生能够完成，这样学生才会体验到成功。但这个成功需要建立在这样的信念基础上，即学习付出努力就会得到回报。如果任务太难，学生就会感到受挫，等于是将其引向沮丧行为，特别是如果学生频繁地体验失败，这种行为其实是表达沮丧受挫的一种方式而已。同样，如果提供的任务太简单，没有挑战性，与沮丧表现形成对比的就是，学生会出现枯燥乏味、很无聊的表现。另外，高成功感意味着，学生不需要进一步花时间去学习正确答案，而是会受到激励去完成接下来的任务。

课堂里的课程需要精心组织，确保所有的学生都能积极主动地参与有价值的学术活动。这对他们的能力水平提出了适当的挑战，而且他们能频繁地体验到成功。要做到这一点，就要认真评估学生的现有优势和能力，设计使他们能进入下一个发展阶段的学习任务，提供高级的教学和指导，便于学生掌握新的知识，获得新的理解和新的技能。这样，焦虑和挫折就会减少，学生在新任务的学习中获得帮助和支持，就会感到自信。当老师让学生清楚地知道他们所讲之课的目标时，教/学的任务更能增加学生的学业参与度。

教师需要使自己的课程有总体结构，这样学生就能积极主动地学习，并且能够取得成功。舒姆、沃恩和莱维尔（Schumm，Vaughn and Leavell 1994）提出了一个多样化的计划模式，能使老师系统化地实现不同的目标、活动和评价程序，从而满足不同学生群体的需要。第一个层次的目标是基础水平，计划提出的目标几乎不同群体的所有学生都能达到；第二层次的目标绝大部分学生可以达到，但不是所有学生都能达到；第三个层次的目标只是针对一些专业水平高的学生。这个计划模式在围绕主题和话题方面提供的支持和互动比较灵活，它提供了一个框架，其中包括学生个人可以完成的相关任务，可以实现的成就感和成功感。

反馈、价值和期望

给学生提供的反馈会为维持积极的行为方式和呈现课程材料之间提供重要的关联。研究显示，反馈在学习过程中是一个重要的因素，没有反馈就不可能实现有效的学习。反馈的形式可以是对学生的回应进行监控，把关注点放在具体目标的实现上。当一个学生提供了一个正确的回答时，用反馈来认可这个回答对于激发学生进一步的学习积极性是十分重要的。

不完整的回应这种反馈形式，对于激励学生在学习过程中的进一步参与很有效。比如说，老师提供了一个如“它开始于……”这样的提示语，或复述了一个问题，学生就会受到激励去对如何回答问题进行更多思考，而不会感到反馈不充分。在学生提供的回答不正确时，复述问题或给个提示对学生会有帮助，但是老师要避免在此问题上做不必要的逗留。更好的做法是，提供正确答案，再进一步提供机会，让学生对类似情境的问题进行练习，做出正确的回答。教师通过对学习情形的评价来看是否需要进一步地指导学生实践，从而纠正错误。或者看是否应该提供替代的学习情境，比如说“小步子”学习或更详细的演示和解释。

通过与学生的反馈交流，教师可以认识到学生的努力和进步，特别是经常与目标设置相关时，以及与每个学生的个别学习需要相关时，反馈交流很有必要。对个人能力和大的进步相关的信息提供反馈，可以影响学生在学习过程中参与的长期动机。

反馈还可以用来对一个学生的回答与另外没有发现有同样动机效应的学生的回答进行比较。

通过有效的和连续的反馈，老师也可以通过与学生交流表明学生是受到重视的，从而与学生个人建立积极的人际关系。通过鼓励学生个体和群体的努力，并认识到他们的优势，向学生表明老师在注意并且愿意倾听他们所说的事情。相信自己受到尊重的学生，在冒险时会感觉自在，不会害怕出现错误要受到批评。因此，他们会全力以赴地去追求成功，而不是去避免失败。另外，老师的行为示范显示的是对学生的积极期待：他们能够完成指定的任务。这些行为包括：允许回答时有充足的停顿时间、给予提示、复述问题、鼓励学生去尝试并且对不精确的回答不要批评、提供有挑战性的学术性作业。

自我效能感和动机

自我效能感是指行为个体相信自己有能力取得成功，而且成功与自己的努力相关。具有高效能感的学生相信努力的力量，并且能通过设置中等难度的目标，建立追求这些目标的责任感，全力以赴去追求成功，以此形成立足长期发展的学习策略。自我效能感与努力的力量和意志力结合在一起，力量十分巨大，它使得个体能够控制自己的表现，而不会依赖外部强化来影响自己的努力。而且，这样的学生不害怕失败，对自我的价值坚信不疑。当他们知道自己在学习中努力了，他们的价值就会受到重视，他们的努力又通过他们所取得的成功得到了认可。

学生可能会描绘出课程的轮廓，却描绘不出他们的同伴的轮廓。当学生看到他们在老师要求他们所做的事情中取得了成功时，将会有助于他们形成内在控制点。那就是，他们会相信，他们的成功来自他们在学习过程中所付出的努力。学生的健康安乐和维持个人情绪的平衡、保持个人的坚韧不拔，这些被认为是取得教育成就的前提条件。

学习的动机是学生参与学习过程的驱动力，也是接下来会运用所获得的技能和知识的驱动力。当学生有学习的驱动力时，他们也可能期望通过交流去帮助别人，期望重要的人（特别是老师、父母和同伴）为他们示范恰当的学习行为。

确保你的课堂对学生的尝试是持支持态度的，可以确保学习目标是有意义的，确保学习的难度对每个学生是合适的，你就可以帮助学生在学习过程中充满参与学习的渴望。而且，你的学生需要清楚地知道他们要学些什么或要掌握些什么，他们在实现学习目标时要做到什么程度。当他们在学习过程中遭遇困难时，他们需要快速有效地纠正程序，由此减少沮丧不安，减少学习的错误。如果他们一而再再而三失败，他们就会遭受挫折，就会陷入自我挫败感的循环之中，这种情况下，学生就会逃避参与学习活动。结果，他们就会失去后来的实践机会和学习机会，相应就会降低自尊感和学习积极性。

当学生意识到他们在活动中付出的努力数量和质量直接与他们在活动中获得的结果相关时，学习动机就会增强。因此，根据学生的能力而不是学生之间表现的比较来确定学生应该掌握的教学目标，就会让学生对学生充满向往。“你能做”自我效能项目（You Can Do It self-efficacy program，Bernard 2006）在澳大利亚中小学中运用十分广泛，它是优秀的项目。它帮助学生发展社会能力、情绪能力，提高学生的学习动机。

来自一线的故事

这点就足够了！

我的新工作很棒。我超级喜欢我的新工作，至少我在课堂上是这样。为了我们不断增加的视察工作，这一年我们在进行一套新的完整的融合项目报告。这就意味着每周有两天我不在课堂里，我得和我的导师一起去做这些项目。这件事并不是太糟糕，因为它需要做，我很高兴我能在这个项目上助他们一臂之力。当然，我更喜欢和孩子们在一起学习。

我正在向“青年离开大街”（Youth Off The Streets）学习很多。根据今天有效的教学方法，我们的学生面对的挑战无非就是顶级教学。因此，这里的所有老师以及我所关注到的他们的领导，都十分惊讶。所以说，我从他们那里学到很多。我希望许多我们从工作中获得的基本原则在将来会被主流学校接受。这就首先应该减少没有上过学的孩子的数量。

“青年离开大街”所做的许多事中的每一件事都是基于年轻人的优势而开展的，他们是面向未来的，而不是反复讨论过去所存在的问题。我们的关注点在于培养勇气而不是强迫顺从。通过让孩子去参与有关学习机会的服务，学生的勇气就会增加，他们真是光芒万丈。到目前为止，我所获得的最大启示就是年轻人是有能力的，我们真的要信任他们。这点就足够了！

我也真的喜欢我在社会工作方面所扮演的角色。我一天的大部分时间用来打电话为孩子们协调房间分配，为他们获得工作经历牵线搭桥，为他们预约医生，与政府部分协商。我每天打交道的许多事就是为每个孩子提供反馈，他们过得怎么样，他们目前的需要是否得到了满足。真是太不可思议了，我处于这样一个位置，可以这样或者那样地满足年轻人的需要，而不必通过一所大的学校就可以做到。

反思……

莉萨是“青年离开大街”的一位老师。她为那些脱离学校和家庭的学生做了一个不可思议的项目。这种教学显然充满了极大的挑战性，对教师的教学方法的技能要求很高。如果你想走近学生去教他们，你会怎样运用你所学到的一些好方法？

内容增加策略

内容增加策略是用来帮助学生把关注点集中并保持在重要信息上的教学手段。下面介绍了五种课堂策略，不仅有助于学生的学习，而且有助于他们发展自己的学习策略。当这些策略对那些学习困难的学生有帮助时，也会对所有学生有益。这些策略帮助学生在学习情境中形成控制感，将注意力放在学习任务上，辅助信息加工，增强学习动机。

高级组织者帮助学生准备课程。包括老师提供的口头的或书面的信息，这些信息在上课开始之前被提供给学生，用以指出上课的内容。高级组织者可以采取的步骤包括上课、背景信息、关键词或学习目标的陈述。当提供的信息指向具体的教学目的时，当学生受过训练能识别和记录来自高级组织者的信息时，学生的学习内容就会增加。

视觉显示用来为展示各个部分信息的联系服务，帮助学生对上课或单元涉及的各种信息进行组织。视觉显示可用来显示一节课中的几个要点，比如说，介绍一个

主题，或帮助指导独立的实践活动。地图是另一种形式的视觉显示，显示不同的地形特点。

学习指南强调内容的重要方面，特别是用于指导一节课的实践阶段，比如，直接提问并要求简短回答，对课程内容的总体大纲需要概括与总结，或者一系列相配套的关键词及解释。

记忆术是元认识策略，促使学生去思考他们在解决问题时需要做什么，或者是促进他们对知识的获取，或者是通过回忆把不熟悉的内容变得容易记忆。记忆术最常用的方式是用关键词的首字母组成一个容易记忆的词。比如说，内格尔等（Nagel et al 1986；引自 Hudson，Lignugaris-Kraft & Miller 1993，p. 116）运用青少年（TEENS）记忆术来帮助学生记住五个感觉器官：舌头、耳朵、眼睛、鼻子和皮肤。基尔、丹杰和欧文斯（Keel，Dangel and Owens）报告说，运用记忆术可以指导学生记住故事的重要因素：谁、什么时候、在哪里、做什么、怎么做。

故事地图提供一个框架，帮助学生把对新信息的理解建立在先前已有知识的基础上。故事地图的典型用法是，指导学生把故事的各部分关联起来。

学生的辅助学习策略

学生自己能学习和运用策略来加工和运用新的信息。在学生的日常学习活动中，可以采用四种学习策略。

个体复述策略（不包括有时候负面的复述，鹦鹉学舌式的复述）是非常有效的。在运用任务-方法的策略时，老师需要对学生进行直接的培训，对于要求完成的任务，老师要进行清楚的解释，用语言复述操作步骤。学生在后面进行类似任务时，就能够独自默述这些步骤。另一种方法就是让学生在所读材料上画线或画出重点。

精加工策略就是让学生通过对已知信息建立的普遍联系形成概念脑图。比如，当学生用自己的话描述新的信息时，当他们向别人解释材料时，用的就是精加工策略。

组织策略帮助学生发展他们的组织信息的程序。典型的例子就是，让学生形成一个显示关系的图表（比如流程图，知识图或脑图），对所学材料写一个内容摘要。

自我质疑涉及学生的自我提问。当学生处理材料时，问自己其他同学问过的问题，或每天写个小结。（这用在学生结束任务时或已完成了指定问题之后。）

合作学习

若要让学生感觉到课堂就像学习者共同体，让学生一起参与活动是很有必要的。当然，这些活动本身要有挑战性。你可能会记得六年级时的运动小组最后获胜的情形或记得老师让大家两人一组自己落单时的尴尬。合作学习本身是值得学习的活动。合作学习的实践必须是工作坊形式的，遵循互动规则，公平讨论，井井有条。如果合作学习本身是难以捉摸的，那么我们为什么还要用它呢？

已有的有力的研究基础表明，合作学习对于教授社会技能和责任感来说，是有价值和有效果的组织策略，同时可以关注学术内容。在合作学习课堂上，学生的典型操作模式是，在活动中通过小组合作去实现一个共同目标。最明显的一个关注焦点是课程话题，第二个焦点是前面讲过的社会技能（比如一次一个人讲话）和发展能力，为了有效的小组操作，对小组成员进行角色定位，比如汇报者、记录者、领导者、清思者和鼓励者。合作学习既要完成具体的学术任务，也要发展社会技能，还要增加对合作学习中为实现共同目的的人所扮演的角色的理解。

合作学习课堂的另一个特点是增加学生对学习过程的控制。老师作为指导者、促进者和赋权者，肩负着与学生共同学习的责任。老师的角色之所以重要，是因为老师保证所上的课聚焦于学术和社会目的，监控学生在组内活动中为实现所定目标所取得的进展。合作学习活动必不可少的特点是既有小组目标也有个人责任。

合作学习为全班教学提供了有效的遵循策略，小组学习要异质分组。对目标概念有很好理解的学生，负责向还不理解的同伴提供解释。同伴解释通常建立在学生可以联系起来的精加工水平上，解释的同学已对所解释的话题形成自己的理解，所以给同伴的解释通常是建立在这个基础上的。当学生受到了具体的有助于学习的策略训练时，比如怎样提问、怎样反馈、怎样检查错误、怎样解释，能为理解提供支持，这样一来，小组互动的质量就会提高。

在合作学习过程中，儿童和年轻人的参与能力是千变万化的，因此有必要教授学生实践合作的技能。这些技能包括有效沟通交流、树立和维持信任、提供领导艺术、处理冲突。在合作学习活动中，老师需要向学生清楚解释合作所遵循的程序，认真监督，以确保学生仍然会将注意力放在任务上。

合作学习模式

存在许多合作学习模式，比较有代表性的包括如下几种：

思维配对分享模式（Davidson & O'Leary 1990）

这个模式仅涉及两个学生，对于启动合作是非常理想的。合作伙伴提出问题让对方回答，比如说“如果你中了彩票，将会发生什么?”学生独自思考一个答案，然后和自己的伙伴分享这个答案。这两个合作伙伴选择一个回答与班上其他同学分享。

合作模式（Davidson & O'Leary 1990）

在这个模式中，任务被分成几个小的部分，小组的每个成员负责完成一个任务。然后小组成员把各自完成的任务组合起来向全班汇报。比如说，完成一篇关于鸭嘴兽的报告，任务可以分成提供信息、收集图片、写作提纲和详细解释几个部分。

拼图模式（Aronson，Stephen，Lides，Blaney & Snapp 1978）

这个模式的中心指向发展个体基于小组话题的专家角色，拼图模式的过程包括：把任务分解成小的部分，一个学生归属于给予任务的小组或者就一个话题成为“专家”。这些专家根据选择的领域聚集在一起，在对这个领域进行解释时，大家相互提供帮助。这个专家回到自己所在的小组，把自己负责的领域教给其他成员。

约翰逊模式（Johnson & Johnson 2003）

这个模式为过程教学提供了一个框架，这个过程包括形成有效的小组参与和有效的学术内容。把一个话题给一个小组时，要给一个完成的时间段。需要识别参与活动所需要的具体社会技能及小组内学生的角色分配。小组在实现学术目标和社会目标的过程中，老师的角色就是监督任务进展和提供反馈。评价要根据开始设置的目标来进行，进一步的目标可以在接下来的合作学习活动中被识别出来。

发展社会技能

社会技能的发展有助于学生识别在小组活动中哪些行为是可以接受的，进而发展可接受行为。希尔等（Hill and Hill 1990，p. 39）推荐了这样一个程序，让学生用自己的语言描述这个技能"看起来和听起来"像什么样子。老师可以在互动情境中具体地教授这个技能。对于具体的技能，学生需要实践指南在具体的小组活动中进行独立实践。通过强化，熟能生巧，学生能够在真实情景中形成一般化的技能。

在小组活动中，学生也需要发展有效发挥作用的技能。合作技能包括交流沟通、领导艺术、信任和解决冲突。进而，这些技能需要通过清楚的示范、实践和积极强化进行教授。学生知道了如果每个人定好一个角色，小组就会正常发挥作用。角色的类型和数量根据小组的规模（通常为4～6人）而定。这些角色（改编自Barwick et al 1992）包括：

- 领导者：启动活动和维持活动
- 清思者：对理解进行检测
- 鼓励者：激励所有人参与
- 总结者：归纳讨论的要点
- 阅读者：阅读指导语等
- 收集者：负责收集小组需要的所有材料
- 报告者：向全班汇报小组活动
- 记录者：负责记录要求记录的信息

当学生养成了扮演这些角色的能力时，在小组活动中，老师的责任就会变小，小组共同承担的责任就会增加。显然，这要依赖"小组的动力"。老师通常会部分地参与小组的组织工作，通过那些社交能力发展得好的学生来减少其他学生潜在的捣乱行为。学生也需要讨论那些扰乱小组进程的角色，比如说老板、炫耀者和批评者。

就学生对学习的投入、积极参与和责任感而言，合作学习的潜在结果是非常积极的。教与学的过程给学生提供了机会，学生在可接受的支持氛围中讨论和分享信息和观念。相应地，这有助于学生获得和记住信息，从而获得继续学习的内在动机。学生个人的贡献受到鼓励和认可，这种情形让学生觉得自己很重要。学生也会在班级的小组内发展越来越多的接受差异的行为，去相互帮助和相互支持。

下面是小学课堂的两个活动案例，设计通过增加合作学习活动发展社会技能。（注意：合作学习活动的本质需要考虑学生的社会和情绪成熟性；在此，年龄的适切性也是需要考虑的方面。）

活动案例1

全班围成一个圈坐着。一个学生拿一副眼镜（用大纸板剪成的道具）戴上，转向下一个人，说：

"眼镜，眼镜，你看到什么了？你看到我的最好一面是什么？"

把眼镜传给下一个人，他/她要说出这个伙伴的两三个积极的方面。刚拿到眼镜的这个人说完后再传给下一个人，重复这个过程。

Barwick et al 1992

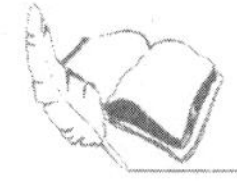

活动案例 2

全班围成一个圈，两个学生坐在中间。一开始，这两个学生谈论一个话题，比如说他们的宠物。他们谈论时，班上其他同学观察他们的谈论活动。然后全班同学讨论在轮流描述中什么是最重要的，轮流“看起来”和“听起来”像什么样子。从已列出的词语中，识别出班级的合作学习活动的一个因素，比如说，目光接触、一次一个人说话、微笑、点头、倾听或提问。

Hill & Hill 1990，p. 39

小　结

本章加入了我们对教师有效性的大量研究，即通过提升积极行为，强调运用预防性方法去管理课堂问题。我们基于课程的要求和令人想要的结果，把关注焦点放在了计划-实施-评鉴循环上，关注在今天的课堂上，满足学生的各种不同的需要。在讨论课程中，我高度重视满足相关的、可以达到的任务需要。学生经常能接收到重要的反馈信息，这表明他们受到了重视，会有成功感。我们对课程的界定是，课程包括学校和课堂提供的所有方面的学习。

我们已经讨论过，就学习目标、自我效能感和学习动机的发展而言，学生把他们自己看成是成功的学习者十分重要。我们把学习界定为一个动态的过程，能成功地表现技能和呈现知识与态度。

在课堂管理情景中，有必要增加学生的学习机会，就增加与可辨认的学习阶段相关的学习机会的许多教学因素而言，教师扮演着十分重要的角色。在今天的学校中，对有质量教学的关注是作为理解手段来进行探究的，正好说明专业老师在让学生实现最佳学习结果方面是多么重要。

学生学习和评价方法对发展积极的课堂氛围会产生影响。本章对合作学习的价值、同伴倾向和同伴介入策略进行了讨论。为课堂环境管理提出可能的方法，并最大化学生的学习结果。

本章总的关注点是对学生学习管理的途径进行融合，这样，就会把注意力放在学术性学习、社会性互动和积极行为的提升上。

基本概念

- 评价
- 合作学习
- 课程
- 反馈
- 知识获取
- 学习策略
- 维持
- 动机
- 基于结果的教育
- 同伴倾向的策略
- 自我效能感

个性化活动和小组活动

活动 1

回到“开篇故事：学生会想什么”对你上过的课或观察的课进行反思，哪些课上得成功，哪些上得不成功。你认为有效的教与学最具一致性的指标是什么？

活动 2

在你的教育权限范围内的网站上，寻找一个课程和“专业标准”文件，文件关注的焦点是促进高质量的教与学。根据这些标准以及我们在本书中涉及的最新的概念和策略，你能识别、优化和证实一些与你的教学实践相关的专业发展目标吗？

活动 3

在小组或班级课堂中，对下列情形展开讨论或辩论：

我们教什么、怎么教和我们的学生怎么学至关重要，面对的挑战是进行相关的考虑以便实现积极的课堂氛围。

学生高质量的学习不只是产生更多的学业成果，还包括社会技能、技术技能、情绪技能和交流技能、知识和价值观。

在学生的生活中，高效能教师有天壤之别。

当课堂中采用的课程和教学方法是高质量的时候，学生潜在的不良行为就会减少。

活动 4

收集和考察一个上课计划、上课范围和上课过程、工作单元、教/学计划的文集，在这些文本中以及相互之间，（事前、过程性和终结性）评价强调的重点是什么？把它与本章中描述的计划-实施-评鉴循环联系起来思考。

活动 5

回顾本章中涉及的三个“来自一线的故事”：安妮塔撰写的“‘哇’时刻”；菲莉帕撰写的“找到‘基准线’”；莉萨撰写的“这点就足够了！”。识别和讨论她们为达成最佳课程目标、最佳评价和最佳教育方法使用的成功策略。这些是怎样从作者的潜在的专业哲学观中产生出来的？

学习工具

请访问 www. cengagebrain. com，获取与本书有关的学习工具。

网络链接

Australian Curriculum Assessment and Reporting Authority (ACARA)
www.acara.edu.au/default.asp

Australian Government Department of Education, Employment and Workplace Relations
http://deewr.gov.au/

Australian Teacher Magazine
http://ozteacher.com.au/html/

Education Network Australia (edna)
http://apps-new.edna.edu.au/edna_retired/edna/go.html

MyRead: Strategies for teaching reading in the middle years: Australian Government Deparment of Education, Science and Training
www.myread.org/index.htm

New Zealand Ministry of Education
www.minedu.govt.nz/

Quality Teaching: Australian Government Department of Education, Employment and Workplace Relations
http://deewr.gov.au/quality-teaching

拓展阅读

Arends, R. (2009). *Learning to teach (8th ed.)*. New, NY: McGraw-Hill.

Charles, C., & Senter, G. (2012). *Elementary classroom management (6th ed.)*. Boston, MA: Pearson Education Inc.

第 5 章

课堂组织

> 成功的课堂管理的关键就是教师能够使学生积极参与有意义的学术活动的时间最大化，使学生在活动中的等待时间、过渡时间、无所事事的时间或捣乱行为的时间最小化。
>
> Brophy 1999，p. 43

学习目标

通过本章的学习你将能够：

- 解释课堂管理计划中课堂组织的地位与意义
- 识别各种课堂组织策略所蕴含的理论基础
- 理解积极课堂组织实践和策略与课堂管理理论思路的关系
- 认识和欣赏课堂组织策略的多元性，特别是要考虑：行为标准，课堂组织，课堂程序、过程和变迁环节
- 演示积极的课堂组织实践
- 解释本章结尾列出的小结和基本概念

本章概览

- 开篇故事：静静等待
- 引言
- 行为标准
- 课堂组织
- 小结
- 基本概念
- 个性化活动和小组活动
- 学习工具
- 网络链接
- 拓展阅读

开篇故事：静静等待

汤姆已顶岗支教好几个月了。他在一个支持性学校教一些天才孩子和一些

真的很具挑战性的孩子。有一天，汤姆在离上课仅有 30 分钟时接到一个电话，要求他去顶岗，所以当他赶到学校时，学生正在走向教室，他感觉这是一个不祥的开始，尤其是这是他第一次教这个班。

当汤姆慢慢跑向教室时，他惊讶地看到学生分成两行站在教室门外……在静静地等候着。汤姆对此次上课一头雾水，因为他没有时间准备。“好了，同学们。现在进教室坐到你们的位置上去。”学生们走进教室，他们的家庭作业本已收好，他们从包里拿出了铅笔盒，书包井然有序地挂在教室外面的恰当的钩子上。所有学生迅速地以小组形式坐到了自己的位置上。……静静地等候着，而且他们的桌子前面都贴上了自己的名字。

一个学生举手了。“什么事?”汤姆回应道。她急切地询问汤姆是否知道班级的规章，其实汤姆并不熟悉。“我们的老师，‘井井有条先生’叫我们把自己的名字贴在桌子上，不管他什么时候外出，来代课的老师很快就会认识我们。”“‘井井有条先生’真是明智的老师。桑德拉，谢谢你。”汤姆回答说。汤姆极其惊讶。学生们静静地等候着。

汤姆扫视了一下教室，寻找当天要上之课的线索。开始，汤姆处于极度的沉默状态，并且很恐慌，因为学生们都在场。教室前面墙壁上的黑板旁边，贴着一张周课表。小白板上是当天的上课计划，教师的桌子上是班级的作业单。“我真是太幸运了。”汤姆想。……学生们静静地等候着。

在汤姆开始上语文课之前，一个学生举起了手。“贾丝明，什么事?”“比利，是我们目前的作业组长，收家庭作业本，按照同学名字的字母顺序把它们放在‘井井有条先生’的桌子上。玛丽，我们的考勤组长，她帮‘井井有条先生’进行考勤记录，这个时间我们进行默读。布赖恩和詹姆斯为友好阅读小组做好准备工作，与我们隔壁班的好友组成小组。萨拉是我们今天的勤劳小蜜蜂组长，记录小组分数，选出最勤劳的小蜜蜂。每个人都要花 30 分钟进行默读并完成阅读作业。我和梅利莎完成了自己的学习后，帮助弗兰克和格雷格完成他们的。如果今天的任务还有什么不清楚的，老师，你可以看一下‘井井有条先生’的《常规操作手册》，在他的办公桌右边最上面的那个抽屉里。我们现在可以开始我们的学习了吗?”他们都在静静地等候着。

汤姆简直不敢相信自己这么幸运。这简直是来自外星的班级。汤姆不敢相信一个老师会把一个班级组织得如此井然有序。“贾丝明，谢谢你。好的，同学们，你们开始学习吧。”这一天很快就过去了。像开始一样，同学们用同样的方式完成了所有的学习。学生们的学习动机很强，并且是自我指导的。他们有（清楚呈现的）班级制度，遵循一套程序和过程，课与课之间的过渡天衣无缝，顺利地完成了当天的课程计划。

下午三点半，汤姆与学生们道别离开。汤姆反思：到底是这群孩子了不起呢，还是“井井有条先生”是最井井有条的老师？他们的学术处于平均水平，留给他们的作业也是普普通通的，但他们如此自觉和投入……当汤姆说话时……他们静静地等候着。“我要会一会这个‘井井有条先生’，”汤姆心里想，“我会从他那里学到很多的。”

引　言

在本章中，我们提出了如何策略性地组织课堂时空环境的基本原理，然后对各种相关策略进行描述和解释。这些标准分为：行为标准，课堂组织，课堂程序、过程和变迁环节。高效和便利的课堂组织是创造一个学习环境的必要前提（正如本书中提到的其他积极实践一样），在这个环境中，积极的社会和学术行为自然会受到鼓励和维护；也就是说，学生们专注于他们的学术学习，至少不会存在不专注的和破坏性的行为。简单地说，一个旨在培养和促进积极社会行为的课堂，就如同一个旨在培养和促进最佳学术学习的学院一样（参见 Bennett 2008；Brophy 2004；Wiseman & Hunt 2008）。

如图 5－1 所示，课堂组织是创造积极学习环境和防止破坏性行为发生必不可少的四个相互关联的积极实践之一。你对课堂组织实践的选择将会受到你的生态学视角、社会文化视角和心理教育视角的影响——这与你的世界观是一致的。课堂组织实践是你课堂管理计划中重要的组成部分，并且应该服从你的反思循环和计划-实施-评鉴循环。

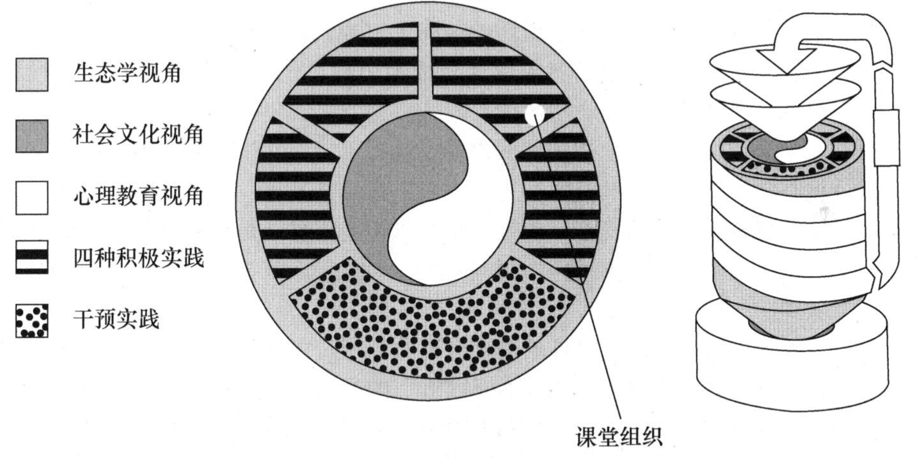

图 5－1　课堂组织和莱福德课堂管理模式

行为标准

行为标准（或期望）很重要。它们清晰而积极地指导行为。当学生知道他们应该采取什么样的行为时，他们会感到更安全，因为他们知道自己的立场。当设定了明确的界限时，与行为预期相关的困惑就会减少，因此学生更有可能按照预期的标准行事。

课堂管理文献明确支持使用行为标准（参见 Porter 2007；Walker 2009；Zirpoli 2008）。有效的课堂管理最常见的特征之一是有效地应用课堂规则。

不同的学校、老师、家长和学生往往对行为标准有不同的期望。在新学年开始时，学生对新老师的“期望”可能会不确定，为了帮助他们变得更舒适、更容易合作，尽早建立行为标准是必不可少的。课堂管理研究报告的一个一致特征是，优秀的课堂管理者有意使用表扬来鼓励积极行为（参见 Good & Brophy 2008；

Manning & Butcher 2013)。

尽管课堂管理领域的理论家们普遍认为行为标准是必要的，但在如何将标准放到具体情境中加以解释、建立和实施方面还存在分歧。这种分歧反映在课堂管理理论的多样性（见第2章）和不同的干预实践方法中（见第7章）。关于规则的分歧主要是关于规则及其后果是否应该与学生协商，以及规则应该是具体的还是抽象的问题。本章着重讨论课堂行为标准的特征，这些特征在理论上是一致的。

行为标准通常使用三种视角进行情景化：规则和后果视角，权利、责任和后果视角以及行为守则视角。这些视角反映了与之相一致的课堂管理理论的多样性。

规则和后果视角

在研究人员和理论家之间，什么是好的课堂规则和后果的质量或特征，存在相当多的共同点。也就是说，规则和后果应该是：合理的、有目的的、合乎逻辑的和可实现的；明确的、肯定的、可测量的；在一开始时就被教授，并定期提及；适合年龄。这些特点似乎很明显，但它们需要被清楚地理解。

为了使规则和后果具有合理性、目的性、逻辑性和可实现性，它们应该满足某种需求或目的，有意义，并且能够合理地为学生（和其他人）所遵循。例如，一位老师坚持“学生应该在不说话的情况下完成自己的课堂工作”，但他却安排学生们坐在一起，这样学生们就可以面对面地坐在桌子前，这就设定了一个无法实现的目标。

为了达到目的，规则和后果需要处理可能干扰学习的行为。如果一条规则与其他教学实践或人类的自然行为不一致，那么该规则、流行的教学法和/或课堂组织实践就需要被重新检查。大量学生难以遵守的规则是在浪费时间；从字面上讲，因为实施这些计划需要的时间和精力比他们应该解决的问题所花费的时间和精力要多。

像“做个好人”这样的规则会违背规则是可度量的这一期望。这也将与明确规定规则的期望相反。究竟什么是“好”的行为？学生需要多长时间展示一次，才能符合规则的要求？要得到积极的引导，学生需要知道如何判断自己什么时候做对了，而不仅仅是在他们犯错的时候。像“当别人说话时，你要倾听”这样的规则能让学生知道什么是正确的行为，也能让老师观察并做出适当的回应。

年龄较大的中小学生将很快让他们的老师知道，一个规则是否适合他们的年龄。“上完厕所后洗手”作为针对老年人的一项规定是没有必要的。年龄差异也反过来证明了这一点，年龄大一些的学生通常能够理解“尊重彼此的财产”等规则中隐含的行为预期，而年龄小一些的学生则需要“使用属于他人的东西时要小心”等规则。

权利、责任和后果视角

“好”的权利和责任的性质或特征与关于好的课堂规则和后果的研究结果有几分相似；也就是说，它们也应该是合理的、有目的的、合乎逻辑的和可实现的，明确的、肯定的，定期授课，适合年龄。

权利、责任和后果视角提出了行为标准，如权利（个人权利）、责任（相互义务）和后果（公平正当程序）。通常，特定的权利对应特定的责任。学生（以及可以申请的其他人）应该维护自己和他人的权利，并履行自己的责任。这些权利、责

任和后果通常适用于班级的所有成员（通常也适用于更广泛的学校社区的成员，包括教职员工），通常是通过协商而不是简单的规定或强加的。这种观点不同于规则和后果视角，在规则和后果视角中，层次分明的可接受的行为列表是受到维护的。权利、责任和后果视角主张在公平和互利的基础上进行更为复杂的行为和道德谈判。例如：

- 我有权利得到安全和保护，也有责任保护我们班的安全。
- 我有被尊重和关心的权利，也有被尊重和关心的责任。
- 我有权利去学习，也有责任尽我所能去支持他人学习。

权利和责任通常没有规则那么具体或明确，因此，根据所涉及学生的情感、道德和智力成熟程度，它们通常需要更有力的解释，以确保学生可以理解。

行为守则视角

行为守则视角在哲学上介于规则和后果以及权利、责任和后果视角之间。人们普遍认为这种视角避免了针对他人的争议性批评；也就是说，行为守则视角既不太具体也不太笼统，既不太具体也不太抽象。一套行为守则通常包括一个总体价值陈述、一套原则和一套相应的行为描述符号。

四年级行为守则示例：

我们互相尊重，互相帮助，互相学习

我们通过……来做这事	当我们……时，我们知道我们做得是对的
互相倾听	当别人说话的时候，要安静 当我们想说话时，请举手 记住所说的话
共享资料	让其他人有同样的机会使用课堂材料 有时允许别人用我们自己的东西
轮流	我们需要帮助的时候请举手 让别人做我们喜欢做的事
帮助做课堂决定	倾听彼此的问题并提供帮助的想法 让全班同学知道我们的想法
尽我们最大的努力学习	尽我们最大的努力做我们的工作 当我们需要帮助时就寻求帮助
互相关心	以友好的方式对别人说话 找到和平解决问题的方法

价值观主张提供了一个焦点，使原则具有连贯性。它应该是一个“简单”的语句：限用一句话或一个短语。这套原则在某种程度上类似于一组规则，它的前面有一个句子的词干，比如，“我们这样做是通过……”进一步说明，每一项原则的目的都是维护价值观的声明。每个原则都有一个或多个相应的行为描述符号，在它们之前有一个句子主干，如“当我们……”进一步说明，行为预期针对的是每个学生，而且行为通常是可以观察到的。

重要提示：如果你采用行为守则视角，则不应使用“规则”一词。这个词通常意味着消极的关注。规则通常被认为是一种有限的行为；也就是说，规则会阻止你去做你可能会选择做的事情。为了引起更积极的关注，最好使用包含一系列积极期望的术语。“行为守则”一词被有意用来创造更积极的学习环境。

上面的示例是由一个四年级班级的老师开发的，但是行为守则可以为任何年龄组做出调整。对于年龄较小（不能阅读）的学生，行为描述符号可能会附有解释图片。对于年龄较大的学生，守则可以贴在家庭房间的显著位置和/或记录在学生的日记里。

制定和实施行为标准

本节描述了在一个班级或学校范围内制定和实现行为标准的六步法。这只是一个建议的方法，需要你根据具体情况进行修改。为了制定和实现行为标准，无论这些标准是以班级、年级还是学校为中心的，参与者都可以遵循这一系列步骤。

步骤 1：采用理论方法进行决策

决策过程应反映教师已经采用的课堂管理理论方法（请参阅第 1 章及第 2 章）。这个过程应该反映出参与者的控制程度；也就是说，谁（教师、学生、家长和其他社区成员）以及他们如何参与制定规则、权利、责任、价值观主张、原则、行为描述符号和/或后果。

步骤 2：选择归纳或演绎的方法进行推理

归纳推理是一种自下而上的推理方法；也就是说，制定有根据的、明确的规则或行为描述符号，然后将这些规则或行为描述符号综合成原则、权利、责任，最终形成一个主要的规则或价值陈述。相反，演绎方法是自上而下的，首先选择价值陈述或主要规则，然后是原则，最后是行为描述符号或明确的、具体的（可观察的）规则。

归纳方法可能更适合年龄较小的学生，因为归纳需要较少的抽象。老师可能会这样问：“我们都应该做些什么来让我们的班级成为一个快乐的班级？”老师可以引出一些行为描述词，比如“分享东西”“别人说话时保持安静”“友好地交谈”等。一旦列好了清单，老师就可以把喜欢的东西进行分组，然后问“让别人轮流玩室内游戏和让别人使用我们的东西有什么相同之处？”这样做的目的是引起一种普遍的反应，比如“分享”。如果学生难以概括，教师可以提供适当的指导。归纳的方法可以形成一个整体的方向声明，如“（在我们的班级）我们互相帮助”。

演绎方法对年龄较大的学生可能更好。这包括集思广益地制定一套原则，问全班同学“我们如何相互尊重”以及“我们如何帮助他人学习”。一旦一套原则达成一致，行为描述就可以通过询问学生“我们如何知道什么时候我们在倾听/分享材料/轮流/帮助做决定等等”。

步骤 2a：拟订价值宣言/主规则

在设计方向语句时，最好将其长度限制为短语或句子，只使用一些补充原则。由于它的抽象性，我们建议由老师来开发它，或者通过集思广益的协商原则来拟订，或者通过综合的协商原则来拟订。

步骤 2b：制定规则和行为描述符号/特定规则

可以使用头脑风暴和归纳或演绎方法来制定规则和行为描述符号的列表。根据

学生的成熟程度来选择，学生的参与应该是中心。对于年龄较小的学生，在老师的指导和带领下进行班级集体头脑风暴是比较合适的，而年龄较大的学生则可以参加较为独立的小组头脑风暴。

步骤 3：制定后果

当学生遵守或不遵守规则，以及坚持或不坚持他们的权利和责任时，应承受相应的后果。这需要做出原则和行为细节描述。最重要的是，要记住，后果应该包括消极的和积极的（尽管它们往往只在消极的意义上被提及和适用；也就是说，对那些违反规则或未能履行其责任的人来说是消极的）。就像上面解释的步骤一样，后果只能由教师自己制定，或者由他们共同制定。自然的后果（那些应该自然发生的）是可取的，除非与损害风险有关。商定的“归还”行为在这里通常是适当的。

“正当程序”的概念非常恰当。后果系统通常涉及使用消极（和积极）后果的层次结构。最重要的是，学生要了解后果将如何影响世界。儿童和少年对什么是公平和不公平、什么是公正和不公正的认识和兴趣越来越强，尤其是当涉及不当行为的负面后果时。学生需要知道，当他们选择或不选择这个行为时，应该发生什么，以及这是如何发生的。请再次参考第 1 章和第 2 章，重新考虑你在这个问题上的理论立场。

注意：当然，情感、认知和社会差异也是需要考虑的重要因素。年龄较大的学生通常更能有效参与到合作、演绎式的问题解决活动之中。对于年龄较小的学生而言，更谨慎的做法可能是使用老师制定的标准或规则，并清楚地说明其目的。无论哪个年龄组，也不管行为标准的各种要素是如何协商的，或是否可协商，教师都必须准备好她或他认为在课堂上促进学习所必需的要求。教师需要有一套他们希望在任何谈判过程中都能达成一致的标准草案。如果这些建议真正得到了提名，很有可能从学生的头脑风暴中产生同样的标准，或者由老师提出建议。如果没有协商，仍然需要为每个标准提供一个基本原理。因此，在传播和应用行为标准之前，必须仔细规划这些标准。

步骤 4：教授标准

你应该像教授其他课程一样教授行为标准。每一条规则、权利、责任、规则和/或行为描述符号都需要解释、澄清，消除歧义，每一条规则的原因都要清楚地说明。学生还需要了解每个元素之间的关系。在这一步骤中，例如，行为描述符号的进一步例子是可以通过头脑风暴、角色扮演来展示更抽象的概念，其目的是培养一种积极的行为导向，而不是避免消极的行为，然而，一些消极的角色可能会违反所有人都需要的积极行事方式。我们建议尽量减少消极的角色扮演，因为总有一些学生会不恰当地使用消极的模型。

应在所有教/学领域教授和应用行为标准。建议在每节课中安排时间，至少在学年的前两周教授适当的行为预期。建议在（比方说）接下来的两周内进行定期检查，然后根据观察进行不定期的检查。重要的是，行为标准要成为所有学生关注的焦点。

注意：不是所有的学生都学会了举止得体（尽管他们有这样做的动机）。积极的（与社会相适应的）行为可以被看作一种社会技能，因此需要教授。这通常包括：

- 将期望的行为置于更广泛的社会环境中；
- 允许个人在入门技能水平和获得率方面的差异；
- 如果一些学生有需要，将行为分解成更小的步骤；
- 展示行为及其在整个课程中的相关性；
- 允许学生（在适当的情况下）在无风险的时间内练习；
- 加强对期望行为的持续逼近；
- 在有困难的地方提供指导。

步骤5：执行行为标准

标准的实施应该从第一天开始，通过一个有计划的过程来识别和鼓励适当的行为，并对不适当的行为做出反应和纠正。包含明确的行为描述符号意味着模范学生的行为很容易被识别和鼓励。

步骤6：监测及评鉴行为标准的成效

必须定期监测（正式评估）和评鉴（总结性评估和贬值）你的行为标准方法/制度的效力；不管你对课堂管理的理论方法是什么，也不管这些方法是否在课堂、阶段或学校层面得到了实施。以积极行为支持等全校系统为例的最佳实践强调，有必要采取一种系统的、基于证据的方法，来制定和维护学校的行为标准。

注意：研究通常表明，行为标准（包括各种规则、权利、责任、原则和/或行为描述符号）的建立方式，无论是否通过谈判，似乎对行为后果没有什么影响（参见 Evertson et al. 2000；Good & Brophy 2008）。罗杰斯（Rogers 1998）认为，当学生参与行为标准的建立时，即使只是为了学习协商解决问题的过程是如何运作的，也更有可能获得有益的学习结果。

课堂组织

“物理”课堂环境的组织对良好的课堂管理至关重要。它为积极的课堂生态系统奠定了基础。“物理”环境可以对期望、态度和行为产生强大的影响。例如，温斯坦和米尼亚诺（Weinstein and Mignano 1993）的结论是，“物理”课堂环境必须提供安全便利、社会接触、师生互动、群体认同、任务中心性、乐趣和成长。这些要求中有许多与格拉瑟（Glasser）的建议相关联，格拉瑟认为只有能够满足学生对归属感、控制力、乐趣和自由的基本需求时，学生才会有成效地学习。教室环境也将大量师生之间的非言语交流置于情境中（参见第3章）。这些期望在儿童和年轻人身上并不像在成年人身上那样得到很好的控制，但对大多数人来说，它们是有效的。

你想象当自己进入不同的“物理”环境，如演讲厅、俱乐部、教堂、当地警察局、陌生人家里、休息室、教室或校长办公室时，你会产生怎样的行为期望。你知道每种情况下都有不同的行为预期。有些可能是重叠的，但每一个环境都会涉及你行为方式的一些限制或变化，大多数时候，你会发现自己与大多数成年人一样，会按照这些期望行事。

儿童和少年，取决于他们的年龄、社会经验和成熟程度，行为并不是完全可以预测的。他们仍在学习许多社会习俗，这些习俗告诉人们在不同环境中的行为，因此他们可能不会做出适当的反应。一些难以相处的学生的老师会说："我怎么能指望我的学生在学校表现好呢，他们被允许在家里做任何他们喜欢的事情。"在学校和家里不同的期望使他们融合在一起。相反，学生也确实可以根据他们对某一情境的预期来限制自己的行为方式。重要的是，对于所有学生，尤其是那些表现出具有挑战性行为的学生来说，教授和使用"物理"环境产生的行为预期，可以促进行为与课堂上最佳的教与学相一致。

米勒（Miller 1990）研究了早期适当的"学生角色行为"和学业成绩之间的关系。在课堂上符合老师行为预期的学生似乎在学业上表现得更好（不足为奇）；也就是说，他们听话，坐在座位上，执行任务，听从指示。米勒强调，让学生对设定的行为预期更加敏感非常重要。马斯洛（Maslow 1987）的经典著作解释道，行为问题通常是为了满足人类的基本需求而采取的行动，而学生所处环境的其他方面没有满足这些需求。重要的是，环境的特点使学生能够满足他们的基本需求，因为人们需要相信，在他们能够通过学习致力于实现自我实现之前，他们的基本需求将得到满足。

在下面的章节中，我们将解释课堂组织的三个关键方面：家具布置、教室美学、程序和过程。

家具布置

在教室里摆放家具，尤其是椅子和桌子之类的座椅之前，必须考虑许多因素。显然，教室的大小和学生的数量将是主要的决定因素。然而，毫无疑问，教室家具的布置将反映教师的首选教学法。重要的是要确保教室里的家具布置有利于这类教学，同时也允许良好的课堂管理的共同元素，如扫描、平滑的过渡、有组织的桌面工作和移动性。此外，布置家具应主动帮助学生满足他们的基本心理社会需求。雷诺兹（Reynolds 1992）在一项关于称职的初任教师的主要研究综述中指出，他们安排教室家具和空间来提供个人和团体的活动，促进与教室里不同位置学生的视觉接触，并适应社会因素。

需要考虑每个学生应该坐在哪里工作，以及老师和/或学生是否应该做出这些决定。例如，埃弗森等（Evertson et al. 2000）发现，坐在教室正前方的学生比坐在教室外围的学生更能参与到教学互动中来。在需要合作小组工作的地方，座位安排显然需要容纳临时小组（通常是 4～6 名学生）和其他社会因素。教师在座位选择上的投入似乎是恰当的，而与具体的教学分组或首选的教学或学习安排无关。你可以考虑把有学习困难或更具挑战性行为的学生放在教学重点中，并把更具挑战性行为和社交技能缺陷的学生分开，以构建同等混合能力的群体。一些学生的意见也是可取的，尤其是年龄较大的学生，因为他们对自由、社会交往和归属感的需求应该被考虑进去。

除了"物理"空间约束外，座位安排应该兼容和方便老师的教学偏好和教学方法，考虑学生的需要和自信的水平，控制所需特定分组。它可以方便改变座位安排，不时提供多样性和新颖性。如果需要重新建立控制和/或更直接地管理课堂上的关系和互动，（在全班或个别学生的基础上）改变座位安排是非常有用的。

最终，座位家具的摆放仅受教师想象力、房间的物理空间限制、学生人数和可用家具的限制。下面将介绍常见的安排，但这并不是唯一的选择。事实上，设计越有创意越好，因为它传达的信息是“这个教室是我们的”，因此从第一天起就建立了独特的行为预期。个性化的设计也有助于巩固群体身份，满足环境变化的需要。我们鼓励尽可能多的实验。

注意：如果你选择的家具安排能够给你的学生带来最好的学习效果，那么你的选择与最佳实践是相一致的。没有最好的安排座位的方法。你的挑战是组织教室的家具，尤其是学生的椅子和桌子，以最大限度提高学生的参与度。现在我们来解释四个最常见的座位配置：行、组、U形和工作站，并说明考虑学生和教师通道移动的重要性。

行

我们大多数人都有这样的经验：教室安排所有的学生都坐在一行或成对的椅子上和桌子边，面对着教室的前面，大部分的教学都是在黑板/屏幕前进行的。在这些教室里，首选的教学方法是以老师为中心的，主要是在独立的课桌前工作。这种座位安排可能会促进师生互动的机会，但会抑制学生互动，有效限制小组工作和合作学习的机会。因此，为不同的教学活动安排不同的座位可能更有益。

行可以通过以下方式促进积极行为：创建有序预期和个体任务行为；使教师能够有效地扫描和监控活动；通过眼神交流进行非言语矫正；限制学生和学生的目光接触，从而抑制学生之间的社会互动，这可能会减少个人对任务的投入。在教室中使用行的安排，也可以作为一种“后退”安排，以帮助在其他座位安排下失去控制的学生重新建立控制。然而，争吵可能会通过以下方式影响积极行为：描绘权力，从而为那些希望挑战权力的学生创造一个环境；或每当需要小组工作时，由于未能为学生提供社交和自由的需要会导致更大的干扰。

组

分组排列在某种程度上与行排列相反。小组学习安排通常出现在儿童早期和小学阶段，在中学阶段则相对较少，而在中学阶段，小组学习安排更常出现在为“实用学科”设立的课堂上。组安排通常包括三套或更多的桌椅被组合在一起。这种安排的前提通常是，教师偏爱的教学方式是以学生为中心，鼓励一些社交互动。如果以学生为中心的活动不是老师喜欢的教学项目的一部分，那么分组可能就不是最好的安排。

在计划团队安排时，需要考虑扫视可见性和眼神接触的必要性。当老师有必要指导整个班级、进行演示或以其他方式进入以教师为中心的教学方式时，最好是所有学生都能看到老师和教学的重点，而不是身体上的转向。因此，在教室里至少应该有一个地方，教师可以与所有学生进行眼神交流，这样在脱轨行为的早期阶段，在不扰乱教学流程的情况下，更容易获得正确的方向。

虽然只提供以教师为中心的教学的潜在问题可能在很大程度上可通过使用群体教学区域（如垫子或地毯空间）来克服，但这可能不适合所有年龄，或对中间指导、行为暗示和提示或促进没有帮助。为了实现教学重点的最大可见性，可能需要将学生重新安置到小组的一侧或两端。这也减少了学生之间的目光接触，同时增加了他们彼此之间的物理距离。

团体安排有助于促进积极行为，办法是：实施更多不同的教学策略，满足学生对归属感和社会交往的基本需要，在一定程度上满足学生对自由、快乐和控制的需

求。团体安排可能会通过以下方式来阻碍积极的行为：通过增加学生与学生之间的互动来建立权力分享的期望，使学生的视野更容易建立起来，并增加课外社会互动的可能性。减少教师与学生之间的眼神接触，使教师改变学生行为的企图更具侵略性，或增加学生之间潜在的身体接触的可能性。

U 形

单 U 形或双 U 形的安排试图提供优势，并尽量减少行和组安排的劣势。U 形曲线本质上是以教师为中心的，但增加了学生与学生互动的机会。必要时可以把课桌搬到一起组成小组。双 U 形进一步增强了小组功能，但减少了整个课堂讨论，因为学生不太容易建立眼神交流。学生应保持与教学焦点的目光接触。

工作站

工作站通常是以活动为基础的教室的首选安排，其中组在更独立的级别上运行。尽管教师控制的潜力大大降低。工作站需要比大多数其他家具布置更多的空间，但可以提供一个有吸引力的教室，满足最基本的需要。虽然整个班级的建构和讨论（在小学教室）可能需要一个放垫子的空间，而且学生对个人识别空间的需求不容易得到满足，但是这种安排将适合合作学习模式的应用。

访问和运动

现代教室是“繁忙”的地方，通常充满了教学资源和设施。只有一块黑板、30 张桌椅、几套课本和学生的教室早已一去不复返了。现在，大多数教室还为笔记本电脑和台式电脑、白板和智能板以及其他各种有效的信息和通信资源腾出了空间。

资源、储存、设施和其他工作站的位置和安排，以及有关的移动走廊的设计和设立，都需要仔细规划，以确保有效的、有组织和安全的进出和使用。学生的工作和物品的位置和储存需要有良好的组织、清楚的标签，并能在同一时间方便地供学生团体使用（参见 Weinstein & Mignano 1993）。

教室内必须设立活动走廊，以便能够使用经常使用的设备。如果只能通过狭窄的走廊进入，其他学生会经常分心。如果一次只有一到两个学生可以使用经常使用的空间和整个班级的资源，这将增加学生在活动开始前做好准备的时间。这种性质的拖延助长了“破坏性行为”。还需要注意确保不兼容的活动区域彼此独立。例如，科学活动中心可能需要与安静的阅读区分开，而安静的阅读区又可能需要远离潮湿的区域。进出口需要引导学生远离可能正在工作的其他人。在这种走廊的设计中，工作站往往比组更灵活。还需要促进教师在整个教室的活动，以便有效地监督课桌工作和个人及小组教学。

重要的是要知道，工作场所的健康和安全法规规定了教室和学校设计的许多方面。有关课堂及学校设计的规例详情，可向学校的卫生防护主任咨询。

教室美学

尽管在布置家具、出入教室和教室运动方面都有实际和实用的考虑，但课堂美学也应被视为积极课堂生态整体发展的重要组成部分。在学校教育期间，学生们有每天 4～6 小时，每周 5 天，每年 40 周的时间待在教室里。如果这是一个无趣或无激励的地方，他们可能会经历一些类似于刺激剥夺的不适，这可能最终会变成内在动机缺乏或麻烦行为出现的困境。教师对刺激变量有相似的需求。教师对学生的反应更积极，在更愉快的环境中经历更少的压力，这是有道理的。

多样性是创造愉快环境的关键因素（Weinstein & David 1987）。颜色、空间和质地的变化有助于激发工作积极性。展示学生的作品、照片、剪影、手印和类似的识别特征，有助于产生对教室的归属感。定期更改或创建展示，提供的时间要具有灵活变化性。然而，重要的是要避免课堂展示变得过于引人注目，从而影响学生专注于学习任务的能力。这可能是一个问题，特别是对于有学习障碍或注意力缺陷的学生。容易分心的学生应该把脸从显示屏和其他颜色多变的区域移开。

程序和过程

如上所述，教室是非常繁忙的地方。如果没有清晰、简单和实用的程序和过程，一间容纳 30 人的房间很可能会陷入混乱，这些人的需求和要求各不相同，而且还在不断变化，需要完成的工作也很多。

即使在组织良好的课堂上，处理日常要求、课程过渡和特定活动中的程序所花的时间也往往相当长。在组织不佳的教室里，把时间花在把事情办好和让事情继续下去上的时间将是最佳学习发生的管理优先事项，所以任何效率的提高将是非常值得的努力。例如，罗森夏因（Rosenshine 1995）发现，在管理良好的二年级教室中，平均每天约有 20%的时间用于程序性活动。一旦关键程序和过程被牢固地建立起来，老师通常会发现大多数学生将这些融入他们的日常习惯中，这样老师就可以自由地教授正式的课程，同时也使学生免于打扰和防止许多不当行为。

程序和过程，就像行为标准一样，需要在最有意义或最显著的时候教授。这通常是在他们开始从事某项活动时就讲解规则。古德和布罗菲（Good and Brophy 2008）的研究证实，好的课堂管理者通常都有完善的课堂流程，并使用已知的流程来管理过渡。有效的教师在学年开始时专门留出时间来教授程序和过程。这种教学可以通过示范和学生和教师的示范来加强。正确的应用应得到认可和鼓励，并应定期实践。有许多方法可以处理这些程序和过程。大部分取决于教师的风格、全校政策、学生的年龄和责任水平；但是，从第一天起就必须思考有秩序地处理这些问题的方法。

随意的程序和过程可能会造成很大的破坏，并且耗费大量的时间。程序和过程有助于鼓励学生在一个安全、整洁的教室和个人工作区中承担责任并为之自豪。只要有可能，学生们自己就能做到，而且通常都渴望承担起大部分课堂“家务”的职责和程序。当学生管理大多数日常“家务”的程序和过程时，这些都能更快地完成，活动之间的转换也能更有效地完成，这就为学术学习腾出了更多的宝贵的时间。应该记住，在课堂上应用的程序和过程应该与在整个学校类似情况下应用的程序和过程保持一致，否则可能会造成混乱。

关键程序和过程有六个，包括：引起学生对教学的注意、通过行为提示和暗示来吸引学生的注意力、获得学生对教师的注意、小组和全班运动、课程片段与课程之间的转换，以及上下文特定的程序和过程。

引起学生对教学的注意

一个程序或过程（及其相关的提示和提醒）是好的课堂管理者首先要建立的。

简单地说（很明显地），除非你的学生注意你的教学，否则他们不可能学得好。从一开始，当你第一次见到你的学生时，你必须建立一个简单易行的提示线索（程序或过程）来获得他们的注意，也就是说，让他们注意你要说的话，或者在课堂的教学重点上展示给他们看。

你的“注意事项提醒”可能始于一个口头提示，比如“注意了”。注意类或倒计数或一个相关的音频提示（例如敲钟、重复敲桌子、有节奏的拍手、开启或关闭音乐），或者一个手势提示（例如举起或指向一只手，一个简单的肌肉动作，如“头、肩、膝和脚趾上的手”）。使用多种同时或连续的暗示形式是一种个人偏好，但应考虑学生的年龄和成熟程度、学生从事的（教学/学习）活动的类型以及儿童教育原则，也就是说，提示要保持简单易行。

在教授第一个关键动作时，必须弄清楚这一动作适用于谁（通常是全班）、所需的即时性（立即或在五秒钟内倒数）以及所需的反应/注意行为（例如安静地坐着，双手放松，看着老师）。我们的建议是，在所有参与的学生都安静地、没有其他干扰（比如手持物品和设备）地听你讲课之前，不要开始讲课。

最佳做法：我们观察到一位优秀的同事老师，在午餐后喧闹的集会上，仅仅站在讲台上，重复把双手放在头上、肩膀上、膝盖上等动作，慢慢地获得了 200 多名 K-2 儿童充分和无声的关注。只有手势，没有说话，怎么会这样有效呢？确实需要注意的引导！我们还知道一名高中副校长走进他的教室和其他教室，在五秒钟左右的时间里，所有的人都安静地、全神贯注地跟他打招呼。这是怎么做到的呢？

要想引起学生的注意，需要在早期就提供强有力的提示线索。即使是年龄较大的学生和少年，也不应该假定他们之前学习过，除非他们知道以前或现在的老师的程序。这个关键的例程最初应该被频繁地、一致地应用。然后你应该开始“简化”它，使之尽可能容易实现。对于年龄较小的学生来说，引入新的日常习惯来保持兴趣和服从可能会很有帮助。

通过行为提示和暗示来吸引学生的注意力

高效能的教师似乎能传授“流畅”的课程内容，而且他们花在“训练”学生上的时间似乎也比其他人少得多。这至少在一定程度上是因为他们的行为激励和暗示起了作用。也就是说，他们的学生注意到了这些提示和提醒，知道如何做出适当的反应。我们鼓励你建立程序/过程来吸引学生的注意力，从而维持一个有利于良好学习的课堂气氛。这些不是关于重大干扰或严重错误行为的程序，而是关于“调整”学生行为以鼓励他们继续接受指导或鼓励他们继续完成任务。重要的是，这些日常活动（包括相关的提示）不仅仅是你在课堂上寻找并提示那些注意力不集中的学生，你还应该制定一些日常活动来“捕捉学生的优点”。也就是说，你应该建立系统的程序/过程来识别和鼓励学生的模范行为。

这些日常行为可以很简单，比如经常和/或经常私下或公开“点头”鼓励、承认或提醒模范行为。他们还可以使用更加正式的程序，包括识别和鼓励的标记系统（例如，作为个人或班级积分系统的一部分，在黑板上标注“课堂积分”或“滴答”）。最重要的是，你的学生需要知道什么时候你想要他们保持注意力，这样他们就可以学习做正确的事情，而不会打断课程的进程。

获得学生对教师的注意

你的学生需要知道如何以礼貌、适用和公平的方式吸引你的注意力。这可能发生在整个课堂讨论/报告中，也可能发生在个人（或小组）的活动中。当大约30名学生都对具有挑战性的思考/案头工作非常感兴趣并投入其中（毕竟，这是我们都想要的结果）时，很可能会有相当多的人（同时）希望得到你的注意，以便得到你的确认、解释和/或鼓励。那么，你将如何及时、公平和令人满意地应对这一挑战呢？

当然，我们也知道，在一些年龄较大的学生中，老师通常会用“请安静地举手”这种正式的方式与学生交流，但现在这种交流多半是通过对话或非正式的方式来实现的，例如，与老师身体接触或礼貌地说“对不起，琼斯先生”。这一惯例的选择、性质和演变是重要的，因为它在某种程度上表明了你和你的学生之间关系的发展。也就是说，学生获得你的注意的方式，应该是礼貌和实际有用的，但更重要的是公平的。对于学生来说，这是学习分享、合作和轮流。

小组和全班运动

程序和过程对于保证安全和有效地在教室和学校周围活动是非常重要的。通常在大多数学校环境中都有很多的运动，无论是整个班级、群体还是个人在教室和活动区之间的运动。教师需要判断学生是否足够成熟，能够在不分散以及危及其他学生的注意力的情况下管理这个运动。

和其他许多人一样，这种判断可能要等到老师有机会观察学生长时间的行为之后才能做出。就像许多教室内控制一样，一旦失去控制，就会建立严密监控的程序和过程，然后才慢慢减少监督。由于这个原因，我们建议在教室和学校周围区域之间的程序和过程开始时要受到控制和密切监督，但要在学校的现行规范和政策范围内进行。

课堂内的流动性与教学风格有着更为密切的联系。老师仍然需要有意识地决定学生是否应该随意在教室里走动，或者是否应该有所限制，但这可能会因课堂活动的不同而有所不同。同样，我们建议教师从更严格的监督实践转向不那么严格的监督实践，而不是相反。

课程片段与课程之间的转换

长期的研究历史表明，教师指导的活动和学生指导的活动之间的有效过渡是优秀课堂管理者的特征之一（参见 Dunn 2009；Good & Brophy 2008）。在过渡时期，不适当的行为比学生积极参与的时候更有可能发生。因此，重要的是为转换建立有效的程序；既要最大限度地利用学习时间，又要防止出现问题行为。

在不同课程的过渡环节中，提示应该围绕着你的“注意力召唤”程序建立；确保你所有的学生都积极地关注你的课程，为下次学习活动/课程做好准备，并完成你的“任务包”；确保你所有的学生都能参与到活动中来。（参见前面“引起学生对教学的注意”。）对于“课与课之间”的过渡，需要从结束语中整理教学材料，并为下一节课设置主题材料。

这些转换/过程对于安全和高效的教学是至关重要的，也是造成学生学习时间大量流失的原因。你必须解释、教授、建立和巩固清晰而有效的，形成课与课之间、课与课之间以及课的结束和开始之间转换的程序和过程。回应“延迟”是一个

有用的概念；给学生一段时间来回应和完成一个过渡/过程，否则就势必会导致“弥补失去的时间”的后果。

上下文特定的程序和过程

在不同形式的教学中，通常需要特定背景的程序和过程。这完全取决于学习活动的性质和教师的教学偏好，需要在活动中或活动结束时进行明确的陈述和强化。应预见到资源或学生财产的潜在风险，以避免学生之间发生冲突的可能性。

例如，在同伴辅导中，导师的培训和老师的定期监督是必不可少的。阅读复习课程遵循一个非常具体的程序，需要关注教学与实践的有效性。许多教师在第一堂课的第一天使用“标准”程序（例如，默读、自主计算任务、反思写作等）结束/复习课程。对于打算和学生一起执行的任何特定环境的程序和过程，尽早做出决定是很重要的，并且应计划好如何让这些教学变得更容易。

研究中一个常见的发现是，优秀的课堂管理人员经常（用眼光）扫视课堂，以表扬那些在课堂上完成任务的学生，并找出可以及早纠正的潜在干扰因素。好的教师练习“有针对性地重复”（Kounin 1970）。当需要埋头工作时，高效能的教师通常会在整个教室里走动。在走动、评价和监控的过程中，他们会帮助有困难的学生，但只是在他们继续监控之前的一小段时间提供。莱因哈德特等（Leinhardt, Weidman and Hammond 1987）的研究表明，当老师只教授一些程序的片段或者当既定的程序被允许分解时，学生们不会对提示做出快速或一致的反应。结果，老师和学生都失去了利用时间的灵活变通性。

注意：这些程序和过程可能会出现控制过度。当然，学生被压制和缺乏主动性的过度管制的环境不利于满足他们的基本需求。然而，其目的并不是要征服，而是要为潜在的浪费时间或产生干扰的冲突制定（例行公事的）解决方案。专家型教师的实践研究清楚地表明，几乎所有的介绍和程序都是支持学习的。许多教师发现，让学生对采用何种程序进行抉择，可以使学生更投入，并使他们在课堂上感到有力量。

来自一线的故事

边界伙伴（boundaries mate）

我的实习经历很有挑战性，但也很奇妙。我从非常支持我的同事老师那里学到了很多关于课程和评估的知识经验，还有很多是关于教学法的，尤其是课堂管理方面的知识。我的前三个星期过得很顺畅。6B 班是个很棒的班级，能以极大的热情投入班级的大部分工作中。我只是“照搬”了我的同事老师的课堂管理方法，因为这堂课似乎进行得很顺利。直到第四周，我被允许独自上课，一切才开始“分崩离析”。

起初我不知道问题出在哪里。似乎孩子们现在需要更长的时间来集中注意力开始他们的工作。课程的改变也花了更长的时间，我们没有完成我们应该完成的学习。孩子们开始不断地举手问我，在过去他们可以自给自足。我请我的同事老师来旁听第二天上午的课，帮我解决这个问题。没过多久，他就弄明白了问题所在，知道该怎么解决了。

“边界伙伴。例程……这只是最基本的”。课间我们坐在一起时，他解释道，“孩子们已经习惯了我的方式。我在这里轻轻推了他们一下，在那里轻轻推了一下，他们就知道我对他们的期望，知道他们什么时候开始学习，什么时候停止学习。即使你已经在这里教了几个星期了，而且教得很好，你还是要让我在这里做一些细微的调整。"现在是时候让你明确自己的期望和界限了。我看得出我得在管理这个房间上盖个"章"。我要回到正轨。

反思……

马修在实习期间面临着一个"经典挑战"：如何从同事老师手中接过课堂管理的"缰绳"。在你的职业经历中，你有哪些关于程序和过程的经验？你是被期望"跟随领导"，还是被给予空间来制定自己的标准、流程和程序？

教另一位老师的课很有挑战性。自己创业更是如此。仔细想想你可能会如何协商课堂管理的"基础"。一个顺利而富有成效的课堂不仅仅是偶然发生的，它通常是一个准备充分、组织有序的老师在学生身上运用这些技能的结果。

小　　结

在本章中，我们讨论了在课堂管理计划形成过程中课堂组织的重要性，强调有必要去选择和开发与你的课堂管理的理论思路相一致的策略。特别是把关注点放在了行为标准、"物理"课堂组织、关键的程序和过程上。其中一些方面的课堂组织可以事先计划好，根据你的专业哲学观和理论方法来安排课堂管理；而另一些方面则要求在学校和课堂上有更详细的知识和具体的时间。

现在我们将把关注点移至第 6 章，我们将解释积极主动的和全面彻底的专业反思的至关重要性，并对反思性教学的实践基础进行解释。

基本概念

- 学术学习时间
- 行为标准
- 教室美学
- 程序和后果
- 规则、权利和责任
- 学生注意
- 过渡

个性化活动和小组活动

活动 1

回顾本章的"开篇故事：静静等待""井井有条老师"和普通老师分别去帮助汤姆把一天变成"好日子"的基本课堂组织策略是什么？在你的教学实践中，你实施的课堂组织策略（包括行为标准、课堂组织、程序和过程）是什么？如果你在一学年的开始就被任命为全职教师，而不是学期中短期的"专题板块"教师或偶尔一天的代课老师，采取的组织策略会有什么差异？

活动 2

以个人或小组形式，去考查行为标准部分。你能将这三种观点与课堂管理的一种或多种理论方法进行"匹配"吗？（见第 2 章）。你如何证明这些是匹配的，你如何将你偏爱的课堂管理理论方法与这些观点中的一个或多个进行匹配？展开讨论。

活动 3

以个人或小组形式，评鉴制定和执行行为标准的部分。你能描述和解释一下你

如何为一个特殊的班级/年级组做这件事的吗？展开讨论。

活动 4

为你理想的教室设计家具、设备的摆放和活动区。通过补充教学和学习活动，确保这些安排符合你喜欢的教学风格。你的安排可能会带来什么挑战？

活动 5

以个人或小组形式，构想出一份建立课堂所需的程序和过程的完整清单。从这个列表中，找出并证明五个最重要的程序和过程，并证明你将如何在学年开始时建立它们。

学习工具

请访问 www. cengagebrain. com，获取与本书有关的学习工具。

网络链接

Codes of behaviour and conduct, for students and/or staff of school communities, are widely promoted by most educational authorities. Some of the following Weblinks take you to codes promulgated for their respective public school systems by the ACT, Queensland and Victorian governments.

ACT Department of Education and Training: Our school: A safe and happy place for everyone A code of conduct to promote respectful interaction on ACT Department of Education and Training premises
www.det.act.gov.au/__data/assets/pdf_file/0014/22730/Code_of_Conduct_Brochure.pdf

Education Queensland: Code of School Behaviour, and Values and Principles
http://education.qld.gov.au/publication/production/reports/pdfs/code-school-behaviour-a4.pdf

Education Queensland: Developing our workforce capability
http://education.qld.gov.au/staff/development/

Education World
www.educationworld.com/a_curr/curr155.shtml

Teaching Ideas
www.teachingideas.co.uk/more/management/contents.htm

Victorian Teaching Profession Code of Conduct
www.vit.vic.edu.au/conduct/Victorian-teaching-profession-code-of-conduct/Pages/default.aspx

拓展阅读

Atici, M. (2007). 'A small scale study on student teachers' perceptions of classroom management and methods for dealing with misbehaviour', *Emotional and Behavioural Difficulties*, *12*(1): 15–27.

Carrington, L., Ferry, B., & Kervin, L. (2006). *ClassSim as a way to bridge the gap between theory and classroom practice: The pre-service teacher perspective*. 34th Annual Conference: Australian Teacher Education Conference, Making teaching public: Reforms in teacher education, 5–8 July, Freemantle.

Charles, C. M., (2011). *Building classroom discipline (10th ed.)*. Boston, MA: Pearson Education Inc.

McNally, J., I'anson, J., Whewell, C., & Wilson, G. (2005). ' "They think that swearing is OK": First lessons in behaviour management', *Journal of Education for Teaching*, *31*(3): 169–85.

Rogers, B., (2009). *How to manage children's challenging behaviour (2nd ed.)*. London, UK: Sage Publications Ltd.

Stoughton, E. H. (2007). 'How will I get them to behave? Pre service teachers reflect on classroom management', *Teaching and Teacher Education*, *23*: 1024–37.

第 6 章

专业反思性

改进实践的关键在于教师要成为反思性的实践者和研究者。当教师对其实践进行反思并认识到自己专业发展的需要、介绍和评价实践的变化并且在这个过程中能够帮助他人，或者参与整个制度的创新和评价时，他们就认识到了终身学习和专业成长的重要性。

学习目标

通过本章的学习你将能够：

- 解释成为反思性实践者意味着什么，尤其是在课堂管理方面意味着什么
- 讨论指导在支持反思性实践中所发挥的作用
- 解释行动研究的性质和目的，并确定其主要特征
- 讨论在不同教育环境中运用行动研究促进积极变化和发展的可能性
- 解释本章结尾列出的小结和基本概念

本章概览

- 开篇故事：我可以和谁说？
- 引言
- 课堂管理反思
- 全面彻底的反思
- 反思与同伴指导
- 行动研究
- 小结
- 基本概念
- 个性化活动和小组活动
- 学习工具
- 网络链接
- 拓展阅读

开篇故事：我可以和谁说？

戈登新接手的五年级班级的管理进展得并不顺利。孩子们太爱讲话，没有学到他所希望的内容。他们对他（和彼此）的尊重比他预料的要少。他想方设法让孩子们对每天的课程产生兴趣，但与他所做的长时间准备并不一致，他期

望的好事并没有发生。戈登的导师给他提出了一些行为管理策略的建议，但这些策略似乎收效甚微。戈登开始对他的学生大发脾气，甚至对那些“通常表现不错的好孩子”也是如此。他计划中努力要打造的事业的开始不应该是这个样子的。

学校放假了。戈登预留了一些必需的时间为下学期做计划。“我真的需要好好想一想我的课堂里发生了些什么。”戈登想。他坐下来开始思考上学期所发生的一切和未来的职业生涯将走向何方。他需要做些什么才能让事情变得更好呢？他需要做些什么才能让他的教学和学生的学习重回正轨呢？他要跟谁谈论这件事呢？

引　言

在最开始的两章中，我们解释了莱福德课堂管理模式及其相互关联的各个组成部分及其蕴含的基本原理和理论。我们还介绍了其他一些与时俱进的思考课堂管理的重要理论。在我们的管理模式中，重点是为了形成一个课堂和学校共同体，使每个学生都有归属感，每个老师都感觉到自己有一种职业满足感和成就感。这是一个持续不断的挑战，因为在每学年初，甚至全学年，很有可能有新的学生加入我们的班级中来。后一年的学生与前一年的学生会不一样，这个班级处在一个千变万化、千差万别的社会动态之中。

对我们来说，这是使教学成为如此令人兴奋的职业的一个方面。它是永远变化的，不断面临着新的挑战。我们必须一直检查我们的实践，修正过去的做事方式，并找出与每个学生群体合作的方法。有鉴于此，我们知道，教师在学年初面临的一项关键任务就是创建课堂“学习共同体”，让所有参与其中的人一起工作、相互支持、专注学习，并产生有效的教育成果。

到目前为止，我们还对形成积极的课堂环境所需要考虑的因素进行了阐释，并为实现这个目标提出了一些建设性方法。在本章中，我们将为你提供一个称为“行动研究”（或“行动学习”）的方法，用此方法系统地跟踪你的管理策略的实施和评鉴。戈登的经历（在本章开篇故事中提到的）与许多老师的经历很相似，但他的经历中缺少了对实践的反思，缺少了对已经发生的事情的系统评价或对将要发生的事情的计划。行动研究可以填补这一缺陷。

正如图6-1所示，专业反思性是构建积极学习环境和帮助防止破坏性和非生产性行为所必需的四种相互关联的基本积极实践之一。在此专业语境中，它意味着回顾所采取的行动。你发展、运用专业反思性的能力将受到你周围的生态学、社会文化和心理教育视角的影响，这些是与你的世界观密切相关的。你的专业反思性是你的课堂管理计划的重要组成部分，应该服从于你的计划、实施和评鉴步骤。

课堂管理反思

“反思是真诚地评价你的信念和行为的过程”（Henley 2006，p. 280）。作为一

个反思性实践者，尤其是在你的专业哲学观的背景中，你有能力审视自己的内心，审视自己行为的信念和价值观。课堂管理包括教学和学习的联结，以及更为广泛的课堂环境的管理。

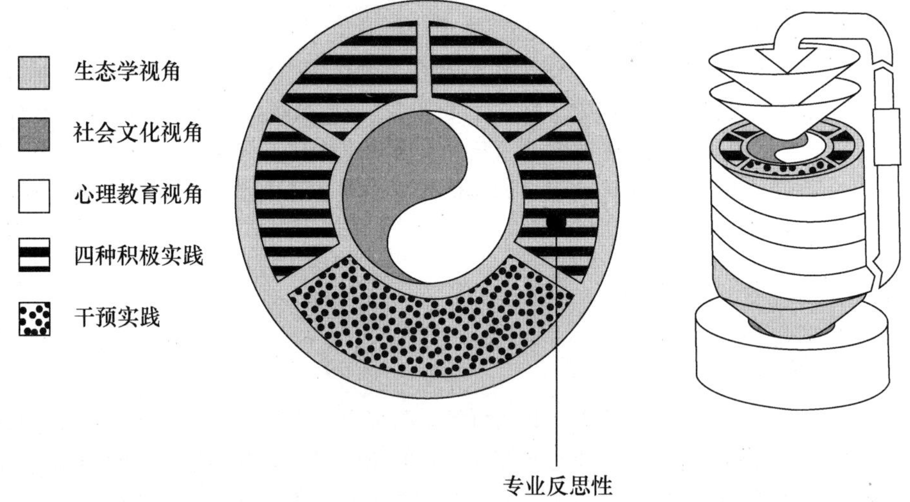

图 6-1　专业反思性与莱福德课堂管理模式

你要对你的管理哲学观和管理实践保持警觉，理由有三。这些原因是基于专业反思（或批判性反思和分析）的概念的，还基于研究和发展必须成为教师的核心工作实践的观念（参见 Kauffman et al. 2006；Sinclair，Munns & Woodward 2005）。

首先，专业教学标准已经在整个澳大利亚的教育系统中得到执行（事实上，国家标准即将生效），这些标准强调了教师在日常实践过程中不断成长的重要性。在职和职前教师记录和跟踪成长的教学日志会有助于他们的就业或晋升。什么时候开始你的专业教学日志都不迟。

其次，课堂管理仍然是教师的主要关注点，研究应该与这些关注点相关。人们对有效的教学和学习实践以及课堂管理给予了极大的关注，后续研究表明教师一直对课堂管理有各种各样的担忧，特别是关于学生的行为方面的担忧（参见 McNally et al. 2005；Sinclair，Munns & Woodward 2005；Stephenson，Linfoot & Martin 2000）。

最后，初任教师通常熟悉计划-实施-评鉴循环，因为这是跨越各种基于学科和专业准备课程的常规要求。然而，初任教师往往需要获得支持去发展自己的能力，从而能够创造有助于良好行为形成的积极学习环境，设计干预措施来管理和改善个别学生的不当行为。拉姆西在他对新南威尔士教师教育项目的广泛评鉴中强调了这一点。对教师的支持应以需要为基础，从而能够反映教师不同的个人关注点。赞庭、维罗普和弗穆特（Zanting，Verloop and Vermut 2001）同样强调了个性化、专业化的同伴支持和教师主导的措施（如指导）的重要性。

许多关于课堂管理的研究都是基于对实践教师的观察和访谈进行的，因此教师的反思是这一研究领域的核心。我们在此提醒各位，教与学的关系是相互依存的，学生行为是需要管理的。这种相互依赖的有效课堂管理为最佳教学与学生学习体验的发生提供了契机。

教师的反思和研究可以帮助弥合当前实践与以证据为基础的最佳实践之间的差距。尽管教育当局和高等教育机构努力为教师提供了专业发展的机会，但许多研究者和实践者还是对许多教育领域的“现状”和“未来”之间一直存在的差距感到绝望（参见 Abbott et al. 1999；Vaughn，Klingner & Hughes 2000）。

研究强烈建议，教师发起的行动研究，尤其是在渗透课堂管理等日常实践的领域，是将严谨的调查与日常课堂实践更紧密地联系在一起的理想手段（参见 Beauchamp 2008；Mulholland 2009）。事实上，所有的教师都应该想方设法分析和理解他们的教育实践，以便改进他们的教育实践（Groundwater-Smith 2001，p. 2）。

来自一线的故事

生活在发生变化

今天有一个老师没有来上课，所以我不得不作为临时老师替他去上课，到另一个班级去代一天课。我决定去 K-2“特殊需要”班。在学校后面一间“隐蔽”的教室门后，我找到了一位老师、一位老师的助手和一群可爱的有特殊需要的男孩，共有 7 人，他们从此触动了我的生活。我再也不会像以前一样了。那次经历给予我深刻的认识和启迪（也让我心碎），这是课堂或教科书永远无法教给我的。

我以前认为，教“特殊需要”班只是为了帮助有学习困难的学生，并不要求尽其他额外的职责或运用专业技能。学校里的其他老师认为这位教“特殊需要”儿童的老师很“幸运”，因为她只有 7 个学生，但我却并不这样认为。

我做梦也想不到那天我在“特殊需要”班里会有那样的经历。7 个学生中有 3 个还在用尿不湿，1 个是坐在轮椅上度过一天的，需要一对一喂饭和帮忙上厕所，其余的学生都有严重的学习障碍。老师和老师的助手都很了不起，他们每天必须要处理的事情是普通老师永远无法理解的。

当我回到家，我不得不坐下来接受这一切，探索我的情绪。那次经历永远地改变了我的生活。

反思……

这位初任教师的故事揭示了她那天在职业现场的经历对其个人和职业影响的深度。这个故事深刻地反映了她的专业原则和专业哲学观。回顾一下你迄今为止的职业经历，你曾经历过顿悟的时刻吗？它们是如何影响你的专业思想和实践的呢？

全面彻底的反思

行动研究使我们超越了只是对我们的实践进行反思，反思可能是一种被动的实践。在本章的开篇故事中，戈登可以回到家去思考在他的课堂上发生了什么，他可能会在头脑里产生几个好主意。但很有可能他回到自己的课堂上时，还是不知道从哪里开始改变这种状况。在行动研究中，反思性（指之前的职业行为）将我们带到另一个层次。有效教师需要全面彻底的反思。他们需要经常反思自己的做法，并制定出改善这些做法的策略。然后，他们需要注意实际发生了什么，如果有必要，就需要改进他们所运用的策略。他们还需要考虑新的策略和措施，并

对其进行评鉴。

反思循环应该关注：

- 教什么（课程）。
- 如何教授课程（教育学）。
- 学生行为（学生在学习中是如何接近、互动和参与的）。
- 评价（评估和报告学生的学习结果）。

全面彻底的反思整合了哲学观、价值观、理论和实践，在莱福德课堂管理模式的计划、实施和评鉴阶段表现得尤为明显。这包括计划、实施和评鉴的干预措施，旨在管理和改善对重要的正面实践没有回应的行为。

全面彻底的反思实际上指有效的教学应该体现科学研究方法的严密性，即在研究证据的基础上采取行动并做出改变。科学方法包括假设、收集高质量证据，并客观地分析。当前最好的教学实践与计划和实际的学生学习成果之间的任何差距都应该得到反思。然后应该采取行动，带来积极的变化和发展。然而在课堂行动研究中，考察的对象是教师。实际上，你正在考察自己的实践。

然而，教师行业在理解课堂管理方面有一段采用直觉而不是科学方法的历史（Gersten 1999）。政府和教育机构对《国家质量教学议程》（National Quality Teaching Agenda）的高度重视，集中在改进教学方法上，这是一个实质性的转变，强调教学的“科学”和“艺术”。与其他职业相比，教师职业的有效性研究往往较少（Stephenson，Linfoot & Martin 2000）。类似地，兰德勒姆等（Landrum et al. 2002）发现经验丰富的教师会把他们的同事和在上的课程，而非专业期刊，当作一个更容易接触、更有用、更值得信赖的资讯来源。

这种不愿彻底反思和接受基于研究的证据的态度，反映在课堂和学校还持续存在着一些“不太好”的非证据实践，人们对一些具有基于证据的潜力、能够创造更积极学习环境和行为的实践接受缓慢。研究为强化、补救与反馈、团队教学、掌握学习、个别化、辅导、直接指导和形成性评价的积极教学效果提供了令人信服的证据（参见 Ehri et al. 2001；Swanson 1999）。这些以证据为基础的实践在整个教育环境中被广泛使用，但不一定是一致的和系统的。例如，在解决学生行为的问题上，有很多关于“如何”的指南书，但基于理论的“为什么”指南书却少得多。你被强烈鼓励成为一个彻底的反思性实践者，以证据和研究为基础的实践来反思和行动，并考虑这一努力对你自己的实践的好处。

在这个反思过程中，对于职前教师和在职教师来说，一个重要的选择是让导师参与支持对教学实践的改变。下一部分将描述并解释同伴指导在支持教师成为反思性实践者中的地位。

来自一线的故事

质疑你的努力和你学生的成绩……

进入教学领域，要求一个人要准备做好计划、执行计划、调整、反思和组织……这个单子可以一直列下去。课堂管理的根本是学习环境的质量，要有能力奠定坚实的基础并不断进行改进。我对学生有明确的期望，对自己也有明确的期望。对我的职业发展至关重要的一点是，我必须承认，学习不仅是围绕学生展开的，而

且是我在职业生涯的发展过程中必须运用的一个重要组成部分。

教学法的实践使我具有了创造一个支持性的、安全的、适宜的课堂环境的能力。创造良好课堂环境的最终目标是实现高质量的学习。作为一名初任教师，我对教学实践的改进能力在很大程度上取决于我反思教学并改进教学的能力。

我从自己的职业经历中得到的一个重要认识就是，职业经历是我们教学生涯的垫脚石，它们让我接触到许多领域，这些领域吸引我努力成为一名“伟大”的教师。我带着忐忑不安的心情进入了我的职业体验场。我能这样做吗？我的同事会怎么看我呢？如果一个学生拒绝了怎么办？我知道得足够多吗？更为重要的是，当我结束上课时，我会问自己：我还能做得更好一些吗？这个课怎样才能更加有效地进行下去呢？这种行为是可以避免的吗？这些问题集中在我的个人和同伴反思上，它们帮助我改进了课堂实践。我会成为一个反思性实践者，将会全面彻底地对我的教学实践进行评价。

总之，有效的课堂管理的核心是建立积极的学习环境。作为一名初任教师，继续增加我的知识是必不可少的，它与我的专业反思是密不可分的。这就是专业发展的意义所在。许多初任教师参与了职业经验场方面的批判性讨论，并质疑他们成为合格教师的能力。答案就在这里——永远质疑你的努力和学生的成绩，通过专业的反思来提高你的教学和学生的学习。

反思……

这位初任教师对教师进行全面彻底的专业反思的价值提出了深刻的见解。特别是她利用了她的同事老师的知识和技能，在专业经验上加强了这些反思。你如何看待同伴指导的价值、地位和实践以及在专业体验场中的反思？你会如何最大限度地利用你同事老师的知识、技能和经验呢？

反思与同伴指导

如前所述，在计划、实施和评鉴变革方面，寻求发展和改进其教学实践的职前、初任和经验丰富的教师往往受益于其他实践者的支持。专业同伴辅导在教学（和其他）职业中已成为一种广泛的实践。成功辅导的一般特征包括自愿参与、相互信任、分享经验、互惠、共同目标以及互动和持续的过程。高级教师的辅导在职前阶段得到了广泛的应用。辛克莱等（Sinclair，Munns and Woodward 2005）描述了“批评性朋友”的创新实践，在这些选择的分享职业经验的课程中，最后一年的实习教师彼此扮演导师的角色。

有效的个人职业发展，即使是基于充分的反应，通常是一种合作实践，而且通常是同事在共同的问题上合作时得到加强。正式的同伴指导作为一种协作实践，可以为反思实践者提供宝贵的帮助，并且在经验丰富的各个专业发展层次的教师中是一种广泛的实践（参见 Richardson 2008）。专业教师向班级教师提供支持时，社团或合作学习中，非正式的指导也得到了广泛使用。

初任教师通常被分派了指导教师，有来自学校内部的，也有来自学校外部的。导师的目的通常是通过定期、协商和合作的方式支持引导初任教师对教学实践的发展和学生的成果进行反思。导师支持初任教师持续的职业发展。从初任教师到专业合格教师的转变过程会经历千辛万苦。

来自一线的故事

然后恍然大悟

开始一个新的教学工作有一种奇怪的感觉，更不用说去一所新学校了。你对它知之甚少，而你以前的所有经验都是基于当时的实践。我记得我想了很多我可能会遇到的学生行为问题，但我从来没有真正考虑过我将如何布置我的教室，或者当我的学生第一次坐在我面前时，我会做什么。

在教职员工会那天，一位观察我班上学生的教师助手向我打招呼，他说了很多以前的老师，即我的新导师，是怎么布置教室的，谁应该坐在谁的旁边。我天真地接受了她的建议，按照过去的做法布置了教室。我本来有我自己的班级，但它却不像是我自己的班级……

当我的学生们第一次走进教室时，我那近乎“天生的本能”告诉我该做什么，从一开始就介绍我的日常生活，我应该在离开教室后做些什么。经过晨间活动，制定了一些课堂规则和指导方针，我发现自己的自信心有所提高，对哪些学生应该被归为一类有了初步的了解，对一般的化学课也有了一定的了解。当一天快结束的时候，我带着我的学生们出去了，我想我的第一天算是完成了。

然后我真的恍然大悟了。我不想只是完成，我想成为我一直想象中的那种有信心的老师。我意识到第一步是接管我的班级。我回到我的教室，开始换桌子、电脑桌和吃玉米片，直到我对自己拥有最好的布局感到舒适和自信时才收手。

我相信我从大学生到教师的转变很大程度上是因为我意识到我是负责任的，我要对需要进行的学习负责。部分原因是相信自己的能力，远离“我们去年是怎么做到的”。毕竟，教学是动态的和积极的，我们要像我们的学生一样学习和成长。

反思……

这位初任教师对自己职业身份的及时“重新觉醒”，是其关注的焦点。在最深层的方面，职业反思是审视内在，思考决定一个人专业身份的原则和专业哲学观。你是反思性实践者吗？你是否愿意在充分思考的基础上，改变你对教师的信念、感受和想法呢？

行动研究

在这里，我们概述了行动研究的基本方面，包括三个关键元素：质疑和反思、本地化和个性化的焦点，以及与“多种了解方式”的协作伙伴关系（使用多个数据源提供丰富的视角，在经验主义文献中通常被称为“三角测量”）。在教育背景下，行动研究的定义各不相同。斯佩丁（Spedding 2005，p. 433）认为，行动研究是员工发展的一种形式，研究的焦点是参与者自己的实践，而盖伊（Gay 1992，p. 11）解释说，行动研究本质上关注的是如何以科学和具体情况具体分析的方式来解决给定的课堂问题。

格伦迪（Grundy 1995）将行动研究描述为专业发展的一种积极形式，他强烈主张将参与和改进作为两个主要因素。参与可能包括个别教师或学校工作人员，致力于探索与个人或当地有关的问题或实践，也可能包括伙伴关系和协作的概念；我们将在本章后面解释。改进是指在实践中或在实践语境中所实现的变化。

在莱福德课堂管理模式中，教育背景下的行动研究被定义为一个非循环的过

程，即对特定的场所需求进行深思熟虑的调查和反思。通过合作伙伴关系和“多种了解方式”实现教学实践。行动研究就是通过批判性思考和探究来改进教师专业反思和行动研究的过程，使教师成为学习过程的参与者。行动研究过程允许一组人在班级、学校和社区层面一起工作，以满足专业发展需要，解决问题和评估结果。行动研究的一个中心主题是教师在工作中展开合作，以此产生积极的变化。

尽管行动研究常被夸张地表示为一个螺旋，而不是一个封闭的圆环，但行动研究的循环性质与计划-实施-评鉴过程的循环性质是一致的（如第4章所述）。记住所涉及的步骤的方法是思考这四个P：思考（pondering）、计划（planning）、制定策略（putting in a strategy）、重返完善计划（pulling back to refine your initiative）。这个循环也被定义为识别问题和需求、开发、测试和评估计划四个步骤。这些模式之间的相似性是明显的。如果你想探究行动研究的各个阶段，可以参考科恩等的研究（Cohen，Manion and Morrison 2000 或 Reason and Bradbury 2001）。

为了确定在课堂或学校环境中进行行动研究的相关领域，教师需要检查自己的实践，并考虑需要改进的领域。根据老师的经验，这些会有所不同。对于职前教师来说，一个简单的例子就是研究如何引入新概念，或者如何管理活动、会议或休息之间的过渡阶段。初任教师可能会考虑如何最好地组织评估任务，跟踪与教育成果相关的学生成绩。有经验的教师可能会把重点放在如何在交互式课堂活动中使用智能板。

重要的是要保持个人的专业日记或行动研究日志。此记录有助于识别重点问题、目标结果、所涉及的资源（人力或其他方面）、所采取的策略，对策略、结果的任何改进以及重点问题的最终解决。这个记录对你自己的职业发展非常有用。肯尼和拉蒙塔格勒（Kenney & LaMontagne 1999）提供了一个有用的解释，在职前教师培训中进行组合性的运用。

在下一节，我们将解释行动研究的三个主要特征：质疑和反思、本土化和个性化关注、合作伙伴关系和“多种了解方式”。

质疑和反思

行动研究的首要特征是探究与关联的综合，提供机会重新审视地方、班级或学校的需求、问题和解决这些问题的方法。在主动质疑和拒绝之间保持平衡非常重要。正如格伦迪（Grundy 1995，p. 11）所解释的那样：

> 我们先做一些观察来决定我们要专注在什么上面、我们要计划做什么以及如何执行我们的计划，在过程中收集关于所发生的事情的证据并反思我们的证据，以便对所发生的改进做出判断。在这个反思的基础上，我们计划下一步的行动，采取行动观察——进行观察和进行反思是一个循环。

因为行动研究是一个循环的过程，行动和反思之间的区别可能会重叠。在任何阶段，新见解、新信息或新方法都可能改变所采取的行动。我们都有过这样的经历，“我怎么没想到呢?”当同事发表了一个非正式的、及时的、相关的观察时，你会有感觉的。

本土化和个性化关注

行动研究的第二个关键特征是它的本土化和个性化。如前所述，这种本土化和个性化的关注可以作为其最大的优势。虽然可能行动研究在班级、年级、学校或社区层面有很多应用层次，但是人们的需求会形成议程（agenda）并决定水平层次。一般来说，教师（或其他参与者）如果致力于变革，并且拥有“研究成果，就像在满足特定情况下的需求方面的合作和伙伴关系的结果，那么他们更有可能遵循一个发展和变革的过程”。虽然课堂外其他人的参与可以将行动研究与其他形式的专业发展区分开来，并为研究提供额外丰富多彩的内容，但重点仍然是如何有效解决人们在当前环境中所面临的问题。

传统研究与行动研究最大的区别在于，行动研究的主体处于研究活动的中心。在行动研究中动用“我”这个主体是绝对正确的。它提醒我们研究人员的中心作用，从这个意义上说，行动研究是“关于我的一切”，然而，这可能比听起来更有难度。我们经常注意到，当职前教师开始行动研究时，关注点可以很快从个人实践转向学生行为问题。当然，作为老师，你想做什么与学生学习和学生行为的结果有关系，但在行动研究中，你会不断地重新审视自己的实践。我们经常听到一个老师说，“哎，我有一个糟糕的班级”，在行动研究中，一个老师已经认识到他或她自己在做出改变时的责任，所以重点仍然是教师要实施的措施和教师的持续参与。

思考以下行动研究投入实践的情景：

> 一位教师认为，他的中度至重度残疾学生的挑战性行为具有社会限制性和不适当性。通过老师和同学们的一系列观察，对观察数据的讨论和一些专业性阅读，我们可以清楚地看到，这些行为中有一些（尽管可能不是全部）是功能性交际行为。也就是说，这些具有挑战性的行为（部分地）反映了学生为了传达信息而付出的最大努力。老师会制定一些策略来帮助学生提高沟通能力，例如，利用个人资源提醒学生应该做什么、在智能板上张贴通知、建议其他学生在沟通方式上更加清晰，以及改变教室里桌子的摆放方式。观察和讨论将继续下去，直到挑战行为大幅减少。

合作伙伴关系和“多种了解方式”

行动研究的第三个关键特征是使用合作伙伴关系和“多种了解方式”。行动研究为发展新的和创造性的伙伴关系提供了机会，以促进教育变革和改进。在行动研究中，伙伴关系的概念是指教师和其他人合作以产生积极的变化。

> **进行合作从而产生积极的变化**
>
> 在这里，一名学校工作人员积极改进一项举措，旨在改善为所有学生提供的教学和学习经验。该项目明确支持学校的学生福利政策，并为课堂和学校生活生态带来了相当大的变化（参见 Grundy 1995）。

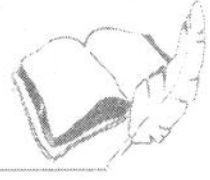

一个项目可能聚焦于班级老师、家长和学校主管之间的合作，这些人可能共同致力于学生的福利。或者，项目可能涉及其他利益相关方——教师、学者和管理人员以及与卫生相关专业的人员之间的伙伴关系。正如格伦迪（Grundy 1995，p. 5）所指出的：

> 行动研究并不是让人们独自行动和思考。它包含了对协作调查的承诺，这意味着不仅个人的工作受到鼓励和支持，而且在考虑证据的替代解释时，允许真正改变的可能性。

表 6－1 对全校水平上的合作行动研究项目的各个阶段进行了解释。

表 6－1　合作行动研究的阶段

阶段	描述
拟订计划	一些教职员工非正式地指出，他们的一些学生到学校时并没有吃早餐，他们敦促学生福利委员会（Student Welfare Committee）举办一系列家长教育活动，并通过学校食堂推出早餐计划
启动计划	这个项目的两个方面都由学校预算和学校食堂提供资金
观察与记录	一些家长表示，他们从这个项目中获得了重要的信息和技能，组委会记录了这一反馈，并指出该项目尚未惠及少数关键的家庭。 一些老师报告说，执行这个计划后，他们的学生似乎更能专心听课了，然而，一些说他们错过早餐的学生通常是迟到的学生，因为食堂只在集合铃响之前提供食物，这些迟到的学生显然未能参加这个项目
对结论的反思	根据这些意见，决议如下： 在家长教育课时间与有需要的家庭进行个别协商 鼓励家长早一点送学生到学校，以便他们能参加这个项目（同时，迟到的学生可以在上课前吃早餐）

合作伙伴关系、“多种了解方式”和同伴指导之间的联系在这里很明显。行动研究是关于团队合作的。行动研究的重点领域可能会根据应用水平和参与者的类型而有所不同，这些参与者可能会共同鼓励学校社区的变革和发展的创造性过程。表 6－2 举了几个例子。

表 6－2　关注领域的例子

关注领域	应用层次	参与者
课堂管理中促进积极性行为的方面，包括： • 座位 • 日常规则 • 不同的教学方法	班级	• 班级老师 • 同事 • 主管（督导） • 父母
管理不当行为，通过计划改变学生的不当行为	班级	• 班级老师 • 同事 • 主管（督导） • 学校顾问 • 老师助手 • 父母

续前表

关注领域	应用层次	参与者
基本技能领域的小组教学	年级	• 全年级老师 • 老师助手 • 督导/行政人员
评估学校制度的有效性是学生福利的一部分	全校	所有老师，包括： • 老师助手 • 行政人员 • 校长 • 父母 • 学校顾问

阿瑟（Arthur 1994）认为协作是思想的交流，是一种分享、发展和解决问题的双向过程。合作伙伴关系的概念将合作这一主题置于致力于共同目标的框架内。合作伙伴为在教育系统内部和跨教育系统的人员寻找创新的解决方案以满足班级和学校的需求提供了很大的希望。行动研究强调收集和分析与项目相关的有意义的数据。在这种情况下，形成了一个定性的案例研究，为分析提供了丰富的数据。这些数据可能包括使用行为代码的课堂观察、访谈、日志和工作样本（详见格伦迪 1995 关于选择技术的广泛数据来源和标准清单）。（注意：强调父母和其他家庭成员潜在的关键性参与和贡献是重要的。）

伙伴关系的原则和潜在结果

格朗德沃特-史密斯等提出（Groundwater-Smith，Parker & Arthur 1994，pp. 10-11）的伙伴关系的原则和潜在结果的例子如表 6-3 所示。

表 6-3　伙伴关系的原则和潜在结果的例子

原则	潜在结果
• 承认相互依存和每一方的贡献，包括跨文化观点 • 建设性地解决问题 • 致力于改变和改进，包括承担风险 • 对模棱两可和进退两难的事情保持宽容 • 共同负责研究的计划、实施和评鉴阶段 • 存在着组织结构和制定决策的资源	• 授权所有参与者 • 创造性地解决本地需求 • 对激进的解决方案、问题或需求持开放态度 • 重新定义研究的性质和接受个人观点 • 了解、共享理解、分担责任和共享利益 • 为有效支持变革提供系统性机制

使用“多种了解方式”（使用多个数据源提供丰富的视角）是行动研究的一个重要方面。这在研究人类行为方面尤其重要，人类行为通常是复杂的、多方面的，并且对环境变量敏感。多视角允许行动研究者检查他们发现的一致性和探索新的线索。

例如，课堂观察可能表明，老师将问题分配给小组中的某些人。然而，后续的面试或对教师计划的检查可能会表明这种行为的其他原因。比如，老师可能意识到学生在课堂上能力的个体差异。教师可以从支持中获益，发展出包容那些只被动参与课程的学生的方法。

行动研究带来的不断更新的实践是这样的，尽管所做的改变在内部是有效的，但它们通常不能推广到其他情形。也就是说，只有在应用它们的情况下才有意义。

运用行动研究

也许行动研究最吸引人的方面是其潜在用途的多样性。指导问题、调查技术和反思过程能够（也应该）适应研究发生的具体情况的需要。科恩等（Cohen，Manion and Morrison 2000）解释了行动研究技术如何在教学方法、学习策略、评价和管理过程等领域得到应用的研究。

在这一点上，我们将考虑三个行动研究的例子，特别注重团队合作。如果你亲自研究教育文献（参考《教育超常儿童》《防止学业失败》等期刊），你会发现大量关于在学校中使用行动研究过程的论文。参见下面三个例子：

案例 1

瑞安等人（Ryan et al. 2001）描述了凯尔（Kyle）父母的故事。凯尔是一个有额外学习需求的小男孩，他和老师一起开发了一个项目，最大程度地提高凯尔的参与和减少困难行为的可能性。在一个行动研究循环之后，重点放在父母的投入、行动计划和一段时间内对结果的仔细衡量上。这项研究最令人印象深刻的方面是改善家庭和学校之间的沟通，尽量保持一致性。

案例 2

切尼（Cheney 1998）描述了使用行动计划和研究模式来支持有情感或行为问题的小学生的学习经验。这项创新研究的特色包括：广泛评估学生的需要、学校职员和家庭成员的合作、与一组正常发展的学生比较学习进度。重要的是，目标学生是计划和合作过程的中心。我们利用了大量的数据来源，虽然通常认为这个过程非常耗时，但它在当地的学校环境中得到良好评价，并产生了许多积极的解决方案。

案例 3

安吉亚诺（Anguiano 2001）描述了她作为一名教师在初中课堂上面对许多社会问题的经历。通过教师日志、观察数据和学生调查，安吉亚诺通过注重有效教学实践和与她的特殊情况相关的其他预防措施，在学生行为改进方面取得了重要的效果。

小　结

在本章中，我们集中讨论了反思（一种观察和记录实践中的变化的方法）和行动（将反思付诸行动的行为）。关于课堂管理，显而易见，我们需要持续和全面彻底的反思和行动，需要不断的专业发展和终身学习。无论你是初入职场还是已有丰富经验的教师，反思对于记录实践如何实现目标有着格外重要的价值。我们解释了教师作为积极的行动研究者的重要性，并描述了行动研究在教育环境中的主要特征和用途。我们强调了在课堂和学校研究中团队合作的重要性，特别是我们的同伴指导策略。我们还提出了教师个体是教育变革和发展过程中不可或缺的一部分的观点。我们注意到，尽管行动研究可能有许多应用层次，但它实际上是一种解决本土需求和发展方向的策略。

作为一个反思性实践者，诚实地反思你的信念和行为，寻求解释，采取不同的行动去做事情，是莱福德课堂管理模式中四个同等重要并且相互关联的积极实践之一。你应该发展自己的技能，进行全面彻底的反思和思考，特别是通过利用同伴指导所提供的机会进行反思和思考。此外，在你的课堂管理中，通过与你的同事和其他学校成员在行动研究方面的合作，特别是针对已确定的本土需求，你应该能够弥合当前基于现实的所有差距。

你有能力成为一名反思性的实践者，并接受这个基于生态学视角的指导模式，这将为你提供信息，使你能够参与后面章节的干预实践。与学校共同体成员，尤其是学生之间建立积极的关系，这是创造积极学习环境的先决条件，也是你不断努力成为一名最有效教师的基础。

基本概念

- 行动研究
- 合作伙伴关系和“多种了解方式”
- 基于证据的实践
- 本土化和个性化关注
- 有意义的变化和发展
- 专业同伴指导
- 反思与思考

个性化活动和小组活动

活动 1

回顾本章的开篇故事。戈登需要做些什么才能让事情变得更好？他需要做什么才能使他的教学重回正轨？他可以和谁谈论这件事？

活动 2

讨论作为一名反思性实践者意味着什么，讨论在你的课堂管理中评鉴和改变你自己的做法的潜在好处是什么。

活动 3

讨论指导在支持初任教师的反思性实践中的作用。

活动 4

行动研究对课堂和学校日常的教与学有什么潜在的好处？

活动 5

确定你想要改变你实践的一个方面。详细说明问题，并研究可以使用哪些策略帮助你改进这些问题。如果可能的话，把这些策略付诸实践，写一个行动研究计划。

活动 6

回顾你迄今为止的职业经验，尤其是你对课堂管理成就的评价。你是如何运用你的专业反思性和行动研究的知识来提高你的课堂管理实践的？

学习工具

请访问 www. cengagebrain. com，获取与本书有关的学习工具。

网络链接

Action Research and Action Learning: For community and organisational change
www.aral.com.au/

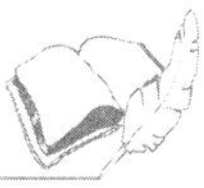

Ginns, I. S., Heirdsfield, A., Atweh, B & Watters, J. J. (2001). 'Beginning teachers becoming professionals through action research', *Educational Action Research Journal* 9(1):109–31. http://eprints.qut.edu.au/1683/1/1683.pdf

Participatory Action Research
www.oup.com.au/__data/assets/pdf_file/0003/198228/WAL_SRM2_ORC_21_3pp.pdf

Professional learning and leadership development section of NSW Department of Education and Training website
www.det.nsw.edu.au/proflearn/research/abs.htm

Teacher's self-reflection checklists
www.teachnet.com/how-to/organization/092998.html

拓展阅读

Cook, M. A., & Cook, A. P. (2008). 'Wittgenstein in the classroom: Notes on teacher reflection', *Curriculum and Teaching 23*(1): 21–39.

Goodell, J. E. (2006). 'Using critical incident reflections: A self-study as a mathematics teacher educator', *Journal of Mathematics Teacher Education 9*(3): 221–48.

Hui, M. (2008). *Improving teacher education through action research*. Hoboken: Taylor & Francis.

Kong, S. C., Shroff, R. H., & Hung, H. K. (2009), 'A web enabled video system for self-reflection by student teachers using a guiding framework', *Australasian Journal of Educational Technology 25*(4): 544–58.

Lewis, R. (2008). *The developmental management approach to classroom behaviour*. Camberwell, VIC: ACER.

Noffke, S. E., & Somekh, B. (Eds) (2009). *The Sage handbook of educational action research*. London: Sage.

Radford, L. (2012). *Rethinking children, violence and safeguarding*. London, UK: Continuum International Publishing Group.

第 7 章

干预措施

人们通常对消极行为感到恼火，并做出反应，但对积极行为则默然接受。由于我们更加注意消极行为，这就使得学生行为不当时，我们的反应往往会让他们觉得自己很重要。为了纠正这种不平衡，我们需要定期去主动关注积极行为。

Harrop 2000，p. 474

学习目标

通过本章的学习你将能够：

- 了解什么是行为干预、为什么需要行为干预、什么时候使用行为干预，以及它们在课堂管理计划中的地位
- 理解干预中“问题轨迹”“控制轨迹”“变化轨迹”的含义
- 根据心理教育、认知行为和行为理论，了解和区分不同干预措施
- 根据不同理论方法来设计基本干预措施
- 解释本章结尾列出的小结和基本概念

本章概览

- 开篇故事：也许……
- 引言
- 理解干预
- 综合干预与重点干预
- 基于心理教育理论的干预
- 基于认知行为理论的干预
- 基于行为理论的干预
- 应用行为分析的干预措施
- 利用功能行为评估的干预措施
- 使用坎特的严明纪律程序进行干预
- 小结
- 基本概念
- 个性化活动和小组活动
- 学习工具
- 网络链接
- 拓展阅读

开篇故事：也许……

“又是一节课，又是一出戏。”艾丽西亚想着，伴着上课铃声朝教室走去。她的身体由于非常担忧而出现反应：出汗、呕吐和轻微恶心。诚然，教一群对日语不感兴趣的九年级学生很有挑战性，为什么她的课最后是让学生反感，自己也感到失败和头痛呢？

艾丽西亚突然顿悟：也许对每个学生的不当行为做出反应，我就是在自讨苦吃。也许我应该退后一步，好好看看我自己和我的学生，弄清楚我的行为和他们的行为真正在告诉我什么。也许我可以帮助学生，使其对自己的行为更加负责。也许……

引　言

在这一章，我们提出了一个基本原理，当积极实践不足以创造或维持一个积极的学习环境，尤其是当学生出现令人头疼的行为并且持续时，该原理有助于有策略性和针对性地使用一系列的干预方法。莱福德课堂管理模式支持使用的干预通常基于三种理论：心理教育理论、认知行为理论和行为理论。

在大多数情况下，只有积极的实践才能培养和维护你和所有学生都能茁壮成长的环境，但在一些非常棘手的情况下，你还要能够运用有针对性和系统性的干预措施。除了解释和举例说明这些干预措施的方法，这一章还包括实用的建议和策略，以指导对个别学生的干预措施。

如图 7-1 所示，干预是莱福德课堂管理模式的一部分，尽管是“非必选”的部分，但有时需要干预来重建积极的学习环境，在课堂管理计划失败时，将破坏性和低效行为降到最低。能否制定和实施成功的干预措施受制于教师自身的生态学、社会文化和心理教育视角。干预实践和莱福德课堂管理模式的其他部分一样，应该服从反思循环和计划-实施-评鉴循环。

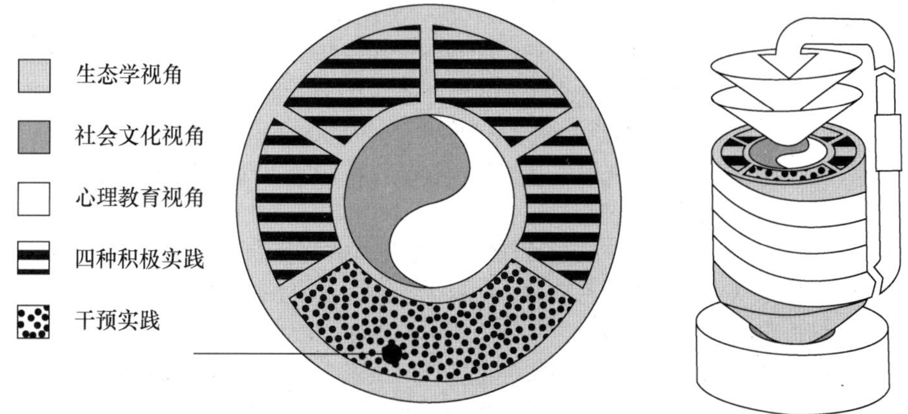

图 7-1　干预实践与莱福德课堂管理模式

理解干预

在理想的状态下，你会讨论并准备一个深思熟虑的全面课堂管理计划，持续且系统地去实施，这样课堂会成为一个积极、成功的学习环境，学生感到安全、快乐，并努力学习，你将是个成功的好老师。

但课堂管理计划的设计、开发和实施并不总是一帆风顺的。学生不会总是感到安全、快乐，并认真学习，你也不会永远是一个完全成功和令人满意的老师。有关制定课堂管理计划的相关问题，本书第 9 章提供了全面的解释。现在，需要你明白的是：坦白地讲，前面提到的理想情况不大可能出现。

事实上，对于职前教师、初任教师以及经验丰富的教师而言，为教学制定的最好的计划并不是总能实现的。这在课堂管理计划中尤为明显，其中大量的情境变量会对计划的有效性产生负面影响。这时就需要干预了。

如果你的课堂管理计划没有带来其应有的结果（或合理地朝着该方向发展），并且这一结论通过你的计划-实施-评鉴循环和反思循环都得到证明，那么可能需要进行干预。

是否使用干预措施主要取决于你所遇到的课堂管理问题的严重性和紧迫性。请记住，如果你的课堂管理计划设计严谨并正确实施，那么只要有足够的毅力、坚持和一致性，你就可能取得实质性进展。在这种情况下，我们建议你向同事、老师或导师咨询。罗杰斯认为，为谨慎起见，要有一两个独立的意见（Rogers 2005）。我们不希望你“把孩子和洗澡水一起倒掉”，不必改变你的整个课堂管理计划。我们也不希望你在制定和实施干预措施时“投入过大”，除非必须如此。

干预措施的设计、开发和实施是一项艰巨的任务。如果你确实打算在这方面投入自己（和他人）大量的时间，你必须对其有效性和成功率抱有合理期望。现在假设，在你最初的观察、讨论和反思的基础上，认为某种形式的干预是必要的。然后，你的目的是对教学环境（合作）计划和实施一些改变，使你的课堂管理计划回到正轨。你需要做的第一件事是确定干预的重点。需要考虑三个相互关联的内部变量：问题点、控制点和变化点。（为简单起见，我们假设你的挑战是针对一个学生“约翰尼”。）当然，课堂上挑战性的行为往往涉及的不止一个学生。

“问题点”指的是你对问题行为来源的理解和信念。人们普遍认为，课堂上的问题行为“源于”学生个体，问题的根源在于学生本身。也就是说，“约翰尼需要改变他的态度”。然而，约翰尼的问题行为也许要追溯到其他情境。想想你所掌握的生态学、社会文化和心理教育的知识，约翰尼的行为可能源自你和（或）其他相关并能影响他的人……

“控制点”指你对干预的重点所持有的理解和信念。通常人们认为，由于问题行为是学生在课堂上呈现的，所以干预的重点应该是学生，也就是说，我们需要把精力集中在约翰尼身上。实际上，干预的重点集中于那些与约翰尼有关系并影响他的人，可能会更好。再想想你所掌握的生态学、社会文化和心理教育的知识。如上所述，也许约翰尼的行为源自你和（或）其他相关并能影响他的人……

“变化点”指的是你对谁或什么应该改变的理解。人们通常认为，问题行为是学生的，学生应该改变，也就是说，约翰尼需要改变他的行为。实际上，改变的焦点可能更多地放在与约翰尼有关系并影响他的学生身上。此外，从生态学、社会文化和心理

教育的角度考虑，也许约翰尼的行为源自你和（或）其他相关并能影响他的人……

下面的例子可能会让你明白上述“点”的问题：

> 比利是你们班的捣蛋鬼。他让你心烦，你不知道他为什么表现不好，但你确定自己对他是公平合理的——就像对所有学生一样。你询问周围那些也教比利的同事。你很重视他们的判断。他们不知道他在你的课上表现不好，都说他是个表现良好的好孩子。这对你有什么启示？

前面提及的三个变量点是相互关联的。事实上，问题点、控制点和变化点经常重合，但不一定是在你起初想到的地方。本章的下一节将进一步解释“点”的概念，鼓励你从更广泛的角度考虑干预。也就是说，通常情况下干预措施只针对表现出暂时或长期不良行为的个别学生（或群体、班级，或其他学生群体），但干预措施其实针对的是那些与学生相关并对其产生影响的人——包括你，更具有针对性。在这种情况下，你可能需要系统性干预，即在更大范围的语境和环境中系统地进行干预。

注意：干预措施，无论是针对学生个体、作为教师的你，还是针对更广泛的环境，都必然需要投入大量的额外时间、专业知识、人力以及其他资源。与其他学校职员、顾问、家长和学生合作，在协作的基础上进行干预措施的设计、发展、实施、监测和评估，是非常可取的。大多数教育系统需要，学校也有学习支持小组或学生福利/学科团队（或类似的组织），其作用是帮助那些给学生提供额外需求的学校工作人员。

特别是在个人干预的情况下，一定要记住，学生是来学校而不是课堂学习的。所有学生都是学校（当然还有家长）的集体责任，而不是个别教师的责任。如果你作为学校的一名工作人员，认为你班上的一名学生（或一群学生）因为其他必要原因需要进行干预，你应该与你的督导、主管或行政人员协商，让其他人参与进来。这对于被安排参加干预的学生来说，本质上是一个临时的个人教育项目，最好也能让家长参与进来，家长的支持通常具有强制性。

综合干预与重点干预

大量的当代研究和文献证明了这种综合干预的价值、恰当性以及有效性（例如，参见 Dunn 2009）。即使在本书提及的各位理论家和教育家当中，他们也一致认为，至少是以班级为基础，最好是在全校范围内发展和改善学生的行为最为有效。

如果你的重点是适当地改善课堂上一个或一小群学生的行为，而且仅仅是在课堂管理计划的范围内，那么个人干预是可以的。如果你的重点是在课堂管理计划的背景下改善整个班级的行为，那么重点干预是很好的选择。如果你的重点是改善你的一个或多个学生的行为，在教室以及更大的教育环境下（例如，在操场、整个校园，在其他教室与其他教师和学生一起，在别的学校），那么你应该认真考虑一个更广泛的焦点，重新考虑问题点、控制点和变化点。

综合干预可以广泛地集中在改变整个学校处理学生福利问题的方式上。综合干预也可以不那么广泛，只关注改变教师和学生之间的互动方式，它可以进一步缩小范围，只针对一部分学生的福利问题。它甚至可以只是一个老师和一个班级的学生，但即使在这种情况下，任何由该老师提出的改变计划都需要考虑全校的问题、做法和政策。

来自一线的故事

吉尔……我相信……

“你还要哭多久，老师?”这是上学期被停学八次的那个男孩在我入学第一天问我的问题。这个男孩的主要任务就是找到我的阿喀琉斯之踵，并以看着它断裂为乐。这是我第一周带新班，我不认识他们，他们也不认识我。这个发问的男孩经诊断有轻微智力障碍，(偶尔）服用治疗多动症（ADHD）的药物，还患有对立违抗性障碍（ODD)。

我经历了噩梦般的第一个星期：他不断地说“这简直是一派胡言”，“这都是胡扯”，并拒绝动手做事，在桌子上低着头，无视我的指示，乱扔垃圾和破坏设备，与其他学生对抗、争吵和打架，拒绝参加体育运动。于是在周末，我花了大部分时间阅读教科书中关于课堂管理的部分，寻找应对多动症和对立违抗性障碍及所有相关的破坏性行为的策略。

我觉得，我做了所有“正确”的事。我与学生们协商了班级规则，让他们决定结果，并让他们签字表示同意这些规则。但我仍在挣扎。我知道我需要从能得到帮助的任何地方得到帮助。我和我的同事老师、学校的辅导员和校长谈过，也和这个男孩的父母谈过。他为什么这样做？我们大家一起能做些什么？

我决定先纠正一个行为。这也很难办，因为他的大多数不良行为严重影响了整个班级。我和他讨论了这个问题，并给他安排了一个行为监控项目，在每节课结束时，我会对他的行为进行评论并在他的卡片上签名。他的父母还必须每天签字确认他们知道他的行为。这是最基本的策略——但至少是个开始。

日子一天天过去，他继续与“体制”做斗争。他在许多场合使我厌烦。我简直想要尖叫：“你怎么敢让我过得如此悲惨!”他由于咒骂、大喊大叫、拒绝完成任务、忘记让他的父母在他的卡片上签名而继续被叫出教室，他继续为自己的行为责怪别人。但随着时间的推移，情况开始好转……非常非常缓慢。到第三学期末，他开始动手做事了。他开始做任务，开始参与体育运动，当他想说话的时候，他学会了先举手。

那年年底我即将离开。在他最后的十二年级，会有一位新老师。最后一天他给了我一个拥抱。那一年发生了什么让他改变了呢？以下是我所相信的：

关系 最重要的是你和学生的关系。一开始他们不认识你，你也不认识他们。了解他们。花点时间去了解：他们周末喜欢做什么？他们的家庭生活怎么样？什么让他们快乐？什么让他们生气？他们的困难是什么？他们想学什么？他们喜欢怎样学习？

这真的很重要。如果你的学生觉得你真的关心他们和他们的教育，那么他们会做出回应。告诉他们：他们很重要，你不会放弃他们。问他们周末过得怎么样，问他们睡眠是否充足，问他们是否吃过午饭。鼓励他们停止喝饮料，多喝水!

保持一致 我最大的一个错误就是没有保持一致。如果今天你叫他们脱帽，明天你又允许他们戴着帽子，那就别指望他们会在教室里自觉脱帽。他们会记住你说的话，并在你不一致的时候告诉你：你制定了规则，如果不遵守它们，结果就是这些规则毫无价值。明确你的期望并坚持下去。如果你希望他们换上运动服上体育课，那就不要允许他们在没带运动服的时候上体育课。如果你允许了，那班上其他人都开始不带运动服，你不得不让他们也去上课!

不要大喊大叫 喊叫没有用，只会让他们也以喊叫回应。用轻松而坚定的语气

重复你想让学生做的事情，不断重复。

表扬，表扬，表扬！

注意任何微小的成就或行为上的积极变化。当学生正在做你要求做的事时，打断一小会儿，向他们指出用 1～10 分给自己在此刻的表现打分。让他们知道，当他们坚持了哪怕只有 5 分钟没有被打扰时，你有多高兴。打电话给学生的父母，让他们知道自己的儿子/女儿有多配合。记住，对于许多家长来说，他们从学校听到的都是坏消息，他们不喜欢学校打来的电话。

幽默　微笑或大笑可以破解许多障碍。没有人真的想打架或对抗。一个笑话居然能打破僵局，真是不可思议。如果你面带微笑，清楚地说出你想要什么，你得到它的机会要大于要求和威胁。

反思……

吉尔具体的个人干预实用方法，以及全面的课堂管理技巧，让我们明白她为什么能成为一名如此成功的课堂教师。她认为有必要对这个极具挑战性的学生进行干预时，同时也在坚持全班教学的方法。保持一致且持久。请特别注意她是如何寻求他人的合作参与的。你为何需要处理课堂管理的问题？你能找出吉尔的干预方法和本章到目前为止提出的建议之间的联系吗？你能在她的课堂管理原则中明确指出关键的积极实践吗？

如果你选择使用干预手段，原因是你所教授的学习环境并非最佳，那就把目光从一两个具有挑战性的学生身上“移开”，考虑可能更有影响力的大环境。现在让我们来描述和解释开发干预措施的不同方法，特别是那些基于心理教育、认知行为和行为理论的方法。

注意：干预是教师实践的重要组成部分（但愿在日常实践中不需要），教师应该具备开发和实施干预措施的知识和技能。但是我们通常建议你首先从心理教育的角度考虑干预措施的制定，接着从认知行为的角度，然后从行为的角度；正如在第 1 章一开始给出的建议一样。

当然，每个人都有不同的偏好，你所采取的理论视角将与你的专业理念和课堂管理的理论方法最为一致。然而，从不同的理论角度开发的干预措施，其设计、制定、实施和取得成果（合理进展）所需的时间差别很大。不同执行步骤所需的专业知识水平以及各种干预措施对其他同事和学生的影响也可能不同。同时你应该考虑学校的政策和程序，以及支持干预的潜在资源范围。可以利用不同的理论结构进行论证来选择干预；即使理论/实践的一致性比较弱。我们的建议是选择有证据表明最有潜力改善你的教学环境的干预（类型）。

最后一点，任何干预措施的设计和开发的先决条件都是必须通过全面评估确定是否有干预的必要。无论采取何种干预措施，都应提出以下问题（摘自 Chaplan 2003，p. 166）：为什么要对该学生进行评估？要评估哪些行为？谁应该参与这项评估？评估应于何时、何地及如何进行？

基于心理教育理论的干预

以心理教育理论为基础的干预（不像那些以行为理论为基础的干预），不是严格程序性的。这种类型的干预更侧重于关注学生的思想、感情、信念和态度，而不是他们可观察到的具有挑战性的行为，并努力培育和发展一个更令人满意的个人心理学习环境。支撑这一理论方法的观念包括“人类基本上是善良的，他们所做的事情是理性的，他们能够指导自己的生活和命运，他们有努力实现自我感知的潜能，他们能成为他们想要成为的人（自我实现）”(Chaplan 2003，p. 181)。

积极的课堂环境是指一种能够为其中所有成员的自尊提供支持的环境。当自我或他人的贬低导致个体自尊心下降，阻碍自我实现，导致错误行为，并降低了所有人的学习环境质量时，一个积极的课堂环境会维护所有成员的自尊。(注意：第1章介绍了心理教育理论的基本原理，第2章做了进一步说明。如果这个解释不能唤起对这些原则的记忆，那么鼓励你重温这些章节。)强调心理教育干预价值的教师通常更喜欢通过心理教育干预与学生建立良好的关系，致力于提高学生的自尊心。一般来说，这些干预包括参与一系列会议（与个别学生），其中重点讨论的是探索学生的世界观，也就是他们如何看待自己和他们的世界。心理教育干预要取得成功，参与的教师需要有自我意识，并反思自己的世界观。教师在干预过程中的角色是以人为中心，与学生建立积极的关系，促进学生自尊的重新出现，重建学生的自我概念，促进学生重新参与自我实现的追求。教师作为学生的帮助者和导师，必须无条件地重视学生，真诚、热情、诚实，并且接受学生的世界观。

显然，强大的倾听技巧（如第3章所述）在这里至关重要。心理教育干预是指花时间与学生见面，倾听他们的困境，帮助他们回到积极健康的轨道上来。有些人直觉上“擅长”这种形式的干预，但我们建议你在进行基于心理教育理论的干预前继续往下看。

来自一线的故事

雷切尔

我教一个K-6（多类别）支持班的七个男孩，他们面临各种学习困难及残疾问题。我花了很长时间为他们制定了一个有效的课堂管理系统。其中五个男孩对一般课堂管理方式有所反应。我开发了一个阶梯式的彩色编码系统。所有的学生每一天都在底部涂上颜色，不管前一天发生了什么。当他们做错事时，他们就会往上升。(我们也为那些做正确事情的人建立了一个相关体系。)系统顶部的颜色是红色，他们知道当他们看到这种颜色时，他们会得到一个结果。要确保系统的个性化，因为每个学生都不一样。这些男孩从来没有达到过红色，因为他们知道适可而止。

我的另外两个学生有点令人棘手。一个是四年级学生，来自弱势家庭。在我第一年教书的中途他来找我，一开始他表现出来的是一个可爱的男孩形象。而三周后，“蜜月”期结束了。他开始咒骂，躲在建筑物下面并跑到离学校两公里的地方。我花了一个多学期的时间才找到对付他的最佳方法。我试着做他的朋友。我知道他们告诉你不要和你的学生交朋友，但我想也会有例外。这个男孩的家庭生活并不美好，妈妈还年轻，不知道如何管教他。他对我们成为朋友有很好的回应，开始做我要求做的事情，我们相处得很好。他仍然时不时地爆发，但频率要小得多。遗憾的是，他后面转学去了另一所学校。

另一个学生甚至更棘手。他是一名二年级学生，因为不良行为曾从两个辅导班转学出来。他好斗、暴力，有时会脱掉所有的衣服。不过他有一个很棒的妈妈，她

非常配合，会尽其所能地做任何事情。和这个男孩相处几个星期后，我发现对付他最好的办法就是分散他的注意力。他喜欢画画和电脑。如果他的不良行为开始逐步增强，我就问他想不想画画。这往往会让他停下来，他似乎忘记了当初为什么生气。如果他不能和我讲道理，我觉得最好的办法就是“随他去”，把他留在一个不会伤害自己或他人的地方。他通常会扔东西、踢人、尖叫，但最终会平静下来。外部奖励会让他非常有动力，因此我们也会利用这一点。专家经常告诉你不要依赖外在的动力，但如果它有效，我建议你去使用。当你面对非常具有挑战性的行为时，有时这是唯一有效的策略。

在我看来，最好采取全班教学的方式，但你必须确保你有个性化的方案来满足学生的所有需求。当涉及行为管理时，并不是所有的孩子都是一样的（尤其是在特殊教育中），所以你要确保仔细考虑什么对你的每个学生都有效。

反思……

雷切尔的故事清楚地展示了她是如何成功地在整个班级的积极实践（更多建立在行为和认知行为理论的基础上）和干预措施之间找到平衡的。雷切尔对她的干预措施发展采取了一种直观方法，但在系统地确认和应用这些措施之前，她花了足够长的时间观察和测试策略。

你怎么看雷切尔在最后一段的主张？你如何能让课堂管理计划存在“个性化”的一面同时又保持“公平”？考虑或实施个性化的干预需要付出什么“代价”？

运用德雷克斯（Dreikurs）的目标中心理论进行干预

当学生行为不当时，目标中心理论（Dreikurs，Grunwald & Pepper 1998）指出，鼓励反应是教师的首选，教师不应该过分关注学生的不良行为，而应该在学生行为得当时予以关注和鼓励。充分的鼓励可以满足学生被重视的需要，而无须借助于不良行为来达到这一目的。然而，一些学生如此让人泄气，他们的行为如此具有挑战性，鼓励积极的行为根本不足以解决问题。对于这些学生，建议按以下六个步骤，进行以学生为中心的干预。

第一步：确定目标

教师的第一步是确定学生不良行为的目标。目标中心理论认为，通过检查教师自己对学生行为的情感反应，并检查学生对教师的正常纠正方法的反应，能够找出这一目标。表 7-1 总结了不当行为的四个目标与教师的感受、教师的反应以及学生的回应三者之间的联系。

表 7-1　教师对不良行为四个目标的典型反应

目标	教师的感受	教师的反应	学生的回应
注意	恼怒	提醒和哄骗	暂时停止，但稍后恢复
权力	生气、挑战	征服、打架或让步	不当行为加剧或学生屈服，通常表现为被动攻击
报复	受伤害、个人威胁	变为自卫、实施报复	行为强化或改变为一种新的攻击形式，教师的反应用来证明行为正当
不足	挫败感、绝望感	不断尝试、最后放弃所做的一切	放弃，且没有真正尝试

第二步：打破第一反应的循环

一旦确定了目标，就停止你通常做的事情。大多数人的行为方式都与每个目标所描述的挑衅方式相似。也就是说，大多数成年人通常会提醒和哄骗寻求注意力的人，通常会试图压制寻求权力感的学生，等等。这就是说，学生学习到了这些行为如何会得到他们想要的回应。这里的关键是学生想要典型的（预期的）反应。即使老师的反应被认为是消极的，假设学生已经意识到后果，并且希望老师那样反应，对学生来说，它满足了一种需求：这让学生变得"重要"。当老师以可预测的方式做出反应时，学生就达到了他（她）的目标，消极行为和建立这种行为的信念就会得到强化。因此，这个循环将继续下去。老师需要选择另一种方法回答——一个既不会挫伤学生信心，也不能使其目标实现的出乎意料的回答。

第三步：揭示目标

目标中心理论认为，学生在很大程度上没有意识到错误行为的目的，他们只是对不舒服的感觉做出反应，因此，不良行为的真正目的被保持在潜意识的水平上。德雷克斯指出，当学生意识到自己的目标时，会出现识别反射现象。识别反射通常表现为一个快速的、不自觉的微笑，这发生在大多数人的隐藏目的被揭穿的时候。

这个反应也进一步验证了教师对学生目标的正确评估。目标中心理论认为，目标应该在适当的时机向学生揭露，可能是紧随寻求关注者的下个行动之后，也可能是在寻求报复者下次报复时更为合适。目标应该以一种试探性的方式被揭露——不是"我发现你了"，而是"这可能是……吗?"（德雷克斯建议用"这可能是……吗?"）然而，作为大多数信息揭露的基础，改变揭露方式或许更为有效，以避免它变得程式化。

以下是一些揭露问题的例子（摘自 Dreikurs，Grunwald & Pepper 1998，p. 29）：

- 一个寻求关注的学生的目标可以这样被老师揭露：你想要一些关注吗？或者，是你想让我注意到你吗？
- 一个寻求权力的学生的目标可以这样被老师揭露：你是在告诉我你想怎么做就怎么做吗？或者，你是在告诉我没人能对你说该做什么吗？
- 一个寻求报复的学生的目标可以这样被老师揭露：听起来你想要报复？或者，听起来你觉得你受到了不公平的对待？
- 一个表现出不足的学生的目标可以这样被老师揭露：也许你只是想要放弃？或者，你想让我觉得你做不到？

揭示目标可以帮助学生意识到他们行为的目的，让他们知道老师也知道他们的目标。它将通常被隐藏的秘密公之于众，并可能使真正的问题，而不是表面的问题得以解决。可能没有必要采取进一步措施。当学生的目标被公开后，他们往往会做出令人惊讶的反应，许多人会停止不当行为，开始有成效地行事。这时就需要鼓励了。

第四步：坚定社会现实

由于不当行为的目的是实现社会反应，对不当行为的清晰描述的真正社会影响，应该是引导学生做出更有成效的选择。

如果学生在目标被揭露后继续进行不当行为，则应采用明确声明的方式，说明不当行为的影响。建议使用“我信息”的格式（参见第 3 章）。你可能还记得，“我信息”是一种陈述，它坚定地表达了你的立场，且不带指责或批评的意味。它包括三个部分：描述行为、描述你的感受或反应、说明原因。如果“我信息”的三个部分在逻辑上相互关联，则能够提醒到学生其问题行为，且不会引发权力冲突。

> “布里安娜，听到那些声音时，我很生气，因为我必须不断地停下来和你说话。”

这个阶段的原则是相互尊重。学生可能没有意识到他们的行为对你的影响。当被告知后，他们可能会停止这种行为，因为他们尊重你。如果一个“我信息”没有传递出想要的信息，老师就会进入下一个步骤，而不会进行过多的讨论。

第五步：给出选择

这一步骤基于相互尊重和鼓励的原则，其目的是让学生意识到进一步的不当行为会自动导致的后果。学生也被告知合作行为的后果，并被要求做出选择。这里提到的结果是与惩罚相对的逻辑结果。提供选择被视为尊重和鼓励，因为学生在任何时候都有权利。

> “布里安娜，我对你的喊叫有意见。现在你有一个选择。要么留在教室里安静地做事情，要么你就在我们听不到的地方一个人做事。”

学生的口头回答是没有必要的。老师应该以学生的行为为指导。如果学生以合作的方式回应，一个令人鼓舞的回应就会随之而来。然而，如果学生继续不当行为，老师应该假设其已经做出了选择，并允许学生体验后果。重要的是，教师给予了学生选择的权利，这使结果被视为一种合乎逻辑的顺序，而不是一种强加的惩罚。还要确定一个学生将能够扭转这种情况的未来时间。这当中的时间间隔应该足够长，让学生有充足的时间来体验其选择后果的社会影响，但时间也要足够短，能让他们从这个后果中合理避开。

> “布里安娜，我知道你选择了一个人在前台工作。午饭后你可以和其他人一起回去工作。”

第六步：逻辑结果

正如前面所提到的，目标中心理论在逻辑结果和惩罚之间划清了界限，惩罚被认为是一种由上级管理者施加的不尊重他人的不当行为，因为它把学生置于一种从属地位，学生被剥夺了权利，从而灰心丧气。此外，惩罚可能与不当行为之间没有逻辑上的联系，并且学生可能将惩罚归责于教师的情绪、不喜欢学生和一般的人格特质，以避免为自己的行为承担责任。这种归因可能会通过寻求报复而助长进一步的不当行为。

那些追求不当行为目标的学生之所以会这样做，是因为他们从经验中学到，不当行为通常会产生满足需求的反应。这些经历往往是父母、老师和其他成年人施加的惩罚。惩罚可能是学生真正想要的。换句话说，尽管惩罚可能是消极的，但它带来的感觉可能比被忽视或经历社交、学习上的羞辱要好。如果学生们非常沮丧，认为适当的行为会导致羞愧或被忽视，那么对不当行为的惩罚可能是他们的首选，因为这可能会帮助他们感到自己更重要。

然而，逻辑结果将因果联系起来，它们在逻辑上将行为与社会现实的期望联系起来。德雷克斯认为，逻辑上的结果不是强加的，因此不会招致反抗叛逆，因为学生有权通过自己的行为选择结果。

目标中心理论强调，原因和结果之间的联系是清晰的，事前对不合适行为的后果通过民主小组讨论与班级协商，也许会在过程中建立课堂规则的行为准则（见第6章）。使用民主原则也应将其后果嵌入社会现实，并强调其自动性、非歧视性的应用程序。这些因素通过指责老师的情绪或个性，降低了学生逃避责任的能力。考虑以下可能的逻辑结果：

- 未完成作业或上课迟到可能会导致另一项活动的参与被推迟，直到错过的工作完成。
- 和另一个学生打架可能会导致社会孤立。
- 公共财产的损坏使学生产生了修理或更换物品的期望。
- 没有把材料整理好意味着学生在下一次使用材料时受到限制。
- 在活动中不守规矩的行为意味着学生被剥夺了下次参加活动的权利。
- 不断地打扰导致学生被赶出课堂。
- 迟交的作业不予更正。

使用逻辑结果的一个重要方面是，它们使学生能够体验自己决策的结果，使他们能够从自己的经验中学习并做出更好的决策。因此，给予选择和使用合乎逻辑的后果被视为教学顺序，它们旨在改变未来的行为方向，而不是被视为对过去行为的惩罚。运用逻辑结果时，教师不应表现出愤怒或其他消极情绪。如果以愤怒的方式传递合乎逻辑的结果，学生们很容易将其解释为惩罚。

注意：目标中心理论的一个重要主题是经常和持续地使用鼓励。这对于那些最具破坏性和最难相处的学生来说尤为重要。这个理论认为这些学生是最容易气馁的。这一理论的核心思想是：如果学生相信自己的行为能够满足归属感的需要，他们就会选择适当的行为。沮丧的学生需要从积极的行为中获得满意的结果，这样他们才能重拾信心。

运用目标中心理论进行干预（如上所述）可以消除不良行为的满意结果，但如果学生没有从积极的行为中体验到满意，他或她可能会感到越来越沮丧。这一理论的一个基本原则是，尽管学生行为不当，但教师必须计划抓住每一个机会去鼓励个体。如果没有足够的鼓励，纠正不当行为的努力的作用将非常有限，甚至根本不会成功。

这些干预的力量在于，它们建立在心理教育理论的基础上，并为信念、态度和行为的长期变化提供了条件。由于这种干预强调鼓励、授权和民主原则，因此在促进积极行为方面受到高度的重视。一个缺点是它们在短期内难以奏效，尤其是对那些喜欢捣乱的学生来说，他们需要相当长的时间来产生显著的行为改变。对于一些

追求权力的学生来说它们可能也有问题，在当前的情境中应对挑战的有效指导方针是有限的，所使用的方法还需要在更高层次上代表学生进行推理，因此可能会限制该方法在年幼和智力障碍的学生中的使用。

使用格拉瑟（William Glasser）的选择理论进行干预

威廉·格拉瑟的选择理论已被澳大利亚多所学校广泛采用，主要是作为制订和改善全校行为管理办法的基础。在大多数情况下，干预的动力来自全体教职员工对学生行为的担忧。当将选择理论作为驱动理论方法时，学校会对全体员工进行系统的理论理解和应用培训。

格拉瑟在大约 40 年前发展了控制理论和现实疗法，在许多国家的学校管理者和课堂教师中获得了很大的反响。使用超时、等级制度、权利和责任来定义班级和学校规则，以及定义处理个别行为不端学生的程序，这些都应归功于格拉瑟的研究。

然而，格拉瑟对他的理论在学校的实施方式感到失望。他认为学生们是被迫的。他的志向使他重新将管理学生的方法定义为选择理论，格拉瑟不再强调行为干预，而是强调通过创造一个满足需求的环境来促进积极的行为。格拉瑟的理论继续强烈影响着课堂管理的方法，你可以在威廉·格拉瑟研究所（William Glasser Institute）的网站（www. wglasser. com）或《国际现实治疗杂志》（*International Journal of Reality Therapy*）上了解他的最新研究。

选择理论并不着眼于对单个学生进行干预。格拉瑟（Glasser 1990）指出："修复它们的唯一有效时间是它们没有坏掉的时候，任何将问题定义为学生内部问题的方法都可能牵连到外部控制心理学的应用。"（p. 277）他认为，这让问题变得更糟，并声称问题"不在学生身上，而是在学习环境中，或学生与环境的互动中"。

我们之前对问题点、控制点和变化点以及综合干预与重点干预的解释在这里是恰当的。

我们认为选择理论是一个理想的理论平台，在这个理论平台上，我们可以将干预更多地建立在教师而不是学生的行为上。我们将首先解释格拉瑟"优质世界"的关键概念，然后描述为学生在学校建立一个优质世界的三条途径。这些途径（成为一名"引导"教师、打造一个"优质"课堂、建设一所"优质"学校）为教师构建有针对性的干预措施打下了基础。

优质世界

格拉瑟关于学生为何变得具有严重破坏性的解释，可通过他的"优质世界"概念来理解。他认为，人们通过保留过去导致需求满足的人物、地点和经历的形象，来发展一种自己感知的优质世界。这些图像向人们展示了他们想要的生活方式，以及他们想要重复或重新获得的东西，以获得最大的需求满足。格拉瑟认为，优秀的母亲、最好的朋友、伴侣和特殊老师的形象，加上学校、工作和其他愉快经历的快乐形象，通常都代表了人们的优质世界，因为这些关系和经历让人特别满足，而且会一再带来满足感。一旦我们把这些形象放在我们的个人优质世界里，我们就会把重新塑造这些形象看作满足需求的最有效方式，因此会努力重新体验感到满足的经历，并再次涉及重要的人或活动。

然而，我们的个人优质世界所包含的形象并不是永恒的。随着进一步的经验告诉我们新的关系或活动比以前的更令人满意，或者如果我们对旧形象的持续追求不再令我们满意时，它们就会发生变化。然而，在很大程度上，格拉瑟认为，我们早期的图像是最持久的，到了中学，我们的优质世界的图像需要更大的努力来调整。他以许多人在分手后所经历的问题为例，说明我们在替换另一半的形象时存在困难。一旦人们能够删除前任伴侣的照片，用其他人的照片取而代之，他们不稳定的时期就结束了。

显然，在这个参照系中，人们关心的是让学生在他们的优质世界中树立学校和老师的形象。在这种情况下，学生将寻求与他们的老师保持积极的关系，并将寻求学业上的成功，因为他们认为这些是需求满足的来源。格拉瑟（Glasser 1990，1998）认为，这些学生将通过积极参与教育过程来满足他们对生存、归属感、权力、自由和乐趣的需求，而追求这种满足需求的途径将成为他们一生的努力方向。

格拉瑟认为，大多数学生在接受早期教育时，老师和学校都是他们的优质世界中的代表。在中学期间，许多学生删除这些形象，因为他们觉得学校不是一个令人满意的地方。在他们的高中时代，对学校的不满程度增加了，对于许多学生来说，教育过程变成了一种永久的幻灭。试图强迫爱捣乱的学生按照老师和学校希望的方式行事，往往会导致这些学生越加反抗，并将学校的残留形象从他们的优质世界中移除。这类似于学生的离校生活，他们可以在离校生活的同时，用新的、更令人满意的人际关系来取代教育的形象，比如同龄人之间的关系。在这种情况下被选中的同龄人不太可能认可学校是一个有价值的地方。

格拉瑟解释了破坏性学生的个人生态模式和许多教师的生态模式之间存在的不良联系。教师同样在他们的优质世界中保留了那些很可能给自己带来职业满足感的学生形象，会很自然地寻求与这些代表其优质世界的学生建立和培养关系，但这些学生不太可能被认为具有严重破坏性。因此，许多教师自然回避了对问题学生进行干预的主要手段之一，即重建师生关系。对于那些在学校被认为是成功的学生和那些捣乱的学生，教师的行为往往是不同的。格拉瑟认为，作为教师不同反应的直接结果，这两组（合作组和不合作组）学生的行为在中学以后逐渐分化。

成为一名“引导”教师

为了在学校环境中能满足更多需求，格拉瑟认为，许多教师需要改变他们对教学含义的看法，并从教师应指导和控制学习的职业观念转变为教师引导和促进学习的观念，前者被称为“主导”教学，后者被称为“引导”教学。

主导型教师相信自己的权威，对教学过程一般持传教观。也就是说，他们认为自己的作用是按照既定的课程传授知识和技能。他们认为，学生应该通过奖励和强迫来学习，教师则保留了对所教内容、结构、表现和评价的控制。

引导型教师视自己为学习促进者。他们让学生参与课程的决策，鼓励学生决定大部分的学习内容，学习方法是公开讨论的，同时强调质量。学生也会帮助决定什么是高质量的学习，并被鼓励评估自己的学习质量，引导型教师帮助学生找到合理的方法来达成解决方案，最重要的是，他们与每个学生建立起一种相互尊重的关系。

这些不同的课堂生态是从教师角色的这些替代结构中产生的。格拉瑟的论点很简单，即在引导型教师的课堂上，学生更有可能通过正常的课堂实践来满足他们的基本需求。他认为，这些学生因此更可能获得高质量的学习，并选择适当的积极行为，因为在这种环境下，这样做是合理的。

打造一个“优质”课堂

格拉瑟认为，重点应该是建设教室（和学校），在这些地方，选择有成效的行为是明智而且令人满意的。学生无须借助不当行为来获得需求满足是可能的。当需要选择“行为得体却注定每天都会无聊”还是“行为不当却能满足需求”时，理性的选择是行为不当。

学校作为一个整体，尤其是教室，必须使学生感到：

- 归属感。归属感使他们感受到在班级中的身份认同以及被教师尊重。
- 权力。权力让他们感到被尊重和被倾听，能够影响决策，并且不会承受风险。
- 自由。选择个人学习道路和尊重他人行为的自由。
- 乐趣。这样他们就可以享受学习的过程，大笑并承受兴奋。

格拉瑟认为，他发现许多需求可以通过合作学习来满足（见第 4 章）。合作学习策略利用学习团队（归属）通过自主选择的方式解决问题，利用团队成员的天赋和兴趣（力量和乐趣）。完成任务的表现由团队成员评估（权力），同时评估的还有所做的决策和采用的冲突解决方法（权力和归属）。教师的作用主要是促进、引导和支持导师（归属感和权力）。

格拉瑟认为，绝大多数学生很可能仅仅通过成为课堂环境的一部分，就能做出正确的选择。在课堂环境中，他们可以通过这种方式来满足自己的需求。即使他们发现目前的活动不令人满意，如果他们相信并期望他们可以影响未来的活动，考虑到他们的需要，大多数学生可能会坚持下去。

建设一所“优质”学校

对格拉瑟来说，教师采用主导型教学方式，学校采用外部控制心理来管理学生行为，以及学校教育使学生感到师生关系日益恶化，这些都加剧了问题学生对学校的失望情绪。

格拉瑟声称，大多数学生在早年的学习经历中，学校是一个有益、成功和令人满意的地方，因为他们与老师建立了关爱的关系，他们需要从事愉快的活动来掌握有用的技能，技能学习以他们个人能力的增长来衡量。

到了小学中期，重点则在一些格拉瑟认为很少公开的信息上，这些信息往往是通过学生从事可能在竞争基础上进行评估的重复任务而形成的。在这个阶段，老师和学生之间的关系可能仍然是关爱的，但不是那么强烈。因此，许多学生开始对学校感到不满意，并开始在他们的优质世界中减少对学校的重视。在这一阶段，教师仍然可以通过恢复更早、更有价值的教学方法来强化学生优质世界中的学校形象。在这种重组的情况下，学生行为的恶化可以被制止。

在中学里，许多学生对教育过程大失所望，脱离了教育。一旦学校的形象从学生的优质世界中消失，恢复失去的热情可能极其困难。但格拉瑟坚称，只要学生继续上学，这仍然是可能的。

目标中心理论认为，在这些阶段对问题学生的干预必须涉及以下几个方面的重大改变：学校工作方式、如何设想学习以及如何管理行为，使整个系统符合学生心目中的优质学校。这一理论声称，任何认为这个问题只集中在学生身上的干预都是不成功的。至少，教师需要把重点放在重建他们与问题学生的关系上，因为与他人关系的远近是影响自己在大多数人的优质世界中形象的最重要特征。教师与问题学生的关系越密切，这些教师的良好形象就越有可能存留在学生的优质世界中，因此教师的个人影响力也就越大。换句话说，为了保持任何持续的影响，教师必须关心他们的学生并进行沟通。在这种情况下，教师可以帮助学生通过类似于第 3 章解释的谈判过程来干预间歇性问题。

注意：格拉瑟（2000a & 2000b）提出了令人信服的观点：在教室和整个学校建立富有成效的教育生态环境，以避免情况继续发展让一些学生感到失望和孤立。他的方法扎根于心理教育理论，通过使教室和学校成为令人满意且有益的场所，以缓解紧张局势、防止冲突。他对主导型和引导型教学的区分清楚地描述了他对高效教学和低效教学行为的看法。由于格拉瑟的方法的语言表述、概念解释通俗易懂，并有大量可用信息、资源和专业支持，因此选择理论对许多教师很实用。

格拉瑟选择理论最适合作为整个学校的承诺来运用。若在没有全校性计划的情况下实施，可能会出现问题，因为学生在一门课上的经验可能与他们在其他课上的经验以及其他的学校活动不相容。然而，在单一课程中实施优质学校的教学方法仍被认为比继续采用其他方法更可取，因为尽管其有局限性，但提供这样的优质环境可能会鼓励学生在他们的优质世界中至少保留一些教师和学校的形象。如同许多建设性的教育方法一样，这种方法需要相当多的时间来计划和执行。然而，这段时间应该与处理课堂干扰以及问题学生造成的其他更广泛的社会后果所花费的时间进行权衡。

选择理论没有捷径可走。对于有严重破坏性的学生，除了有目的地重建师生关系外，没有其他干预策略。尽管如此，格拉瑟仍抱有很大希望，认为鼓励能使学生积极参与学习，大多数学生的主要不良行为能够通过学校教育避免。

基于认知行为理论的干预

基于认知行为理论的干预兼具心理教育理论和行为理论的特点、特质和方法。认知行为理论有时被看作对行为理论的适应或延伸，但基于认知行为理论的干预具有明显的识别特征。这些干预措施比基于心理教育理论的干预措施更具程序性和“公式化”，但与基于行为理论的干预措施相比其程序又要少得多。哈特和摩根（Hart and Morgan 1993，p. 2）在讨论这些方法的演变中说：“这些方法的目的是保持最佳临床行为干预的同时，认可个人的内在（认知）经验。”也就是说，思想和行为不一定是不相容的，有效的认知行为干预承认并接纳两者。

这类基于认知行为理论的干预重点是调整学生世界观的各个方面，这些方面影响到学生与他人的关系。情感（感受）、思想（信念/认知）和行为（行为）三者之间的关系是核心。重要人物的生活经历（这里指在课堂和学校中的）会对思维、情感和行动产生不同影响。消极的生活经历往往会导致消极的思维和感受，而这些往往会导致消极的行为。

认知行为理论一般认为认知有四个主要过程：知觉、记忆、评价和推理的基本思维过程；形象描述（先前经验的心理形象化）；自我对话，主要为有意识的自我对话，通常复述是重点；元认知，对思考本身的思考（Chaplan 2003，pp. 178－

179)。(注意：认知行为理论的原则在第 1 章中提到，第 2 章进一步解释。如果这个简短的解释不能唤起你对这些原则的记忆，我们鼓励你重温这些章节。)

当课堂和学校的经验被反复设定为负面体验时，学生的行为在消极思想和情感的驱动下就会恶化。认知行为干预试图重新规划学生对这些经历的感知和解释方式。这里的重点是改变学生个人的世界观，特别是他们对这些经历的思维和感受，以改变他们的行为。

基于认知行为理论的建议有可能解决教师在试图促进积极行为时通常会遇到的一些问题。它们有助于弥合学生对行为的外部后果的依赖与内部绩效管理之间的差距。学生可以学会自我指导、自我监控和强化自己的行为，而不是等待别人设定目标和鼓励适当的行为，从而形成越来越独立和负责任的行为。它们可以增强学生的自我感知能力（回顾第 1 章对生态学视角的讨论，这是一个重要成果）。这种信念或期望是通过个人经历形成的，可以成为未来行为模式的强有力决定因素。因此，教师需要找出积极提高学生自我效能感的方法。

基于认知行为理论的干预也有助于普遍的行为改变，使学生能够在新的和不同的条件下找到解决问题的办法。在对残疾学生干预技术的反思性分析中，劳埃德、福尼斯和卡瓦莱（Lloyd，Forness and Kavale 1998）发现了这类干预的平均正效应规模大小，建议教师应考虑使用基于认知行为理论的干预来促进学生行为的自我管理。

基于艾伯特·埃利斯（Albert Ellis）理性情感（行为）疗法的干预

艾伯特·埃利斯的理性情感（行为）疗法是一种广为人知的认知行为程序，它侧重于挑战非理性（由消极、反效果和焦虑产生）思想，并以理性（积极和高效）思维取代它们。认知行为干预旨在帮助学生调整思维结构，使他们能够自我调节自己的行为。在这些教师主导的干预课程中使用的关键问题包括：你有什么证据支持你（非理性）的想法？看看这段经历，还有什么（有意义的）要说的呢？如果你（再次）有了这样的经历，会发生什么呢？对学生答案做出反应的一般程序（摘自 Chaplan 2003，pp. 180－181）可以是：识别可观察到的不当行为，确定学生的长处和成绩，挑战非理性的自我信念，确定实际和潜在的加强自我控制的领域，尽量减少消极的自我对话，指导思维和情绪的合理化（重新编码），并为下一次会议确定可衡量的行为目标。

认知行为方法对课堂教师意味着什么？从本质上讲，教师使用基于认知行为理论的干预措施，可以将教师使用诸如前因控制、行为变化的强化和测量等策略，与学生使用自我指导、认知问题解决和自我调节等策略相结合，并形成互补。教师帮助学生产生和使用思维策略来修正行为，这些行为仍然是既定后果的关注点。

教师在认知行为干预中的作用是采取以人为中心的“咨询型”方法，重新规划或重建学生的一些思维。这些干预措施的制定和实施可能要求很高，要同时结合心理教育和行为干预的知识和技能要求。过硬的倾听技能至关重要（如第 3 章所述）。认知行为干预包括花时间与学生（通常是个人）会面，听取他或她的世界观，帮助他们回到积极健康的轨道上来。有些人直觉上“擅长”这种形式的干预，但我们建议你在根据这一理论进行干预之前进一步阅读，这类干预措施也可以非常成功地应用于学生群体（参见 Briesch & Chafouleas 2009），我们鼓励你首先关注需要帮助的

学生个体。

请思考下面这个例子，它概述了一位老师在十年级课堂上使用的四个步骤：

第一步：观察学生

穆尔在她十年级的体育课上发现了五名经常打扰同伴的学生。为了解决这一问题，她调整了许多因素，如学习活动的性质和教师指示的明确性。穆尔的一位同事在空闲时间完成的一项（ABC）观测记录表明，大部分干扰发生在橄榄球场上的独立活动阶段。破坏行为包括不适当的噪声、抓住和拦住他人、把器材扔到球场旁边的小山下。

第二步：与学生进行探讨

在确定目标行为并在几天内收集了关于每个人在体育活动中表现这些行为的频率的数据之后，穆尔与每个学生进行了一次非正式的个人聊天，并讨论了可能的目标。她提出了三种策略：（1）在穆尔进行了几次培训之后，学生在发生扰乱同伴的冲动时默默地进行自我指导；（2）学生应以书面形式记录使用这一策略的情况和结果（继续适当参与或干扰他人）；（3）每个学生每天都与穆尔比较有关干扰和自我调节的记录。如果一个人达到了他或她的特定目标，就会有一个积极的结果，比如在监督下玩一会电脑。

第三步：监测个别进展

穆尔提供关于自我指导进展的持续指导，跟踪学生的进步，监督学生获得的积极结果。

第四步：专注于维持和泛化

根据个人进展情况，穆尔可延长所需时间，减少但不中断（例如每两天或每周一次）跟踪指导，然后才向学生给出商定的优先结果。学生也会得到特别的鼓励和支持，以便将这一自我指导策略“泛化”到其他环境中。

希望使用认知行为干预的读者应参考卡普兰和卡特的实用手册（Kaplan and Carter 1995）以及斯瓦戈特的论文（Swaggart 1998）。《认知行为治疗杂志》是另一个优秀的相关论文来源。

利用杰弗里·雷格（Jeffrey Wragg）的“同自己讲道理”项目进行干预

杰弗里·雷格的“同自己讲道理”（Talk Sense to Yourself，TSTY）项目（Wragg 1989），虽引入澳大利亚的学校已有约 20 年，但它仍然是基于认知行为理论的全校性干预的最佳范例。由澳大利亚教育研究理事会（Australian Council for Educational Research）发布的 TSTY 项目，已在中小学得到广泛的应用，该项目既可用于具有挑战性行为的学生群体，也可用于单个学生。与其他优秀的商业项目一样，通过要求参与的教师接受结构化的在职培训课程，该项目质量得到了最大限度的提高。

TSTY 项目着眼于培养具有行为问题、注意力不集中和多动等表现的儿童和青少年的自我控制和自我管理能力，包括个人、小团体和全班的活动。课程的各个部分侧重于不同但相辅相成的实用方法和技能，使教师帮助学生实现更好的自我控制和自我管理。雷格（Wragg 1989，p. 12）解释了为什么基于认知行为理论的干预是有效和有价值的：

> 它们（这些干预）不直接依赖外部奖励或代理人，而是专注于内部方面。它们提供能够转移到其他情况的应对策略。它们使学习者成为变革的积极推动者，而不是被动的参与者。它们允许制定可以明确界定的目标和行动计划。它们允许学习者根据计划或目标来评估表现和进步。它们在一定程度上增进自我意识和自我管理技能，被视为一种可灵活应用的应对策略。

TSTY 项目的基础是通过一对一、小组和有时在课堂环境中培训教师为学生提供的一系列（短期）课程。第一套课程侧重于认知技能的发展。第二套课程的重点是培养技能、行为演练。第三套课程的重点是培养学生的任务执行能力。除了这些以学生为中心的课程之外，还有一些课程旨在为教师提供指导，以指导和引导学生发展和应用这些技能和行为。下面是两个侧重于不同认知技能的课程例子（改编自 Wragg 1989）。

情绪温度图与不适量表（所需时间：20 分钟）

本课的目的是教学生意识到并监控他们的情绪温度（或唤醒/愤怒的程度）。老师介绍并解释了情绪温度表，这是一种 1～10 分的分级表，学生们在上面标注自己的情绪温度，从平静到失控，再到愤怒。重点是培养学生对控制的意识，学生应该认识到她或他的能力，可以控制和进行理性的行为。学生们在学校和其他时间用图表定期练习监控自己的情绪温度。当学生表现出一种意愿和能力来监控他们的情绪温度时，他们就会被介绍避免情绪温度上升及其后果的策略。

提示卡（所需时间：20 分钟）

本课的目的是帮助学生开发和使用自己的注释提示卡，在他们达到失控线之前提示降低他们的情绪温度。学生准备了三个口袋大小的提示卡。一个列出了一些冷静的想法，一个列举了一些控制和自信的想法，一个列举了一些失控行为的后果。它们将与情绪温度的自我监控结合使用。如果在低于失控水平的情况下使用，就可以避免过度兴奋和愤怒，避免失控行为的后果。

来自一线的故事

亚斯明

在上了大约五周的六年级新课之后，我意识到有必要进行积极的改变。我感到困惑的是，为什么我所有改善马克斯行为的努力都没有奏效；同时我也明白，如果我想要建立一个积极的课堂氛围和环境就需要实施干预。

马克斯总是打断别人，占用我很多时间。这阻碍了他和同伴的学习。他的行为变得更加难以控制，他的情绪爆发更频繁更持久，导致他与其他学生疏远。我选择的心理教育干预似乎对马克斯不起作用。我受到了特别大的挑战，因为我认为一个学生的情感需求必须得到满足，然后才能以行为理论为基础进行干预。马克斯似乎有很大的情感问题，而且似乎不关心他行为的后果。

由于我的首要任务是创造一个健康的课堂学习环境，我决定和我的同事、辅导员和马克斯的母亲商量一下。我发现马克斯的行为举止开始走下坡路是在他父亲几个月前出国工作之后。我还确定马克斯没有被诊断出患有精神疾病。马克斯与父亲关系密切，没有兄弟姐妹，母亲工作时间很长。他没有亲密的同辈朋友。

经过数周的仔细观察、测量和讨论，我得到了同事费希尔的帮助。我们根据收集到的信息制定了干预措施。我们进行了全面的分析，并确定了长期的行为目标。考虑到关于思想和情感的心理教育理论，以及它们与孩子行为的联系，我们承认马克斯有许多问题。我们认为，基于认知行为理论的干预对减少马克斯的消极行为会是最有效的。

我通过运行记录来评估和计划我的策略。“保持冷静”是一种旨在改善愤怒控制和避免冲突的元认知策略。这将有助于马克斯发展自我监控和管理情绪的能力。马克斯能够意识到他失去了控制以及他愤怒的爆发是如何导致的。当他平静下来的时候，他能够和我讨论这个问题。经过多次的讨论，我和马克斯就长期目标和激励因素（电脑时间）的选择进行了协商，因为他家里没有电脑。“保持冷静”游戏背后的原则也与马克斯的母亲进行了讨论，并得到支持。

在接下来的几周里，我密切关注并强化了马克斯的行为变化。随着他行为的改善，我称赞了他的自我监督和控制愤怒能力。个性化卡片上的打分系统帮助他监控自己的“情绪温度”。积分按预定的每日、每周和长期奖励计算。

马克斯由最初的不情愿很快变成了合作。随着他开始接受比赛的常规，他的情绪爆发变得不那么严重了。马克斯看出我愿意花时间去帮助他，我的毅力开始发挥作用。他开始控制住自己的怒气，这使他既吃惊又高兴。电脑时间变得更加频繁。其他学生看到了积极的变化，他开始重建同学间的友谊。

通过学习避免冲突和“只有失败者才会输掉故事”，马克斯学会了控制自己的行为。他的进度受到监控，并在必要时进行程序更改。马克斯的行为继续被定义和测量。费希尔先生和我定期合作，监督马克斯的进展，并在必要时调整目标和战略。

事实证明运行记录对测量马克斯行为的变化至关重要。他很清楚自己该做什么不该做什么。他能够自我监控，得到了他喜爱的电脑时间作为奖励。费希尔先生很高兴在剩下的学期里继续对我们的合作进行偶尔回顾。虽然马克斯的父亲不会在近期回来，但马克斯能够通过祖父母电脑上的网络摄像头与他的父亲进行视频交流。这样做有双重好处，既提高了马克斯的计算机技能，又能让他利用这一技能为其他需要的学生提供帮助。

马克斯经常对自己的课堂行为进行自我监督，并掌握了新技能，这让他的自尊心得到了发展，成为一个更快乐、更有能力的学生。随着时间的推移，马克斯“保持冷静”的卡片逐渐停用。马克斯告诉我，他不想再做一个“失败者”，他觉得自己现在能够控制自己的愤怒了。他喜欢在取得积极成果和理解自己在做什么时受到的赞扬。对马克斯的精心策划和实施的干预产生了连锁反应。和其他学生一样，他的学习能力得到了证明，他的人际关系也得到了改善。马克斯的自我控制能力得到了提高，自尊心也得到了极大的提升。这真是个很棒的结果。

反思……

亚斯明对这种个体干预的描述包含了认知行为干预的基本要素。她确实在理论方法的选择上遇到了困难，她最初的“简单”理论方法变成了更“混合”的方法。你是否认为亚斯明需要重新审视她的专业哲学或课堂管理的理论方法？如果你对课

堂管理的专业理念和理论方法进行这样的测试，你会有什么反应？

回顾第 2 章有关简便思路、混合思路和实用思路的理论方法的部分。你现在可以更自信地指出这些方法的优点了吗？

基于行为理论的干预

基于行为理论的干预（与基于心理教育理论的干预不同）是非常结构化和程序性的。这类干预措施的重点是改变可观察的行为，并不关注学生个体的想法或感受。支撑这种方法的主要观点是：所有行为都是后天习得的，因此可以被另一种行为所取代；但需要适当强化。学习最好从“刺激-反应-强化”范式的角度来看待。简而言之，人类通常会学习那些被强化的行为。如果反复给予不适当的强化，或不良行为得到反复强化，学生通常就会出现不良行为。不良行为及其强化的恶性循环，在最坏的情况下，会成为学生和老师根深蒂固的自我强化“程序”。

为了打破这类程序，以教师为指导的干预试图破坏消极“刺激-反应-强化”链。基于行为理论的干预措施几乎总是由教师主导，很少有学生参与，但近来认知行为理论和功能性行为评估的影响促使人们开始让学生参与决策和协商。（注意：行为理论的原理在第 1 章中提及，第 2 章中做出进一步解释，并且本章最后阐述了功能行为评价的原理。如果这个简短的解释不能唤起你对这些原则的记忆，请重新回顾这些章节。）

以下简要叙述进行个人（行为）干预的一般五步程序：

第一步：确定行为干预的必要性

你需要有量化的证据，来证明你的班级管理计划未能创造出最好的学习环境，其中关注学生的（不良）行为是重要原因。也许你可以改变触发或维持行为的条件，从而显著减少或消除了这种情况，无须正式的行为干预。

注意：许多学生行为不当是因为他们不能或认为自己不能完成为他们设定的学业。这是课程、评估、动机和课堂管理之间联系最明显的地方。如有必要，回顾第 1 章和第 4 章。

第二步：选择并确定目标行为

这一过程通常被称为行为分析，涉及系统地收集关于以下方面的基准数据：焦点行为、其前因（引发或触发行为的因素）及其强化因素（维持行为的因素）。（这种系统的数据收集也可称为 ABC 分析或功能行为分析。）你需要知道行为发生的时间、地点和方式，以及触发因素和后果。这些资料通过有组织的、重复的观察和协商收集。行为通常用频率、强度、持续时间和变现形式等术语来描述。

注意：行为分析需要时间，改变根深蒂固的行为习惯也是如此。虽然干预措施有时能使积极行为迅速改变（在几天或几周内），但干预通常会持续数月，并需要相当大的耐心、连贯性和持久性。还应注意，个别行为干预措施往往也会涉及并影响到其他学生和教职员工，因此，协作协商至关重要。你还需要考虑到学校和系统的政策与做法。

第三步：确定替代行为

这是因为你不太可能消除一种“有目的”的行为，但可以用另一种同样目的/满足同样需要的适当行为来替代它。将你的干预焦点转移到积极的（替代的）行为

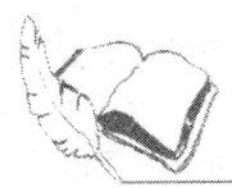

上，会帮助你避免被消极行为所困扰。“抓住他们的优点”可能是课堂管理中为数不多的几个无可争议的公理之一。

第四步：决定如何改变这种行为

你如何教授替代行为，以及如何加强这种学习？这里有多种选择。例如，你可以为替换行为建模，并确保向学生提供适当的强化；你可以通过“任务分析”来循序渐进地教授替代行为；或者你可以和学生协商订立行为“合同”。

建立在行为理论基础上的干预措施的主要目标是教授给学生替代行为，使之尽快成为自我强化（内在激励）的行为。你还需要在这里定义一个“行为目标”，即说明什么时候重点和（或）替代行为达到了一个确定标准。

强化的时间安排是这类干预的一个关键因素；你必须选择一个或多个（积极和/或消极）强化因素（可能是在与学生谈判中）来促进学习。当证明有合理的学习进展时，就转为“淡出”或“稀化”这种管理强化，使其为自然强化所取代。

第五步：评鉴干预措施

如果行为目标的实现没有“走上正轨”，请回顾你的假设，该假设为你选择强化措施和监测数据提供了依据，对照干预措施的渐进效果，考虑调整干预措施。如果行为目标已经达到，就停止干预。正在进行的监测和基于数据的最终评估（与基准数据相比较）将为这一决定提供依据。

教师在基于行为理论的干预中起到的作用，是在制定、管理和实施干预时采用一种指导和执行的方法。从被操纵的外部强化走向更自然的自我强化和内部激励，促进这一及时而成功的转变是个微妙的过程，需要下功夫。

显然，强大的组织技能（参见第5章）在这里至关重要。建立在行为理论基础上的个性化设置相对来说比较耗时，但它们能带来相对快速的结果。有些人直觉上很擅长这种形式的干预，但我们建议你在进行基于行为理论的干预前再多看看相关书籍。

来自一线的故事

温迪

在七年级的混合能力英语课堂上，我实施了我的课堂管理计划，很高兴的是班上大多数学生都积极响应，该计划十分奏效。然而，一个学生，萨姆，仍然与集体保持距离，并越来越多地由于愤怒出现暴力行为。这通常表现为他扔掉书或“砰”的一声敲打桌子，提高嗓门。对此我让他上课时暂时离开教室，在午餐时间留下来完成他的课堂任务。他能够在没有听课的情况下完成既定任务。我和他谈过，想找出这些情绪爆发的原因，但他非常戒备，并将自己的行为归咎于他人。我已经改变了我的教学实践和评估，以确定他的行为不是由于课堂内容太难或乏味造成的，此外，我还试着认可和强化各种积极行为，例如他安静下来、完成学习任务以及认真听讲，并从策略上忽略他小的违规行为。

经历了五个星期的不同尝试，我向我的一位同事（萨姆的数学老师）朗先生表达了我的担忧。他同意去旁听一些课，并与我讨论这个问题。他告诉我萨姆小学的一些背景资料。六年级时，大家都知道了萨姆不幸的家庭生活。他经历了单身母亲

在身体和精神上的虐待，后被母亲抛弃。他现在和祖父母安全地生活在一起。朗先生观摩了我的课堂，目睹了三次萨姆失去冷静以及我对此的反应。他证实这种行为是严重的，需要进行功能性行为评估。

通过近距离观察，朗先生和我用一个运行图表和ABC记录来测量行为的频率、持续时间、强度和表现形式。我们发现，这种行为通常发生在课程的最后半小时，由同伴的评论或他对小组任务的反对引发。我们在三个连续的课堂中建立了行为比率的基准测量，以便与后续的数据进行比较。通过和萨姆的交谈，我发现他在上学前、课间和午餐时间都被欺负。尽管这种欺凌的强度看似温和，但可能引发了他对童年时所受虐待的回忆。我想他是在课堂上发泄自己的挫败感，以此来表达自己受到的伤害和不安全感。如果被质问或质疑，他就会表现出愤怒。在朗先生的协助下，我在一系列的经验教训中验证了这一假设。

把萨姆从敌对的同伴身边移开，使其与萨姆的对抗减少，但似乎并没有什么变化。除了安全问题之外，我还担心萨姆和班上其他同学的学习时间损失。我决定实施“保持冷静”的行为干预策略。我想告诉萨姆，他可以控制自己的愤怒情绪，并为他提供一个策略，帮助他克制。我让他的祖母提供书面授权，同意萨姆参与这一策略。我把这个计划告诉萨姆，我们商量设计一个短期的奖励制度。如果他能在他的“保持冷静”卡片上得到约定的分数，那么在课结束时，他都有10分钟的电脑时间，独自或和朋友一起使用。我告诉全班同学萨姆在做什么，他将得到什么奖励。

朗先生同意每两周观摩一次课程，以评估与我们最初基准相关的成效。在我的课上，“发脾气”的频率似乎有所下降，但他却在科学课上大发脾气。他因咒骂和辱骂他的科学老师而被停课三天。他回来后，我立即与他取得联系，并重申了这一计划，并将其应用范围扩大到他所有的课上。我引入一种自愿超时策略。在他的允许下，我让他的其他老师知道我们的策略和我们正在做的事情。尽管他觉得停课极其不公因而变得防御性很强，但我鼓励他认识到，失去对自己愤怒的控制是一种弱点。我强调，通过自我监控和运用他的策略来保持冷静，他在我的课堂上表现得很好。如果他能在后续一系列的课中成功地自我监控，我们会让他把一节科学课换成和我去图书馆作为短期奖励。

在接下来的六周，朗先生和我每两周回顾一次计划的进展情况。在此期间，萨姆使用他的自愿超时卡，以使自己摆脱潜在的情绪爆发。这些情况使我和萨姆之间逐渐形成了一种理解。我发现他喜欢创造性的写作。在英语课的最后15分钟，我给每个人都安排了写日记的时间。萨姆创作了富有思想的自由诗和散文诗。他很享受这些机会，经常要求我评论他的作品并“打分”。几周后，我实施了一项计划，让他一到我的教室就把他的感受和想法写下来，并带上他的自愿超时卡。这个过程似乎帮助他表达了他在事件中无法用语言表达的感觉。这些写作任务也让我逐渐淡出了奖励系统。

最后一组课堂观察和数据收集显示，虽然不是很完美，但萨姆在课堂上的坏脾气爆发率却明显下降了。对他来说，有规律地、频繁地思考和写出他情绪温度的行为，使这个过程变得有些自动化。由于我们的相互理解，制定的这个策略改变了课堂气氛。此外，该策略为谈论行为和愤怒提供了一种元语言。他还仍然在小组工作中挣扎，所以我得保证在这些策略之前或之后有一个单独的写作任务。然而，他的

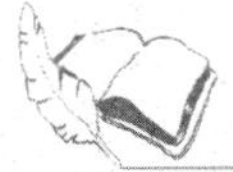

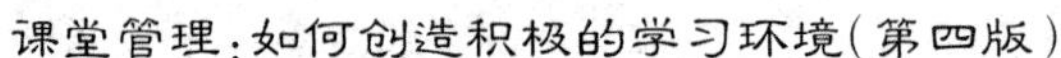

动机随着日志写作计划的实施而增加。在我没有给出任何提示的情况下，萨姆也主动在早上去图书馆，以避开那些欺负他的人。

反思……

温迪的故事简明扼要地描述了确认需求、协商、设计、实施、监控和评估干预的过程（基于两种认知行为策略的使用）。更需要强调的是，以合作方式商谈，根据数据对更改做出反应，并且要灵活。还有一点很重要，温迪认识到对课堂管理采取系统的、全班的方法至关重要。在你的课堂管理计划中，干预活动有多突出？你赞同哪个（些）理论方法？

应用行为分析的干预措施

应用行为分析（Applied Behaviour Analysis，ABA）的原则（在第 1 章和第 2 章中介绍）常被用于通过非正式的、附带手段促进学生积极行为的发展，但也可用于指导制订旨在增加和/或减少行为的具体干预措施。所有教师在日常课程中都会用到该理论的一些要素，尽管通常是非正式的。例如，一个老师表扬一个学生的好成绩使用的是 ABA 原则，即如果你用一个令人愉快的结果来奖励所期望的行为，那么这个行为更有可能再次发生。

以下是基于班级的 ABA 原则应用程序的简单示例：

> 柯林斯先生是一名五年级的老师。他的学生通常表现良好，他认为这主要是由于刺激性的学习计划和明确的工作环境。除了通过协商制定的课堂守则、既定惯例和有效沟通之外，柯林斯先生还对取悦他人的行为、个人和学生群体，进行了意外但又合理的表扬。有时，这种表扬还伴随着特权，比如课间休息前五分钟的游戏时间。他还经营着一种"象征性经济"，在这种经济环境中，当学生们表现出色时，他们就会得到分数。累积的点数可以用来交换电脑时间或其他一些成果，比如获得一袋幸运的铅笔、橡皮和尺子。他总是在给分的时候给予表扬。

当学生的行为更具有挑战性，而常规的课堂管理计划无法缓解这些问题，并且学习环境受到损害时，基于 ABA 的干预是一种选择。这些干预措施通常遵循以下七个步骤：

- 第一步：进行初步观察分析。
- 第二步：修改先决条件。
- 第三步：确定目标行为并建立基准测量。
- 第四步：建立长期和短期行为目标。
- 第五步：修改结果，即实施增加和/或减少目标行为的策略。
- 第六步：使用累积的数据监测进度，必要时修改干预措施。
- 第七步：评估（并在适当情况下停止）干预。

在下一节，我们将详细考察这些步骤，特别是第五步，前面已经讨论过的步骤除外。例如，在第 3 章、第 4 章和第 5 章中，我们讨论了许多修改先决条件（上述第二步）的方法，如沟通交流、关系、课程、评估、教学法和课堂组织，以强化社会交往和学习过程。在你设计一个基于 ABA 的正式干预计划前，我们非常鼓励你

去看一些高质量的教材，如艾伯特和特劳特曼的教材（Alberto and Troutman 2003）。

第一步：进行初步观察分析

ABA 的基础是行为的特定定义，及其定量测量。示范性行为是关注点，而非人们报告的自己以某种方式表现时的想法或感受。使用 ABA 干预的教师面临的第一个挑战是充分确定目标行为。有些行为相对容易描述（例如，座位上的行为可能被描述为“屁股坐在指定座位上”），而另一些行为则复杂得多（例如，具体描述学生的“恼人行为”，所有这些行为都会让他/她的同学乃至老师感到不安）。

明确定义目标行为的主要原因是实现你（和其他人）观察结果的一致性（例如，在操场上、在别的课上等等）。为了让你决定某一特定的干预措施是否有效地增加或减少了一种行为，你要能准确地描述并测量该行为。

最好通过观察来定义行为。一种技巧是非正式地（通常是简短地）观察行为通常发生的环境，并对所看到的一切进行记录。这被称为“轶事记录”，下面是一个例子。

学生：布里安娜，尼古拉斯

班级：四年级

音乐课：星期五 下午 2 点 15 分

今天是星期五下午，约翰正在上我的音乐课。学生们进来时，尼古拉斯戳了一下布里安娜的肋骨。布里安娜做了个鬼脸，大声咒骂起来。老师训斥布里安娜，全班哄堂大笑。尼古拉斯咧嘴一笑，从杰克手里夺过一把尺子。这正是我觉得自己在课上注意到的——尼古拉斯算计他人。杰克现在正忙着要回他的尺子，老师则瞪着他。尼古拉斯捂着脸偷笑，望向别处，当老师问起时却否认所有的责任。五分钟后，苏珊娜在没有明显挑衅的情况下被尼古拉斯打了一拳，她哭了。

第二个观察技巧是将你面前发生的事情分成三个部分，也就是说，发生在行为之前（前提）、行为期间（行为）和行为之后（结果）的事件。这叫作“ABC 记录表”（见表 7－2）。

表 7－2　ABC 记录表的一个示例

前提	行为	结果
1. 老师要求同学们听录音的曲调	2. 学生 X 大声怪叫	3. 学生大笑，老师训斥 X
4. 教师重新启动磁带播放机	5. X 对同学咧嘴笑	6. 学生哄堂大笑
7. 老师等待恢复秩序，学生们安静下来	8. X 突然模仿歌手唱起了狂野的歌曲	9. 老师让 X 在墙角反思

轶事记录和 ABC 记录都能产生大量有用的信息：轶事记录提供了课堂（或其他地方）事件的概貌，可以让你更具体地关注感兴趣的行为；然后，通过使用 ABC 记录，你可以识别在行为之前发生了什么（先前的行为）、行为看起来是什么

（一个动作）以及行为之后的后果。除了帮助界定令人感兴趣的行为外，关于行为所伴随的事件信息也是非常宝贵的。最好是在不同的环境和/或时间里做一些简短的观察，也许是和同事讨论你看到了什么。

第三种观测技术，即散点图，可以用来确定何时发生行为（详见 Alberto & Troutman 2013）。为了记录散点图，将一个时间段（如一天或一堂课）分割成相等的间隔，并对观察到目标行为（或未观察到）的每一段时间进行记录。得到的可视化分布图通常有助于确定整个指定观测期间的“热点”。例如，散点图可能表明大多数问题发生在午餐后，在自由活动的情况下，或者在特定的课程中。

当然，在学生更大范围的生活经历中，往往还有其他因素使他/她倾向于特定的行为。与莱福德课堂管理模式的生态学视角相一致，这些考虑因素有时被称为“设定事件”，可能是不可改变的。然而，通过识别这些因素，我们或许能够适应或修改它们。例如，一个因为家庭问题而彻夜未眠的学生在第二天的课堂上需要更多的理解和支持。

第二步：修改先决条件

使用轶事记录、ABC 记录和散点图观察可以突出课堂操作的许多方面，如果进行策略性更改，可能会改善学生和班级的行为和整体的学习环境。这些方面实际上是目标行为的先导因素。这些考量大部分在第 3 章、第 4 章和第 5 章中都有解释。在最好的情况下，对这些先决条件的更改可能非常有效，以至于有针对性的不当行为会减少到不再需要干预的程度。然而，更多的情况是目标行为将得到缓和，但仍需要干预。在这种情况下，请继续执行以下步骤。

第三步：确定目标行为并建立基准测量

一旦你大致确定了你想要观察的行为，就应该对正在发生的事情有一个更详细的了解。到目前为止，你已经改变了一些前提（或行为线索），但问题行为依然存在。此外，更有针对性地使用轶事记录、ABC 记录和散点图可以帮助你用非常精确的可观察的术语来定义行为。重要的是，接下来准确地描述不良行为是如何表现的。

行为主要由动词来描述。经验法则是，根据你的定义，另一个人是否能够准确地观察目标行为。例如，将行为定义为“赞赏把垃圾扔进垃圾箱的行为”，则无法测量。相比之下，“把垃圾扔进垃圾箱”清晰且容易测量。描述性词汇“做任务”可以用许多方式来解释，而“坐在课桌旁完成书写任务”是一个非常有用的工作定义。

与学生从事的许多学习任务不同，社会行为通常是短暂的，其发生通常不像笔试或过程写作活动那样产生永久性产品。一般不会造成环境影响或产生可见结果。（显然墙壁上的洞、同学身上的瘀伤等类似现象除外）。通常，我们希望改变的那种行为会作用在我们身上，继而消失。我们该如何测量？

艾伯特和特劳特曼（Alberto and Troutman 2013）提出，行为可以使用以下一个或多个维度来描述：

- 速率——每单位时间发生的频率
- 持续时间——持续多久
- 推动力——它有多强大
- 表现形式——它是什么样的
- 延迟——线索出现多长时间后行为发生

这些维度为我们提供了衡量行为的准确方法。当然，行为发生的地点也是一个重要方面。例如，这个问题是否只发生在学生和特定的同龄人一起玩儿的操场上？我们怎样才能在不改变原有模式的情况下，成功地收集一系列情况下表现出的行为信息呢？我们怎样才能可靠地评估诸如愤怒等行为的紧张程度，如果可以评估的话，在我们计划和实施支持项目时，这些信息对我们有帮助吗？

ABA 要求收集干预前的测量数据，通常称为“基准数据”（类似于学习能力的预测试），一旦实施干预，就会将其用于比较。观测信息（数据）可以使用以下一种或多种技术收集：事件计数、持续时间度量或延迟。你选择的技术取决于目标行为的性质。

事件计数仅仅是一种行为发生多少次（频率）的统计，通常是在指定的时间段内发生的。虽然事件计数是一种非常有用和常见的技术，但如果目标行为是随着时间的推移而发生，那么收集频率不大可能，也没有意义。也就是说，为了准确地计算事件，它们必须有一个清晰的开始和结束。这两种方法都不能直接测量频率。相反，使用时间段，你可以计算行为发生时间段（或样本）的百分比。

在时间段测量中，你观察一段特定的时间，并判断有关的行为是否在这一时间段内发生，或者这是否是许多人观察到的主要行为。在一个时间样本中，你只在每个时间段结束时才观察学生的行为，判断并记录兴趣行为是否在你观察的那一刻发生，虽然不如事件计数准确，但实践证明时间样本和时间段测量可能更实用，更适合教学中遇到的行为。

持续时间的测量仅仅是一个特定的行为持续多长时间。如果一个学生经常哭泣，你可能希望记录下一天的起点和终点，并计算出这种行为在一天或一周内的平均持续时间。

延迟测量是指在给出提示之后，响应发生所需的时间。例如，当要求全班同学排队听音乐时，学生们平均要花多长时间？这与他们午餐铃声响起时的等待时间有什么不同？

有关讨论到的所有技巧构建和使用的详细信息，请参阅艾伯特和特劳特曼（Alberto and Troutman 2013）和/或“有效协作与实践中心”（Center for Effective Collaboration and Practice）的“功能行为评估”（http://cecp.air.org/fba/default.asp）。

第四步：建立长期和短期行为目标

一旦你清楚地定义了目标行为，并收集了基准数据作为提前干预措施，接下来便可以先确定长期行为目标，随后设定短期行为目标。干预有一个明确的开始日期、计划持续时间和完成日期；也就是说，预期在干预完成时将实现长期行为目标。如前所述，基于 ABA 的成功干预可以在相对较短的时间内取得显著效果。干预措施（每天实施）有可能在 5～10 周内实现其长期目标。然后应该每天或每周设定短期目标。显然，在这方面，干预措施的持续执行会受到很大的干扰，包括附带的干扰以及周末和假日期间，通常会延长实现目标所需的时间。

第五步：修改结果，即实施增加和/或减少目标行为的策略

这是你的干预中的“行动”部分，在其中你实施了你所选择的策略，以增加替代行为和/或减少目标错误行为。明确了解 A—B—C 事件链中的后果和如何修改和操纵这些因素，从而改变行为，是任何基于 ABA 的干预成功的关键。

强化物的作用

一种行为所产生的后果有助于决定这种行为是否会持续下去。维持或增加一种行为的发生的后果通常被称为正面强化或负面强化。惩罚（或厌恶）是负面后果，目的是减少在使用积极强化时发生行为的可能性，相反，在使用正强化时，教师可以在学生做出适当的行为后立即给他们提供一个他们喜欢或愉快的结果（如口头表扬），以提高这种行为再次发生的可能性。一种行为所带来的后果对于决定这种行为是否会持续是有帮助的。在使用负强化时，教师收回不愉快后果（或对不愉快后果的威胁）条件是目标（积极）行为增加。在这两种情况下，教师都在积极鼓励适当行为的增加。这里的关键是强化物的激励价值。

正强化的类型

正强化具有特异性，也就是说，对一个人有强化作用的东西可能对另一个人不起作用。正强化的范围遍及各类物品、经历或事件。它们可能是社会表扬或关注、各类活动、有形物品（例如海报）、食物、特权或针对特定结果的个人满足。因此，尽管我们可以对强化因素进行分类，但偏好结果的个性化是鼓励积极行为的关键。正强化因素可以被认为是“标准的”或“附加的”，当我们考虑鼓励独立行为的过程时，这些类型会对我们有帮助，而这种独立行为只能由典型的自然发生事件来维持。

标准的强化物仅仅是发生在没有任何特定计划或接受者入侵的情况下的令人愉快的结果。标准的正强化每天都自然发生，可能只是完成一项任务或阶段后的愉快结果——比如在一天辛苦的园艺工作后，在电视机前放松，或者吃顿饭，睡觉。让我们考虑一下吃饭和睡觉的例子。它们的存在和可用性通常不是预先设定的，也不取决于非常具体的目标行为的表现，然而，食物和饮料的消耗、休息时间，自然会强化我们的日常生活，鼓励我们继续自己的日程安排。

额外强化因素是为了促进积极行为而故意提供或强调的结果。它们是计划外的一部分，需要尽快撤销，以避免学生对它们产生依赖。表 7－3 给出了一些标准和额外正强化的例子。考虑到强化物在 ABA 中的核心作用，这些选择值得仔细考虑。

表 7－3　正强化的类型标准

标准正强化	额外正强化
老师偶然表扬了尼古拉斯在音乐课上一直表现良好	尼古拉斯从这个神秘的袋子里获得了 5 点额外的奖励
埃米因承认上课时行为不当，获准午餐时间在图书馆帮忙	在一段时间内完成了在课堂上表现责任的协议之后，埃米可以在午餐时间使用课堂电脑
预入职教师完成课堂管理和纪律方面的课程，并能更好地认识和处理学生在专业经验方面的需要	预入职教师在课堂管理科目及实习方面成绩优异，并获提名为特别奖

识别有效的正强化

我们在前面说过，强化的结果往往非常个性化。正强化因素的成功取决于其对行为的影响。通常有必要引入额外的强化物，以帮助实现行为改变，正确的选择至关重要。在为个人确定额外的正强化时，需要考虑的一些策略包括：从包含可用物品或经验当中进行强化物取样；要求学生优先考虑其首选后果；在各种环境中观察

学生，并记录他们使用空闲时间的方式和他们选择从事的活动类型。

更有效的强化必须有激励性、预备性，而且一般是即时的。优选的结果必须是接收方在任何情况下都想获得的物品、经验或事件。例如，可能你已经在课堂上对强化物取样，并注意到对于一个学生而言，电脑时间是首选，即便如此，这种潜在强化经验的有效性仍受到学生最近在电脑上所用总时间的影响。同样地，一个喜欢“贴纸”的学生，如果他/她刚刚从另一位老师那里得到了一张漂亮的金色贴纸，那么他/她可能会从不同的角度看待被给予“普通”贴纸的情况。因此，关键是强化物必须有足够影响，接收强化物的人应处于“相对匮乏状态”，以增强他/她获得强化物的动力和兴趣。

“如果，那么”和“如果且仅当”这两个短语在设计和实施干预措施时非常重要。人们常常会忘记这种应变观念，一个典型的例子：在服装店，父母对孩子说，“我试下这件衬衫，坐着别动，待会儿给你买冰激凌”，随后他/她给孩子买了零食，哪怕孩子根本不听话，在商店里跑来跑去，把衣服从衣架上拉下来。家长实际上强化了这种不当行为。如果强化计划要有效，个体必须将强化物（或首选结果）与它之前的行为联系起来。如果延迟交付，个人可能会将另一种（不受欢迎的）行为与他们得到的首选结果联系起来。

合理安排强化：稀化和配对

作为基于 ABA 干预设计过程的一部分，教师需要密切关注强化的时机和安排。大多数干预措施的长期目标是鼓励在出现自然线索和强化因素的情况下发展和维持积极行为。重要的是，教师要有一个时间表，随着时间的推移，减少额外正强化物的使用，这一过程被称为“稀化”。在学习替代行为的早期阶段，通常在每次替代行为发生时都对它进行强化是有用的（一个连续的 1∶1时间表）。当替代行为提升到主导地位时，额外的正强化只需要间歇地进行（例如，每隔三次，或在指定的一段时间后）。最终，可能只需要偶尔强化便可维持这种替代行为。

稀化将密集强化转变为对积极行为的自然鼓励，是促进积极行为转变的关键部分。现实生活中，行为是由自然而非人为后果维持的。一个人依赖人为安排的强化而表现得体是不合适的。这很可能导致他自身承担行为责任的能力下降，丧失独立性，自我实现减少，并认为自己的生活由他人控制。

额外强化物和标准强化物的“配对”是鼓励已维持独立行为模式的关键。例如，老师给学生一张邮票或一枚奖章（额外正强化）时，通常也会给予一些低调的口头表扬（标准正强化）。这是强化物的配对。随着给予的象征性物品减少，自然强化的口头赞美仍在鼓励替代性行为。对于系统地撤出额外积极强化因素并鼓励积极行为，配对的作用至关重要。

遗憾的是，配对是程序编制过程中经常被忽视的一个方面，也导致了这样一种说法：学生对强化系统产生了依赖，他们的积极行为取决于这种不现实后果的永久性传递。将学生的注意力转移到典型或自然发生的积极强化是设计有效干预的一部分。

改变行为的策略

在下面这一部分，我们将概述在操纵影响行为的后果时九种常用策略。通常情况下，教师会调整和组合策略，因此这里只是概述，以引导你为自己的干预措施详细参阅具体做法。正如我们在前几章中指出的，正式引入干预通常只有在你研究建立积极课堂环境所涉及的一系列具体情境后才进行。此外，熟悉学生福利政策和执

行（在州、地区和/或学校各级，见第1章）是计划采取的干预措施的核心。

下面概述的前4种策略旨在增加行为。策略5～9旨在减少行为。尽管我们着重于增加行为的策略，ABA也提供了可以用来减少不当行为的“后果操纵”。如上所述，这些策略需要结合现行的学生福利政策背景，而且使用前必须充分考虑学校和用人当局制定的道德与伦理准则。

策略1：象征性经济和积极水平系统

这些系统的设计是为了让学生获得（通过展示目标行为）卡片、票券、积分或其他象征物品，这些象征物品可用来换取积极结果，学生可以积累并交易象征物品，以换取更高级的强化物。

策略2：合同协商

合同是教师和学生（或学生群体）之间的书面协议，其中概述了行为预期、如果达到或未达到的后果，以及一个时间框架。合同的关键要素是“如果，那么”关系的明确声明。教师也可以在协议中指出他/她将做些什么来帮助学生实现目标。

策略3：塑造

塑造是选择性地强化越来越接近目标行为的表现。随着时间的推移，教师只对逐渐接近目标行为的行为（或行为链）提供强化。例如，一个学生学习等待轮到他/她说话，并通过举手来获得注意。可能首先强化的行为是聆听别人发言以及适当的目光接触。随后这些行为不再得到强化，取而代之的强化行为是犹豫着想要举手，但没有喊出来。

策略4：负强化

负强化是用来改善行为的。当一个人为了避免他/她感到厌恶（惩罚）的后果或这个后果的威胁而增加行为时，负强化就起了作用。例如，那些努力学习以避免午餐时间被留在家里的学生，是在对负强化做出反应。

（注意：以下五种策略旨在减少行为。）

策略5：区别性强化

在区别性强化这种策略中，教师为了减少目标行为，有选择地强化替代行为、不相容行为或其他行为。这种积极的策略强调在发展适当行为的同时减少问题行为。例如，一个经常离开座位的学生会因为坐下得到意外强化。

策略6：削弱

削弱，通常被称为“系统性忽视”，就是当需要减少的目标行为出现时抑制任何强化因素。一个典型的例子是老师忽视学生寻求注意力的行为和叫喊。削弱最好与适当行为的强化计划结合使用，该强化要么针对目标学生（本例中，等到该学生的表现可以接受，可能是举手等自己被老师叫到），要么是其他在同一情境中表现得当的学生。

策略7：过度矫正

在过度矫正中，学生行为不当时，要求他/她将情况恢复到比原来更好的状态（恢复型过度矫正），或者重复练习可接受（替代）行为（积极的练习过度矫正），例如排队练习。

策略8：回应成本

回应成本涉及去掉一个正强化，或正强化的一部分（例如象征性经济中的点

数），作为不良行为的直接后果。

策略 9：暂停正强化

正强化的暂停是指个人（或群体）暂时失去接受强化的机会。这种 ABA 的定义不同于格拉瑟早期的概念，即“暂停”是一个让人冷静下来、处理情绪并制定计划的机会。正强化的暂停，既不被视为惩罚，也不被视为激励。在实施正强化暂停前，教师必须首先考虑强化是否可能发生在教室中。如果实施，教师必须仔细考虑学生的福利，例如，学生将被安置在哪里，安置多长时间，以及他们的人身安全。

注意：虽然上面的一些策略侧重于控制潜在的强化因素，以产生某种效果（如削弱），但另一些策略会带来令人不愉快的结果（如惩罚），以期减少在相同刺激条件下重复出现不良行为的可能性。使用负面结果的一个危险是，这可能成为首选方法。无论负面后果是否以反复谴责、暂停或忽视个体的形式出现，我们都必须始终把重点放在最不具侵扰性的选择上，注重培养技能和（或）培育那些我们希望取代不良表现的行为。

第六步：利用累积的数据监测进度（必要时修改干预措施）

当你通过选择增加和/或减少目标行为的策略改变后果，并为这些强化安排了稀化和配对时，你已经开始干预了。一旦开始，最重要的是，你要监测干预的进展（目标行为的增加和/或减少），并将其与短期和长期目标相协调。基准数据是衡量干预目标进展速度的参考点。

如果进展合理（符合预期），那么你应该按照计划继续进行干预。请记住，在干预进行大约两周时，通常会出现一个对监测进展有用的参考点。（如果在此期间有规律地每天进行干预，这个点一般会出现。）大概到这个时候，你可以合理地预计到一个重大行为变化“趋势”。如果到此时，没有迹象表明干预有效果，那么你应该重新考虑你的假设和/或强化选择和计划。

通过定期监测干预目标的进展情况，你可以对是否需要评鉴、修改或停止干预及时做出决策。

第七步：评估（并在适当情况下停止）干预

如前面第六步所述，如果定期监测进展情况，你的干预行动最终（希望尽早）将达到预定执行期的结尾和/或计划的长期行为目标。你必须对干预进行严格的总结性评估。如本章前段所述，干预措施的设计、开发、实施、监测和评估是一项“代价高昂的工作”，你的责任（或你的协作学习支持团队的职责）是判断干预的有效性和“效率”。

你只需回顾干预是否达到了其长期行为目标，即可判断干预的有效性。如前所述，这涉及将最终的定量性能数据与基准表现数据进行比较。由于行为干预以可量化数据为基础，这意味着要付诸实施，实施干预措施或者不实施，这应该是一项相当直截了当的任务。另一种判断可能是，干预是有效的，但只是部分有效——已经取得了合理的进展，但长期的行为目标没有（尚未）实现。

判断干预的效率多少有些主观，也比较复杂。这实际上意味着回答如下问题：考虑到投入干预中的资源（时间、精力、专业知识、金钱），干预是否“值得”？这可能是一个很难回答的问题，在围绕干预进行协作的情况下，可能会有不同的观

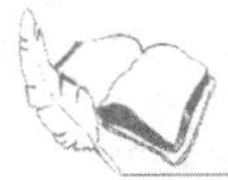

点。此外，鉴于课堂教师通常会投入大量的精力和资源，而发起或继续干预的决定主要取决于课堂教师，我们强烈建议你认真考虑这一问题。

利用功能行为评估的干预措施

功能行为评估（Functional Behavioural Assessment，FBA）是近 20 年来 ABA 的一大发展趋势。在这里，教师研究学生所处的环境及观察到的实际行为，以确定（或至少假设）不当行为的可能原因和作用。马格（Maag 2000，p. 136）解释说 FBA 是"发现意图的过程——不恰当行为是为了获得一个期望的结果，并以更合适或实现相同目标的行为取代该行为"。FBA 最初用于帮助具有严重问题行为的个体设计干预措施，如今这一方法在正规学校的使用中得到了广泛认可。

简单地说，教师首先收集有关背景因素的广泛信息，这些因素可能会是行为问题发生的场景（"设定事件"）、行为的前因（或触发因素）、行为本身的性质以及随之而来的后果。通过分析这些数据，并确保涉及多个来源，使教师提出并检验假设。这个阶段通常被称为功能分析。

例如，一个学生可能在上学的路上打架，在等待进教室的时候捣乱。这种不当行为可能是他表达这些争吵给他带来的焦虑和不安的最好方式，也可能是同伴的奚落或老师的任务这种简单事情引起的。新模式，如同学或老师之间互动方式的改变，对得当行为的大力支持可能会改善这种情况。当然，解决方案可能没有这么简单，教师需要继续收集信息，生成假设，并尝试调整学习环境，以加强改进。

FBA 强调目的和背景是理解社会行为的关键考量因素。通过理解人们为什么会这样做，我们更有可能取代或改善行为。同样，如果我们能够识别出问题发生的时间、地点、和谁一起或什么时候出现问题等因素，我们就有很多可以调整或修改的地方来支持更多的适应性技能。FBA 的原则和策略与第 1 章及整本书讨论的生态复杂性和相互关系的主题是一致的。

如果你有兴趣进一步研究 FBA（我们强烈建议你这样做），推荐（美国）"有效协作与实践中心"网站（http://cecp.air.org/fba/default.asp），特别是其中非常全面的功能行为评估部分。此外，赫德森（Hudson 2003）的一篇优秀论文描述了 FBA 在设计积极支持计划中的应用，该计划涉及提高澳大利亚学生的学习技能。

注意：ABA 和 FBA 的一大优势是其有着非常广泛的研究基础。毫无疑问，ABA 的干预是有效的。然而，一些批评人士认为，它的成功取决于是否继续产生更多更好的结果，而不是改变个人管理自己行为并为自己的行为承担责任的能力。这种程序依赖性可以在行为改变类干预的维持和泛化阶段得到证实。也就是说，随着时间的推移或在新的条件下，由于缺乏程序化的预备事件，学生的行为可能无法达到预期状态。与此相反的观点是，教师需要有意识地把重点放在自我管理上，同时减弱强化措施，待其发挥到一定程度，使自然后果能够维持和鼓励这种行为。ABA 的另一个优点是，为教师提供了衡量和改变行为的清晰框架。这对试图建立一个关注积极行为的课堂尤其有用。将前因、行为和结果联系起来是这个框架的重要特征。

一些人批评 ABA 机械和不人道，只着眼于改变行为，而不是首先关心该行为发生的原因。正如我们在本章开头以及上述有关 FBA 的讨论中提到，所有的人类行为总是有原因的，难的是如何识别这个原因。另一种观点认为，ABA 这种立竿见影、强有力的策略所带来的好处，远远超过了对其基础哲学问题的担忧。

使用坎特的严明纪律程序进行干预

严明纪律（Assertive Discipline，AD）程序通常是在学校和教室两个层面推行，由李和马琳·坎特（Lee & Marlene Canter）于 20 世纪 70 年代在美国首创，至今仍在使用，澳大利亚和其他地方的学校也在使用。严明纪律程序强调教师在课堂和其他环境中对学生行为的控制和管理，其根本目的是让教师继续教学，让学生充分参与学习过程。使用严明纪律程序的老师会非常清楚地向学生宣传他们的信念，告诉他们什么是可以接受的行为，什么是不可接受的行为，并根据这些期望产生一致的积极和消极的结果。

严明纪律包括全校和家庭的支持，以便在表现出各种行为后一致地使用所确定的策略。教师在与学生交流时使用一种严明的方式，包括告知学生他们有权选择特定的行为路径。做正确事情的学生会被强化，而“不合规矩”的学生需要从他们行为不当的后果中吸取教训。

严明纪律在很大程度上借鉴了行为理论，并且它和类似的课程被批评为“对教师和学生的参与采取机械的、非情感的方法”（参见 Walker 2009）。果断的纪律计划中规定的程序是专制主义的，没有明确地解释学生的思想、感情和情绪。

只有获得授权的顾问才能在学校范围内引入严明纪律程序，并对参与的教师进行核心原则、程序和技术方面的培训。以下是一位教师基于 AD 的课堂管理方法的简化说明。

步骤 1

史密斯女士概述了班级规则。她向学生提供了一份非常清楚的描述，关于他们应该如何表现以及伴随行为而来的积极和消极后果。例如，学生名字上的三个标记将意味着午餐时间不能玩，而获得三个贴纸则能够获准使用一会联网的电脑作为奖励。

步骤 2

期望和行为后果的传递是相通的。

史密斯女士用一种果断的风格（例如，声音中带着非常明确的语调）和诸如提醒、暗示、问题和要求等策略来传达行为预期。积极和消极的行为在某种程度上被算在其中（例如，在黑板上的标记、小组图表上的印章——可获得共享奖励），适当的结果保持一致并且同步。

步骤 3

史密斯女士确保学校社区的其他成员对学生抱有同样的期望。虽然在实施该计划之前，校方已寻求校长和家长的批准，但在现阶段，史密斯女士所关心的是，在操场食堂、图书馆和教室等不同的学校环境中，如何让其他教职员工对学生的期望保持一致。针对这些新情况，引入了限制、规则和后果。

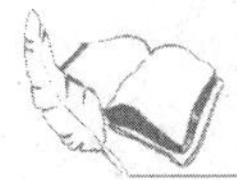

小　　结

在本章中，我们已经解释了什么是干预措施，为什么要使用它们，以及它们与课堂管理计划的关系。讨论了问题点、控制点和变化点等相互关联的概念，以此为背景来理解综合干预和重点干预之间的差异及相似之处。此外还解释了设计干预措施的三种主要理论方法，分别为心理教育理论、认知行为理论和行为理论，我们倾向于首先推进以心理教育理论为基础的干预，其次是认知行为理论，最后是行为理论。本章描述了基于各种理论的一系列干预措施以及相应的策略和方法，以帮助读者设计、制定、实施、监控和评估简单的干预措施。

基本概念

- 应用行为分析（ABA）
- 基本需求和信念
- 鼓励和劝阻
- 功能行为评估（FBA）
- 逻辑后果
- 动机
- 正强化，负强化和差异强化
- 优质学校与优质世界
- 塑造、稀化和配对
- 暂停（来自正强化）

个性化活动和小组活动

活动 1

你刚分配到一所学校，一去你就被告知学校的制度体系严格遵循行为理论模式。但你更倾向于心理教育模式。用一个案例向校长陈述你为什么希望以心理教育理论为基础展开教学实践。通过与同伴进行对话，概述每种模式用于课堂的优缺点。

活动 2

在中学工作的第一天，主任问你会采取什么干预措施来“控制”课堂上学生的行为。你解释说，将对课堂和行为管理采取多种方法，并使用适用的模式。主任让你解释一下。

与任何准备对行为管理问题持片面看法的人进行角色扮演。当然，你将扮演那个新老师。

活动 3

你在这一章中学习到：“正强化物是独特的，即对一个人有强化作用的东西可能对另一个人不起作用。”找出你希望改变的一种个人行为（例如吸烟），然后找出一个对你有用的积极激励因素。现在，说出一个积极的强化因素，虽然对某些人来说是有价值的，但对你来说永远不会有用。（注意：享受全年免费健身房可能不会对每个人都起作用，但在热带岛屿上度假一周则可能会。）此处的重点是，你必须了解对你的每一个学生而言，什么是强化而什么不是。列出一些找出个人强化物的创新方法。

活动 4

认知行为干预旨在帮助学生调整他们的思维结构，使他们能够调节自己的行为。找出妨碍你个人良好运转的两种消极想法，并思考如何通过认知行为理论和实

践来克服这些障碍。

活动 5

反思你作为一名学生的日子，找出一位在课堂上对心理教育干预运用自如的老师。和同伴讨论这个问题。你想模仿吗？基于你的回答给出理由。

学习工具

请访问 www. cengagebrain. com，获取与本书有关的学习工具。

网络链接

Centre for Effective Collaborations and Practice
http://cecp.air.org

Classroom Management Plan (by Carol Dunn)
www.calstatela.edu/faculty/jshindl/cm/caroldunnCMP.htm

Dr. Mac's Behavior Management Site
www.behavioradvisor.com/index.html

Introduction to Applied Behavior Analysis (ABA)
www.youtube.com/watch?v=iyCx-OLzgJw

Oztry Youth Assist
www.oztry.org

Schoolwide Positive Behaviour Support (Education Queensland)
www.learningplace.com.au/deliver/content.asp?pid=7498

拓展阅读

Alberto, P. & Troutman, A. (2013). *Applied behaviour analysis for teachers (9th ed.)*. Upper Saddle River, NJ: Pearson.

Chadwick, S. (2009). 'Speaking Up: A proven anti-bullying program', *Professional Educator 8*(4): 25–9.

Crum, C. F. (2004). 'Using a cognitive behavioral modification strategy to increase on-task behavior of a student with a behavior disorder', *Intervention in School and Clinic 39*(5): 305–9.

Ghafoori, B., & Tracz, S. M. (2001). *Effectiveness of cognitive behavioural therapy in reducing classroom disruptive behaviours: A meta-analysis*. ERIC Document Reproduction Service No. ED 457 182.

Sleishman, P. (2005). 'The 5R framework: Building relationships and managing behaviour', *Special Education Perspectives 14*(1): 13–27.

第 8 章

来自一线的故事

课堂管理是一个个性化的事情。为创造积极的学习环境的个性化课堂管理模式，存在许许多多的课堂管理计划、实施与评鉴的方法。当然，管理卓有成效的教育实践者，无疑会显示出好实践所具有的共同元素。比如说，与有说服力的理论紧密关联的专业哲学观念，课堂管理实践中把计划、实施与评鉴整合起来的方法。好教师“塑造他们自身”，能够通过他们促进的良好学习来进行自我评判。

学习目标

通过本章的学习你将能够：

- 比较你自己与这些不同故事中所隐含的专业哲学观
- 认识和讨论跨教育情景的课堂管理方法的相同点和不同点
- 讨论莱福德课堂管理模式的组成部分与本章中的故事是怎样产生关联的
- 通过讨论莱福德课堂管理模式的重要方面和组成部分运用于不同教育情形和背景的方式，提出一个对莱福德课堂管理模式具有说服力的理解
- 解释本章结尾列出的基本概念

本章概览

- 开篇故事：如果我再多有一点时间……
- 引言
- 来自一线的 10 个故事的指南
- 来自支持网站的另外 29 个故事的指南
- 从故事 1 到故事 10
- 小结
- 基本概念
- 个性化活动和小组活动
- 学习工具
- 网络链接
- 拓展阅读

开篇故事：如果我再多有一点时间……

在安妮的新学校发展日的第一天，安妮对第一次所经历的“真实”的教职员工会议感觉十分陌生。她曾在小型学校获得的代课教学经历，完全没有办法用来应对这所大型学校的忙忙碌碌。千差万别的孩子，不同的规则，似乎这里的老师的做事方式也不一样。在这所大型学校里，一个老师要教几个班级，教学小组和跨年级教学是常有的事。安妮所理解的课堂管理是建立在她在大学的学习和小型学校的经验基础之上的。她怎样才能适应这里的管理呢？她怎样才能确保自己的课堂管理与学校领导的期望是一致的呢？这里不再是她以前所拥有的小小的班级了。如果她有一点额外的时间坐下来与同事讨论一下她的课堂管理方法……有机会去观摩他们如何应对孩子的……坐下来看孩子们学习和玩耍……如果她有一点额外的时间……

引　言

在本章中，我们呈现了 10 个来自一线的故事，它们展现了普遍意义上的优秀教学及好的课堂管理所具有的共同点和不同点。好的课堂管理是优秀教学的重要组成部分，会促进良好的学习，这正是我们致力于要完成的任务。

我们相信，单独的文本解释不能为反思性学习提供最佳动力。一方面，基于案例的学习已历史悠久。在其他学科中，特别是在健康科学、法律和商学中，基于案例的学习得到了广泛的运用，引发并产生了个人和小组的反思和争论。另一方面，如果没有强有力的理论和原则的支撑，基于案例的学习也会很受限制，难以就课堂管理产生高质量的讨论和反思。

因此，凭借对莱福德课堂管理模式的透彻理解，你应该能够对我们提供的来自一线的优秀课堂管理故事进行探究，并欣赏其富有洞察力的见解。

虽然这些故事不是解决问题的操作练习，但它们是成功的教育实践者对如何解决课堂管理中富有挑战的问题所进行的解释说明。显而易见，在课堂和学校中，创造积极的学习环境有多种路径。这些故事之所以有价值，是因为它们提供了课堂管理中呈现的丰富的令人深受鼓舞的多样性和创新性，同时，它们展示了基于有说服力的理论原则基础上的专业哲学观，具有广泛性和实用性。

当这些老师撰写课堂管理故事时，没有一个老师学习过莱福德课堂管理模式。但每个故事都在某种程度上与莱福德课堂管理模式的关键部分有契合之处。我们几乎没有对故事进行编辑修订，保持了写作格式和写作风格的多元性，以此展示作者的个体差异性。

当你阅读本章时，我们鼓励你定期反思莱福德课堂管理模式，特别是它的关键组成部分和课堂管理思路。这些故事能够帮助你更清楚地理解莱福德课堂管理模式，并巩固你的理解。你的理解会成为你教学实践的理论基础，成为你将来发展自己个性化的课堂管理模式的基础。

来自一线的 10 个故事的指南

下面的来自一线的 10 个故事，是由不同的老师写成的。他们包括职前教师（已成功完成在幼儿园或小学的专业实习），也包括在学前教育、小学和中学背景下工作的初任教师和支持教师。我们主要选择了职前教师和初任教师（而没有选择有经验的教师），因为我们期望，你可以在你的早期职业生涯与他们的教学生涯故事之间建立起关联。

这些故事都事先提供了作者和教育情景的相关背景。在每个故事后，我们都写了评论。

这些评论把故事所蕴含的专业哲学观和教学法与莱福德课堂管理模式关联起来。它也提醒读者要回头去阅读相关章节的内容。值得注意的是，具体前面哪些章节具有参考价值，并不是非此即彼的，故事中的陈述可能与好几章的理论有关联。这些故事都是由我们认识的初任教师和职前教师撰写的。在表 8－1 中，我们列出了每个故事撰写者的简况，便于你选择自己喜欢的故事进行分析和反思。

你可以自己决定探究和分析这些故事的方法。我们也鼓励你对所有故事都进行讨论。根据每个故事提供的专业哲学观证据和实践证据，对一些故事或全部故事进行比较分析：演示它们最吸引人的地方，关注它们的相似点和不同点。我们的评述对你分析和学习这些故事也会提供一些帮助。第一，正如上面所提到的那样，这些故事关注的是作者专业哲学观和教学观的各个不同方面，关注这些联系怎样回溯到莱福德课堂管理模式的各个组成部分。第二，这些联系将帮助你回顾本书，重新探究莱福德课堂管理模式的关键组成部分、关键概念和相互关系。第三，本章提供的活动包括一系列个别的或小组的任务，聚集在对故事本身或相互之间关系进行分析。我们鼓励你提前预习一下这些活动，考虑把它们运用到你学习本章内容的过程中来。

表 8－1　一线故事的教师简介

故事	作者	背景
1	珍妮	学前教育教师/领导
2	迪娜	学前教育职前教师
3	凯蒂	初任全职小学教师
4	雷切尔	初任全职小学教师
5	曼迪	初任小学教师、“补缺型”兼职工作
6	米歇尔	初任小学教师、“一整天”兼职工作
7	丽贝卡	小学教育师范生
8	莉莎	初任全职中学科学教师
9	安德鲁	初任全职中学支持教师
10	温迪	中学英语教育师范生

来自支持网站的另外 29 个故事的指南

除了来自一线的教师提供的 10 个故事之外，我们还另外提供了来自支持网站

的 29 个故事。这些故事来源如表 8－2 所示。

表 8－2　来自支持网站的另外故事的教师简介

故事	作者	背景
1	詹妮乐	学前教育领导
2	纳塔莉	初任全职小学教师
3	马丁	初任全职小学支持教师
4	谢伊	初任小学教师、“补缺型”兼职工作
5	戴维	初任中学技术教师
6	安妮	初任（接受过小学教师培训）“一整天”兼职中学教师
7	梅利莎	初任全职小学教师
8	沙恩	初任全职小学教师
9	蒂姆	初任全职小学特殊教育教师
10	雷切尔	初任全职小学特殊教育教师
11	格雷厄姆	初任全职小学教师
12	休	有经验的全职高段小学教师
13	米歇尔	有经验的小学教师、一整天和临时救急代课
14	克丽丝	有经验的受过训练的中学教师、兼职幼儿园科学教学工作
15	玛丽亚	有经验的全职小学行政教师
16	拉莱娜	有经验的 K-12 行为支持行政教师
17	玛丽	有经验的小学/特殊教育教师：讨论课堂管理和考虑广泛的生态背景的重要性
18	威尔	有经验的小学教师：讨论课堂管理，特别是针对“坏”男孩的；拓展的故事
19	维克	前任小学校长：讨论学校层面的学生福利、价值教育和课堂管理，特别是“德性”项目；拓展的故事
20	米歇尔	初任（接受过小学教育/特教训练）中学教师、讨论户外课的课堂管理
21	约翰	初任全职中学技术教师
22	萨莉	有经验的（受过 K-12/特教训练）高中教师、钟点教师
23	乔安娜	有经验的取得了资质的“帮助女童”的中学教师
24	史蒂夫	有经验的中学技术教师组长
25	玛戈	有经验的早期教育/小学教育的教师：讨论“归属感”、课堂动力产生的广泛社会影响，拓展的故事
26	迈拉	有经验的教师教育工作者：描述培养文科硕士的学前教育学校是怎样为所有学生营造积极的学习环境的
27	达伊乐	初任全职小学教师
28	莉娜	兼职，低段小学班级
29	拉杰夫	兼职，高段小学班级

来自珍妮的故事

珍妮是一位经验丰富的幼儿教育专业人士，她同时也在教授小学和成人教育的课程。珍妮的反思解释了她认为什么构成了一个好的早教中心，她的反思也体现了她认为一个井井有条的管理中心包含哪些重要的哲学观因素。

当我走进一个学前教育中心的时候，我几乎立刻就感觉到了它所蕴含的健康活力。有些品质是所有优秀的学前教育中心都具备的，很容易辨认出来。这些关系到工作人员、儿童和学前教育中心本身的气氛。高品质的学前教育中心给人一种温暖、亲切、宁静和友好的感觉。这是由学前教育中心领导/督导在教职员工的全力支持下形成和推动的结果，员工们都很放松、积极主动、充满活力、深受鼓舞。大家通力合作，对各自的技能和知识持彼此尊重的态度。（室内团队在这方面做得很好。）他们以一对一的方式和孩子们互动，也以小组活动的方式与孩子们互动。优秀的早教工作者会蹲下来和孩子交流，认真倾听孩子的想法。他们会和每个孩子谈论他们感兴趣的事情，并且会和每个孩子建立起个人之间的关联。他们分享孩子们的喜怒哀乐，认真对待他们所关心的事情、问题和意见。他们通过消除不宽容的偏见态度来促使儿童之间产生相互尊重的态度和行为。

这个学前教育中心的资源和材料易于获取，工作秩序良好，家具、玩具、书籍、游戏、游戏场地和活动均经过精心挑选、规划和组织，以便于最大限度地得到利用，同时也便于减少行为混乱的情况。孩子们受到鼓励，在这两者之间做出自己的选择，并且可以自由地独立活动（或在大人的鼓励下采取行动）。在冲突出现之时，孩子们会表现出谦卑的态度。敏锐的工作人员会帮助他们学习和运用应对策略，在交流时强调相互尊重和对人要有礼貌。

这个学前教育中心充满了噪声，但这些噪声是善意的、富有成效的和充满快乐的。孩子们正忙着运用这些玩具、书籍、游戏和活动进行学习。这些玩具和活动运用得恰到好处，适合个人和群体的各种需求和兴趣。该中心的资源和活动会定期进行更换和修正，以激发孩子们新的兴趣，并满足他们不断变化的需要和兴趣。根据我的经验，这种氛围会让孩子们充满动力，忙碌而快乐，并不需要什么实际的管理。

当然，有许多情况和影响会挑战这种情形。然而，优秀的工作团队采用整个中心行动的方法进行识别、预测和计划，从而尽量减少有可能打破中心美妙的和谐氛围的干扰因素。这就是有效管理的意义所在。在我多年的教学生涯中，我已经确定（并使用）了我认为需要“全神贯注”创造一个井然有序的管理中心的要素。我猜想，你会把这些称为我的哲学观。

学前教育中心工作人员需要在日常工作中践行以下几个方面……

- 在尊重、一致性、可靠性、公平、宽容、反对偏见和积极的态度等方面为孩子树立良好的榜样。
- 向同事、父母以及孩子展示亲社会技能。
- 掌握关于孩子的发展方面的全面的专业知识，这样才能对孩子的能力保持现实的期望。
- 利用这些知识，结合准确客观的观察，制定适合儿童个人需求的个人和小组计划。

● 根据教学/学习循环圈定期（并协同）反思和评估计划：观察和评估→计划和策划→实施→观察和评估等。

● 在关怀方面与孩子形成并维持积极的师幼关系。工作人员需要熟悉每个孩子的兴趣、喜好、厌恶、恐惧和快乐，并调整自身的沟通方式以适应孩子。我将其称为一个敏感的“调音师”。

● 与孩子的父母建立伙伴关系，使他们成为最宝贵的资源，以加深对孩子的认识和了解。

● 保护和建立每个孩子的自尊和积极的自我概念。根据我的经验，当孩子的社会/情感健康方面不佳时，孩子更有可能出现反社会行为。

● 展示并促进对他人权利、情感、观点和想法的尊重。鼓励孩子自我指导、内在动机和决策能力的发展。

● 在任何情况下都要强调积极的一面，尽可能地淡化消极的一面。

● 在关键纪律策略方面采取积极的指导和再指导。

● 严格遵守儿童的实际规则、限制和界限，确保儿童（和工作人员）充分认识和理解这些方面。

● 保持一种超越那些更难相处的孩子的行为去寻找行为原因的态度。当涉及员工的不一致、懒惰、不公正或偏袒时，即使是孩子也能敏锐地察觉到这些。导致任何不当行为的因素可能包括健康状况不佳和环境因素，诸如在到达学前教育中心之前儿童在家里的情绪和发生的事情。

注意：我并不期待会有这种行为，但是在每个学前教育中心，你都会发现一个或两个人，他们会挑战你，严重扰乱你创造的来之不易的集体和谐。他可能是新来的孩子，也可能是你一直在带的孩子之一（他或她的行为或态度在变得更加糟糕）。保护和建立孩子的自尊和积极的自我概念是非常重要的。这些通常是促成反社会行为的重要因素。正如前面所提到的那样，使用积极的指导和重新定向策略，强调积极的一面。改善这些负面的情绪和行为需要时间，但要记住，即使是最“活跃”的孩子，在某些时候也需要停下来喘口气。

评　论

珍妮从生态学和社会学的视角对一个良好的、健康的学前教育中心的品质进行了解释，它们之间是一致的（第1章和第2章）。通过有效的沟通建立积极的关系是学前教育中心关注的焦点（第3章）。管理有序的学前教育中心会采用积极的实践，诸如进行持续反思、采用高质量的课程和有效教学方法，进行认真的组织（第4章和第5章）。这样的学前教育中心会鼓励教职员工运用这些积极的实践方法，以应对儿童比较困难的行为，并在有需要的情况下进行基于心理教育的干预策略。对于珍妮来说，积极的学习环境最好会用美好的、有成效的、开心的噪声来表现（参见第1章）。

来自迪娜的故事

迪娜是一名学前教育职前教师。她在幼儿园的学前教育中心实习，这里有一位经验丰富的同事和一位保育员。

作为一名大学生进入学前教育中心，是我专业实习经历的最后一站。在实践中运用我学习到的知识，我知道我会在此面临挑战。如何与孩子互动以及解决孩子日常生活中面临的问题，与大学里传授的理论会有天壤之别。与早教中心主任和班主任就这里的日常安排以及对我的期望进行交谈，有助于我把注意力放在了解应该做什么和不应该做什么上面。因此，对孩子们过去生活常规充分了解后，我就可以开始踏上帮助孩子们在积极的环境中学习的旅程了。

了解熟悉两位工作人员，当然还有孩子们，是我首先要做的事情。因为，如果出现了你认为需要指导的问题时，他们会来支持你。而且孩子们也会来帮助你指导你，因为这是他们最有兴趣做的事，他们要受的教育就是支持你提高他们的兴趣和教育水平。了解该中心的教育哲学观也将为你解决儿童行为等常见问题提供基础。

学前班的班主任向我提供了重要的信息，比如他们使用的课程类型，我们曾在大学里学习过这里用的生成课程（emergent curriculum），孩子们的共同兴趣点（火山主题）以及在课堂上使用了什么行为策略（例如，暂停策略）。

对于实施我通过学习获得的生成课程知识以及通过孩子们的兴趣和游戏来拓展他们的知识，我非常激动。但是在学习了许多其他没有包括在内的管理策略之后，我对运用中止管理策略感觉有点奇怪。随着教学和学习的进展，我发现，虽然我很享受自己的实习工作，但我对房间空间的运用没有得心应手的感觉。我主要关心的是表面上的超时和孩子们得到的学习成果。我决定等一等再看，看看超时策略是否对工作人员和孩子都管用。因此我进行了一周的观察，观察工作人员会对孩子的哪些行为感到沮丧，一些孩子会对工作人员的哪些行为感到沮丧。

通过我的观察，我注意到有一个孩子似乎能够做许多其他孩子不被允许做的事，而且他从来都没有停止。虽然我在班里是新人，而且还是一名学生，但我觉得有必要向早教中心主任询问一下工作人员和这个特殊儿童之间的互动情况。我知道，如果我想应用课堂行为管理策略，我就必须理解为什么这个孩子不像其他孩子那样被对待。

孩子们回家后，我问能否和主任见个面。我告诉主任，我曾多次观察到，有一个孩子被允许做其他孩子不被允许做的事情，例如在集体活动时间，他却在洗手间水池里玩水，在灌水池用水泼溅塑料动物。主任解释说这个孩子有严重的行为问题，孩子对中止没有反应。我感觉这些需求没有得到满足，所以我问班级老师他们是否尝试过其他行为管理策略，他们告诉我孩子对什么策略都没有反应。由于我非常关心这个孩子的情况，我问我能否在班主任和保育员的支持下，循序渐进地实施一些我所学到的策略，看看这些策略是否对师-幼的互动产生影响。班主任告诉我，我得跟早教中心主任谈一谈如何实施行为管理策略，从而确保不与管理政策冲突，但她会支持任何能使学习环境更有成效的改变。在和中心主任和班主任就我想尝试的一些行为策略进行了面对面的交谈沟通之后，我获得了批准，并开始实施这些策略。

我采取的第一步是确保所有的孩子都参加小组活动。但有挑衅行为的孩子会得到老师和保育员的支持，具体行为支持策略如下：

- 在小组活动即将开始之前，提醒孩子将要发生的事情以及对他/她的行为的期望。
- 用图表或地图的形式进行视觉提示，为了让这个提示能有实效，孩子需要得到工作人员的支持，直到孩子理解这套做法为止。

● 让工作人员与孩子坐在一起，帮助他/她集中注意力，直到孩子有足够的信心独立地做这件事为止。

第二步是和孩子们讨论新的制度。用成人的术语来说，这意味着支持孩子采取适当的行为，或者如果孩子对某种情况变得过于沮丧，就改变方向，并最终鼓励孩子使用他们自己解决问题的技能和“使用他们的语言”。我向孩子们解释说，我们会向他们提醒三次应采取恰当的行为，如果他们用完了所有的机会，他们将中止参加活动，并且必须做一些安静的活动，比如阅读或做智力游戏，直到他们完全镇定下来为止。这是在工作人员的支持下完成的，因为阅读和拼图区域不是暂停休息区域，而是孩子们可以平静下来的安静地方。我们在大学里被告知，暂停活动作为一种惩罚，并不像积极地利用那样无效，而是作为一种冷静下来并重组的机会。

在工作人员实施这些策略两周后，结果是对孩子实施的中止令取消了。教职员工和孩子们有了丰富多彩的游戏玩耍时间，行为有问题的孩子在房间里能表现得更好了。中心主任和班主任允许我尝试新事物，这让我深受感动，我学到了很多关于如何进行微小却重要的改变。

评　　论

迪娜及时强调了交流沟通和人际关系（第 3 章）以及课程（第 4 章）的重要性。她努力确保所有孩子的需要得到了满足（第 1 章）。她感到非常重要的是，即使孩子有行为问题，他或她仍然需要尽可能地在小组活动之中活动——这是她包容哲学观的一部分（第 1 章）。在这里，她在找寻预防措施，通过这些措施，整个小组能更清楚地理解边界，但是在一个支持框架之内才有可能（第 3 章和第 5 章）。她还知道需要对孤独症孩子采取特殊措施，并制定了工作人员愿意尝试的干预计划（第 7 章）。重要的是，迪娜在与同事交流她的观察和意见方面表现出了值得称赞的主动性（第 3 章）以及相当强的自我反省能力（第 6 章）。

来自凯蒂的故事

凯蒂是一名优秀的初任教师，她在幼儿教育和小学教育方面都具备教学资格。她最近被分配到一个中等规模的城镇上的一所政府小学初级班任教。她的反思解释了她的教育哲学观以及她是如何创建课堂共同体的：这是一个学生可以安心学习、她可以安心教学的安全港湾。

我刚刚完成了我的第一年全职带薪教学工作，这真是一个过山车之旅。我接受了一份乡村小镇上的教学工作，离家大约 7 个小时的路程。迁居本来就是一场探险，但与等待我的孤立隔离和官僚主义相比，这都算不了什么。我是一个巨大的政治池塘里的小蝌蚪（这是另外一天的故事），我不得不做一个决定。我可以进行一个简单的选择——留下来随波逐流。（学校的政策已经实施了十多年，改变被认为是“没有必要的”。）我也可以跳出池塘（可以这样说），但也许只能在别处活着被吃掉。或者我也可以按照自己的意愿信奉变化循环圈，并在池塘里激起涟漪（当然是在法律允许的字面意义上）以确保实现我的梦想。我选择了后者。你可能会挠头问我，为什么要做改变？答案很简单，我想要教好孩子，并向他们展示即使是“刚来的孩子”也能积极有为地做出贡献。

在整个培训过程中，我有幸受到一些真正成功的教育者的教导。这些专业人士非常精通自己的学科，他们致力于学生的学习并愿意尝试体验不同的学习策略。他们总是支持同事尊重他们与父母和社区的关系。我观察这些人的所作所为，吸收他们的有益经验，以他们的行为为榜样并努力追随他们的脚步。我很快就认识到，在教师职业中没有失败余地可留，你必须振作起来，不断改变策略以实现你的目标——帮助你的学生做到最好。

那么我是如何度过第一年的呢？我把我的精力集中在了建立一个课堂共同体，在那里我可以和我的学生一起成长。构建课堂共同体提供了每位教师都想要的两个要素——学生的成就和较少的行为问题。一个课堂共同体并不是在一个晚上拍脑袋就能建立起来的，但是我们很快就了解到在你上学的第一天就已经开始建立了。

开始是个挑战，但是从一开始就运用一些基本策略真的很有帮助。重要的是，我积极地模仿文明用语和恰当的课堂行为，让我的学生知道他们该如何上课学习。使用像“请”“谢谢”“对不起”这样的单词和短语是必须的。“我可以帮助你吗？”“好主意”“谢谢你的努力”也是很有用的话语。我在课堂上遵循的准则是（现在仍然是）：我能得到我所给予的。

高质量的教学是必须的，我发现其中的一个关键因素就是高期望。分享我对这门课的期望，并询问学生们如何才能帮助每个人实现这些目标，这是一个很好的开始讨论的方式。我向学生们解释说，我的目标是创建一个互相帮助和互相支持的集体，这样我们的课堂就是最好的课堂。这个理念引领我们实施了一套简单的被称作5C的课堂指导方针——关怀（caring）、同情（compassion）、礼貌（courtesy）、细心（carefulness）和共识（common sense）。这个5C将是我们班级的行为指导方针。

我还介绍了用来分享期望并制定这些指导方针的班级会议的过程。我有幸遇到的最富有同情心、最有能力的年轻批判思想家就是那些参加课堂会议的人。我们的会议在同伴行为中形成了主人翁意识，并发展了解决问题的能力。在这一年里每当有挑战出现时，我就用这个过程和我的学生讨论出一个合适的解决方案。进行班级会议花费的时间是非常少的，事实上，一旦学生熟悉了这个过程，他们会更节省时间。

与任何集体一样，班集体需要一个一致的班级管理制度，它必须是学生能够享有所有权利和承担所有责任的制度。我在教室里安装了一个红绿灯系统，它与学校个人发展项目的座右铭“停下来、思考、做”是保持一致的。每个孩子的桌子上都有一个写着名字的交通灯。交通灯的三种颜色被用来提醒学生应采取的行为。每一次有学生被问及在我们的5C指导方针之外的行为，他们都会在交通灯上将他们的名字标签移动到下一个尼龙粘扣。每一个尼龙粘扣对应一个交通灯颜色，这意味着移动学生名字的行为迎合了学生们的视觉、触觉和听觉需求。当一个学生到达红灯时，他将会承受严重的后果，所有的规则都是班集体事先共同制订的。随着一个时段的开始（上午、中午、下午），学生们重新启动，所有的名字标签都被移回交通灯的启动位置。

在以前的教育时代，比如我接受的整个学校教育，教室的设计是围绕着“粉笔和谈话”进行的。学生们坐成一排一排的，通常按字母顺序排列。要求学生们把注意力集中在教室前面的老师身上，老师主要的教学辅助就是教室前面的黑板。这样教室的含义是，知识只是从老师那里发射出来的，学生被认为是白板。这间教室不是那种我想重温的地方。

我所受的训练使我明白，这种相当僵化的学习观念可能会发生翻天覆地的变化。它教会我至少把自己看成是这种类型的老师，更多地把自己看成是学生学习的“脚手架”和“促进者”。因此，这种理念改变了我的课堂设计和课堂组织的结构。在精心建构的课堂上存在着一种隐性课程。我们不是将这种隐性课程孤立起来，并和学生分开，而是分享课程，吸引学生的注意力，庆祝学习并承认优秀。出于这样的考虑，我们对学习社区的设计和组织就是重中之重的事。

教室是我们学习共同体的避风港。对它进行设计，我们还有很多事情要做，比重新布置椅子或买一些海报一类的事要多得多。这个房间将成为我的学生——无论是作为个人还是作为一个群体——获得认知、增进情感和道德的画布。在我们的设计中，注重学生和他们的家人进入我们的教室时遇到的第一件事是非常重要的，我确保它一直是学生们最近的作品展示。教室的设计和布局帮助实现我们的学习共同体的目标，这是一个在任何时候都根据效果灵活调整、准备丰富材料、学生感到安全和班规条例清晰明了的为了提升学生学习能力的班集体。

读写能力是最重要的，没有这些知识，学生将缺乏在生活中获得成功的必要技能。我提供了能引起学生学习兴趣的读写经验。我们这里总是有各种各样的书，任何学生都可以在课余时间独立阅读。阅读是我唯一的快速扫盲活动。此外，我总是把书和书签，放在我的书桌上，以便我的学生可以明白我对读写能力和语言的看重。作为一个群体我们讨论语言、操纵语言并沉浸在语言之中。作为一名教师，如果我能选择传授一种天赋给我的学生的话，它总是围绕着读写能力展开的。我确保他们看到，我在读书是为了我自己得到快乐，我在分享他们的阅读过程中表达出我的快乐。

我的教室的另一个元素就是我的书桌。我知道这很有趣，但值得注意的是，传统老师通常喜欢把他们的桌子放在教室前面和中间。这里没有隐藏的信息是“我是负责人”。对于课堂上需要领导力和行为管理，我认为是应该的。然而在我的课堂上我相信领导力必须共享并应该在群体内得到强调。我从学生学习最大化、沟通交流、反思和强化而不是误解、死记硬背和惩罚等角度反向设计了我的课堂。我可能会说，许多课堂纪律问题的根源部分在于设计拙劣，在这种课堂上学生有时候感觉自己是被疏离的听众，而不是群体的积极参与者。这两种课堂的功能的不同可以追溯到他们的团结水平。当学生感到安全、受欢迎并对课堂组织有所参与时，他们会“投身”于同学和课堂事务中的。

真难以相信我在我的学校只待了这么短的时间。我可以诚实地说，在过去的12个月里，我学会了如何管理我的课堂。（不过，我停止学习的那一天是我应该换工作的那一天。）我亲身体验到了学生们不同的学习方式，以及伴随而来的各种个性的展示。我现在掌握了大量的策略，这些策略可以帮助我在集体学习环境中积极参与各种各样的活动。我面对的是学校的现实，当然还有测试和报告的现实。在我的经历中，我成为一名专业的教育工作者，同时也在我的学生身上取得了成功。

作为一名教师，我的目标是积极、果断和热情。我把我的课堂看作一个充满了创造性和群体建设机会的地方。为了实现这个目标，我不断地改变战术，把四堵墙变成了一个安全的避风港、一个学习者的共同体。

评　论

凯蒂对第一年全职教学的“披露”是一个鼓舞人心的故事。她对学生的关心是

显而易见和令人钦佩的，但这是与她的知识、技能和能力是相匹配的。凯蒂的专业哲学观的钟声清晰响亮地回荡在这里，与她的课堂管理方法有着明显的关联（第2章和第9章）。你几乎可以看到她的课堂管理计划显示出了她的故事的主线。积极尊重的关系、焦点课程和合理且灵活的教学方法通过一段段故事相互交织在一起（第3章和第4章）。课堂组织包括明确的行为标准和对外部环境组织的全面关注，也是她优先考虑的内容（第5章）。学习和课程最为重要的关注点是外显且明确的（第4章）。

凯蒂对她的课堂管理理论和实践采取了一些务实的举措（第2章），但仍然明确强调生态学、社会文化和心理教育视角（第1章）。这个故事是凯蒂世界观影响下的深厚的专业哲学思想的折射、反思和灵活运用（第1章和第6章）。毫无疑问，在读者的脑海中会有一个有成就感和满足感的老师和一个有归属感（安全、快乐、愿学）的学生，就像这个故事的结局一样（第1章），尽管也存在潜在的挣扎和挑战。

来自雷切尔的故事

雷切尔做全职教师已经是第二年，她被任命到一所城市小学担任支持教师。她是一位合格称职的并且具有独特教育能力的老师。在那些处在相同环境或者都离家很远因此对接受任命而提出挑战的所谓的“勇敢的”研究生中，雷切尔是其中之一。雷切尔的回应是在第一年就建立属于自己的理想课堂。

我应该如何来建立这样的理想课堂呢？当我在最初学习并且进入课堂学习的时候，我就期盼着如何来组建属于自己的专属课堂。我想知道我的课堂是什么样子的，接着我就开始回忆那些曾经上过的课。当我第一次看到这种属于自己的教室的时候我非常兴奋。然而在我看到教室之前，我一直在采购物品，拿着大堆的海报，收集材料、贴纸或者做其他一些所谓“漂亮的”东西。

然而当我进入我的教室时，我却有点失望，因为那里除了桌椅之外，没有任何东西。我的这间教室自20世纪60年代以来一直没有真正变化过。石棉是个大问题，你没有办法往墙上贴任何东西。我一直在费劲地寻找可以将我买来的所有这些美好的东西放到适合位置的地方。我将桌子摆放成了两个不同的组，并且把老师的办公桌从教室的最前端移了出来。这些都是为第一节课而做的准备。

在第一年的从教工作中，我记不清我对我的教室做过多少次的改变，但这并不重要。我的学生曾经有过一些行为方面的问题和个性方面的冲突，以至于我一直在改变桌子摆放的位置从而能够找到最适合他们（或者最安全）的方式。我将最具挑战性的学生分开来坐，女生还坐自己原来的位置，接着我把男生的桌子别出心裁地挪到了靠窗户的地方，这得益于我曾经参加过的有关如何帮助患有自闭症男孩的孤独症讨论会。

将桌子和椅子来回挪动并且找到一个最有利于上课效果的布置是非常重要的。你还需要每年都更换几次桌子和椅子的位置直到找到效果最好的位置。把教室里的其他东西试着挪一下也会为你的课堂带来好的效果。当我在组织课堂时我要考虑的是，对于一旦产生暴力行为的学生和想要“逃离”的自己来说，什么才是最安全的选择。我之前被一个学生弄得焦头烂额（担忧什么事情将会发生），因此我需要确保它不会再次发生。房间里的任何角落都很安全并且有些地方适合逃离。在教室里有个可以储存东西的地方，我把凡是能够带来危险的东西和任何可以扔掉或者破损的东西都放在了这里：剪刀、胶水、书。我还把我所有的票据、邮票、笔也都放在了这里。因此我的桌子上空空如也，然而它却是对于我和学生们来说最安全的选择。

我们在讨论过怎样安排座位是最佳的之后，我决定移动其他一些东西从而使学生们可以变得更加独立。我在教室里设立了学生提早完成作业之后可以去的小站台。教室里所有的物品都整齐干净并且贴上了标签以至于不那么混乱。

最终我并没有在墙上张贴海报，因为我觉得我的班级并不需要它们。取而代之的是，我在墙上贴了作业和其他内容的东西，从而可以帮助到学生，比如拼写单词或者有关他们的照片或正在学习的主题。我在很早之前就有了这个想法。之前我认为我教室的墙上会全是海报，但是它们并不会产生任何效果。

取而代之的是，我把课堂安排和时间表张贴在了墙上（为了我的监督者，我也用最便捷的格式来制作表格）。我还把个人的学习计划目标连同我的层次结构信息编码（HSIE）和科学工作任务一起张贴在了墙上。我把数学和英语安排连同那些有助于我进行教学的东西也贴在了墙上。因此，我在上课的时候根本不需要打开书本。这样做的好处在于，当一个老师偶然从我的教室里走过时，就能看到我的教学计划和学生应该做的事情。（同时一定要确保你已经完成的任务要及时划掉。）我同样会张贴一些需要寄到家里或者别人寄给我的有用的信息。这面内容丰富的墙就在我的办公桌后边。这样做真的使我的生活变得很方便。

我桌子旁边的另一面墙上贴了所有的花名册、日常记录和时刻都会用到的教师日程安排表。我的记忆力不好，这有助我意识到什么时候要做什么。

在从教的第二年，我已经完全改变了课堂的模样。在我的课堂中有几个完全不同的学生，他们在课堂中所做的事情让人感到惊讶万分。孩子们彼此相处得都很融洽，于是我把他们的课桌再次摆成了马蹄形。然后我坐在拥有相同学术能力学生的身边，这对于我来说更加容易操作，同时也可以让我的助教来教一小组学术水平相当的学生。在 20 个甚至更多的学生集体中，我将成绩好的学生与成绩差的学生混合搭配编组，同伴支持是一种减少破坏并将成功概率提到最高的有效方式。令人惊讶的是，不论是成绩好的学生还是成绩差的学生都愿意去做。

如果你想要创设一个能满足特殊教育需求的课堂，我建议你要考虑下面的因素：

- 所有学生的学术能力。
- 为降低破坏行为和不良行为的学生进行分组。
- 把调皮孩子的座位安排在你旁边。
- 设置紧急出口以防备突发暴力行为的学生。
- 墙上张贴的不仅仅与教学有关的内容，也可以是一些有趣的东西。
- 墙上张贴的内容能够让你一目了然。
- 墙上也要张贴花名册和其他重要的信息（风险评估、行为计划等）。
- 让课堂充满活力和改变，这要贯穿在学生的整个教学过程之中。
- 在固定的区域做固定的事情。例如，当学生认真学习的时候要关上你的电脑屏幕以防止打扰他们。设置一个阅读区，设置一个电视区域，设置一个你和学生一起交谈或者做早操的场地，设置一个学生需要安静的区域。（我在一张课桌

外面蒙放了一张黑色材料的东西，这样，当学生想要静静待着的时候，就可以去那底下待一会儿。）

- 坚持写日记，这样会对你的教学进行持续的反思。
- 不要做一个懒惰的老师。记录下你教学中的所有事宜。孩子值得拥有具有高质量反思能力的老师。（快速记下你做过什么就可以了。）
- 最重要的事情就是在你的教室里或者桌子上放一些能够使你愉快的东西。我就在我的桌子上摆放了家人和朋友的照片，这样当我想要放弃的时候我看看这些照片就能够使自己感到心情愉快。教学并非每天都充满着有趣和激情，它也是充满艰难的！必要的时候或者是领导想要听听你有什么困难的时候，可以去跟他说一说。

评　论

雷切尔是一个非常务实的特殊教育工作者。我毫不怀疑在未来几年，雷切尔会把她的个人才能渗透到日常课堂之中去。雷切尔在她组织课堂的经验中给出了她的建议，尤其是（特殊教育）物理环境的布置方面的经验（第 5 章）。支持课堂和常规课堂之间存在差异，但是两者存在的相似性却远未受到重视。

从表面层次来看，这个故事似乎仅仅解释了雷切尔如何创设她自己的课堂环境，但潜藏在表层之下的却很“丰富”——有关目标、学生归属感（安全、快乐、愿学——参考图 1－1 的来自莱福德课堂管理模式的输出部分）。雷切尔课堂组织的目的在于，创建能够让学生感到安全和受到良好教育的课堂环境。

如果你仔细阅读了这个故事，你就会发现雷切尔的故事是有关关系和清晰交流的；不仅仅是雷切尔和她的学生之间，也包括了雷切尔和她的领导还有一些临时为她学生上课的老师（第 3 章）。她的故事同样也对具有挑战性行为的学生产生了积极影响（第 7 章）。最后，雷切尔的故事也与专业反思性有关：她对自己的实践进行了反思，进行了（非正式的）行动研究，并且采取措施来改善自己的实践（第 6 章）。雷切尔棒极了！

来自曼迪的故事

在写这个故事的时候，曼迪是一个受过初级训练的有天赋的老师。第一年，她在本地小学做代课老师，她的反思的焦点放在了她所面对的挑战上：如何为一个三年级差班建立有效的班级管理制度和良好的学习环境。

校长跟我说：“曼迪，这学期你负责三年级。”听到之后我非常兴奋。我已经在这个学校或其他学校做代课老师两个学期，一直在等待机会有我自己负责的固定班级。当我接手这个班的时候，我心里很清楚，他们都不是天使。所以，要管理好他们，需要有很多的准备，付出很多的努力。学校是非常信任我的，所以我想抓住这个机会做一个学期计划，展现自身的教学计划和管理的能力，来达到政府对初任教师计划的要求。

三年级班的大概情况是这样，全班共有 33 个学生，从他们的基本测试成绩来看，其中在英语方面仅仅有 3 个学生表现为正常水平，阅读方面有 10 个学生，数学方面有 3 个学生。无论怎样的测试结果，这些学生都需要努力。他们中的大多数在班级的行为表现非常糟糕，老师需要不断地劝说他们不要搞破坏，他们会不停地骂来骂去，叫人外号，乱扔乱推，乱敲乱打，小偷小摸，这些行为一直在班级中存在。另外还有一些退缩行为表现（钻到桌子底下），跳到桌子上或随便离开教室。显然，他们想怎么样就怎么样，不考虑别人……可是，这学期他们就是我要带的学生。

绝大多数学生的情况是：不做作业，上课昏昏欲睡并且没有创造活力，没有合作精神、表达能力差，而且目中无人，进行口头上和身体上的挑衅，无论是对同伴、对老师，还是对他们自己，都谈不上尊重二字，班级内也没有任何有艺术气息的展示。学校有共同的规章制度，但是没有列出最终的清单，他们除了在一起做坏事之外，没有任何的秩序可言。

在上完课的第一天，我花了很多的时间去反思自己的表现。很快，我变得沮丧不已，然后是焦虑不安，反复提高自己的声音。我开始精神恍惚，然后泪水涟涟，感觉自己无能为力，我让学生、同事和我自己失望了，我情绪非常低落……但他们这学期仍然是我的学生。

最后，我祈祷，我开始从这个低落的情绪中走出来，重新振作。我相信我是可以做到的。但是我需要同龄人和有经验的人的帮助，需要从我个人的专业训练和阅读中去汲取思想的养料。当我需要的时候，我能够有时间好好安排我的工作。我的重要决定在我面前一个接一个闪现出来，我将它们一一写下来，作为系列的解决方案：

● 我将会与我的学生一同努力，通过民主讨论制定我们的课堂规则，不仅有对积极目标的要求，也有对消极后果的规定。这些将会成为我们的规则和目标。

● 我将会全面熟悉我们学校的各种校规以及关于行为及后果的处理程序，我将确保我的行为期望与学校的期望保持一致。

● 我将会花时间找到学生捣乱行为背后的原因，我需要了解他们为什么这样做。

● 我将会让学生用自我反思卡（暂停卡），去自己识别什么样的捣乱行为会违反规则，以及将会承受怎样的行为后果。

● 我将会用问题阶段策略去鼓励学生对问题（例如威逼或欺骗）进行自我反思。

● 我将会用集体游戏在学生之间建立积极的人际关系。

● 我将会随时随地去找寻并发现好人好事然后进行点评。

● 我将会对学生的学习工作和行为进行许多积极的反馈，不论什么时候我都可以做到。我想要他们对自己的行为进行思考。

● 我将会用新闻快讯把好消息传给那些很少听到好消息的家庭。

● 我会找出孩子们拥有的种种才能，并全力以赴地去培养他们的这些才能。

● 我将会给孩子们放假，让他们从学习中解脱出来。我会把时间分成可控制的一段段时间，这样有助于他们把精力放在自己要完成的任务上。

● 我将会使用个人良好行为卡，积累好消息盖章个数，以赢取 10 分钟优秀工作权利，这有助于孩子们关注积极的事情。

● 我将会使用个人任务卡——检查表，用来勾勒出进行一项学习活动所需要的步骤，以此培养专注能力。

● 我计划举办比萨饼聚会，所有的孩子都喜欢比萨饼聚会。

在这学期，我尝试了这些想法中的大多数，有些学生取得了惊人的成绩，有些学生则不怎么样。我不断反思我的教学，即我教了什么、是怎么教的。我好好想了想我的学生，他们的变化缓慢，但的确在学习，无论从学业上、行为上还是社交上，都得到了发展和提高。我写下了我的这些想法和故事，它们与什么做法有效和什么做法无效有关，以下是其中的一些想法和做法：

- 创造一个积极的环境需要时间，你必须要非常有耐心。
- 在早期阶段，不要强调内容，而是要建立人际关系，让事情变得井井有条。
- 把重点放在教学生如何与同学和老师相处上，建立起信任和尊重的关系。
- 实行班级决策，培养他们的责任感和使命感。
- 使用个人任务卡，让其发挥作用。
- 使用新闻快报，让它们发挥作用。
- 使用自我反馈表和个人良好行为卡，让它们发挥作用。
- 重视比萨饼聚会，他们会非常有趣（和混乱不堪）。

我也认真思考了为什么这些想法中有些会产生奇妙的效果，而有些则没有效果。还有什么真实的证据可以证明我的想法管用呢？由此，我写下了其他一些想法和故事：

- 我可以看到和听到我的学生的行为有了巨大而显著的改善。
- 我可以看到我的学生现在完成了更多的设定任务，他们的学业成绩在提高。
- 孩子们的父母给了我和他们的孩子积极的反馈。
- 我的同事们看到了孩子们在行为和社会性方面所取得的进步，并给予了高度评价。我们班还获得了优秀班级荣誉。
- 每个孩子都说他们和同学、和我都在进步。

那个学期已成为过去，我的学生并不是天使，我们互相之间学到了很多，我们一起相互交流，相互学习。我的学生已经变成了优秀的学习者，我正在变成更优秀的老师，他们是我整整一个学期的学生。

评　　论

曼迪克服了可怕的挑战，她拯救了一个真正陷入困境的班级。他们互相帮助的关键因素和班级管理的个人模式之间是相似的。曼迪明确清楚地反思了她所面临的挑战，她所展示出来的能力和所取得的成绩（第 6 章）；在孩子们和家长们之间寻求了解（第 1 章和第 3 章）；在清晰的规则下建立一个有组织的班级是必要的；那就是规则、后果和常规（第 5 章）；与她的学生、学生父母和同事建立积极的关系（第 1 章）；交替运用心理教育学方法和行为策略处理问题行为，同时从总体上把焦点放在预防方面（第 7 章）。在她的故事中，曼迪也认识到她需要同事的支持和她的专业知识所体现的价值。

在曼迪的故事中，一个非常显著的特征就是她具有强烈的自我反思意识和反省能力（第 6 章）。在回顾她的计划、行动和结果时，曼迪能够洞察到哪些做法没有效果，然后进行改进，她也认识到了加强有效工作的意义。曼迪把她的故事付诸行动了（第 9 章）。

来自米歇尔的故事

米歇尔是一个接受过小学教育专业成人培训的教师，她由于照顾自己的孩子而回归家庭，很长一段时间后又回到了代课教师岗位。作为一名经常性的小学代课教师，她的反思集中在了作为一名代课教师应该如何建立一个有效的学习环境的实践策略上面。

从全职主妇到成为一名日常代课教师的身份转变，必须要做出许多改变。很久之前，我在自己的继续教育班所学到的关于课堂管理方面的许多东西已经不再起作用了。我不可能奢望用几周时间去建立纪律规则和控制秩序。对学习结果用精确程序进行评价的崇高理想已经成为过去，而为个人制定学习计划也已成为遥远的记忆。

作为一名代课教师，你不得不在刚开始的十分钟之内给学生留下深刻的印象。一般我会在孩子到来之前就在教室里建立一套操作规则，把每日的学习内容分点列在黑板上。这种做法将我确立为负责人，并使当天的学习计划清楚明白。课堂可以是孩子们合理地自我指导、独立工作的地方，也可能是一个体制僵化以至于孩子不能对日常生活做出良好而及时的反应的地方。这往往需要花些时间进行决策和调整适应。

一个简单的吸引注意力的方法就是使用一种小铃铛，在第一天就明确它的意义，这对于小学六年级的学生来说是行之有效的手段。用小铃铛可以避免你提高嗓门，因为提高嗓门通常会造成更多的不安。如果可能的话，将全班同学带到教室前面坐下，这种做法几乎对所有的班级都奏效，六年级的学生也不例外。它方便快速，容易进行眼神交流，并且容易建立起你与孩子之间的亲密关系。如果孩子在座位上焦躁不安，这也是在白天使用的一种方便的策略。

当某个孩子正在捣乱时，阻止谈话是不可避免的。在更糟糕的课堂上，孩子们会频繁使用这种行为试图去为难新老师。你可以向学生明确表示，你会等待他们参与到课堂中来，如果需要的话，这个等待时间将会持续并占用他们自己的玩耍时间。你在建立秩序控制的初期阶段，重申这一点是非常重要的。你要清楚你到底想让他们做什么，因为你的任何不正确的评判将会导致混乱的局面。与此类似，你要明确所需要的设备和书本。提前询问是否有班长，如果没有，可以任命一个临时班长，让他帮助你分发书本和资料，以免全班同学争先恐后地站起来。

除非老师留下了具体要上的课程内容，否则你上午的课程就应该遵循常规做法。这通常意味着识字课之后就是算术课。如果孩子们使用练习本，限制了你对复印资料的使用，是因为大多数孩子们将这些复印资料视为一次性的，用了就扔掉了。我发现，如果学生需要把黑板上的内容抄写到他们的练习本上，那么这就需要更加集中注意力了。一直都要强调整洁的重要性（空白处、标题、日期等）。

如果班级纪律良好，按部就班，就可以提供奖励，比如说练习结束之后提供游戏机会。“名人头像”对于三至六年级的学生很有效，二年级的学生总是对秘密和猜谜游戏反应良好。如果班级出现了混乱，找出“罪魁祸首”并将他们送到德育老师那里（你要在一天之初为此制定规则）。尽可能快速并且平静地处理好这种事，让班级看到你并没有因为这件事而惊慌失措，可以将这场混乱的破坏性减到最小。惹祸者已离开教室，你就可以继续上课。表扬团结合作的学生，要对低年级学生给以小小的奖励或贴纸。这些将一直持续到四年级，对于年龄再大些的孩子，要在早期就确认一下他们的老师是否提供奖励以及如何奖励，确定自己是否提供类似的班级奖励。

不要低估孩子们阅读带来的力量。在这些繁忙的日子里，许多人错过了在家享受阅读的宝贵经历。我发现读故事是一个非常有效的手段，特别是对于一个极具破坏性的班级来说更是如此。不要害怕真正地表演这个故事。对不同的角色使用不同的声音并利用声音效果。即使你天生不会演戏，比如像安迪·格里菲斯所写的这一类的故事，也会赢得安静倾听的效果，就是最愤世嫉俗的班级也会感到妙趣横生和愉悦开心。

抓住机会让孩子们谈谈他们知道的和他们感兴趣的东西。头脑风暴式的讨论很奏效，特别是关于太空旅行、宇宙起源或者什么造就了一个优秀的电视广告等等这些话题。尽管孩子们显然缺乏想象力，但是仍然会对他们感兴趣的话题发表意见。我还没有发现哪个班级会对谈论 1969 年阿波罗登月号中尼尔·阿姆斯特朗登上月球这一激动人心的时刻不感兴趣的。（这要根据孩子的年龄来改变词汇。）

所有的孩子都明白，一位代课老师就意味着相当好过的一天。记住这一点，总会有一个有趣的下午缓冲活动，特别是美工活动。各个年龄段的孩子都喜欢画画和涂颜色，因此给孩子找到看起来有用的有挑战性的活动，并且能在一个小时内完成。避免使用颜料，因为一个不守规矩的班级会将此视为一个制造破坏的好机会，如果这个班级纪律良好则可以使用。运动也是如此。

如今，可供代课教师选择的极好的资源材料极为丰富，这些材料可以从大型专家资源网点或者互联网上购买到。最初的价格是有一点让人接受不了的，但是好的资源材料一定是值这个价格的。对你在某个班级已经使用过的材料，最好做一个记录，特别是在混合班级很普遍的情况下。孩子们会准确地记住你曾经给他们上过的课，即使已经过去了一年。

我的黄金法则就是保持课程的简单。一方面，如果孩子们能够完成一系列的学习工作，那么他们服从配合的动机会更强烈。否则，他们会因为告诉你“这太难了”和“我们之前从来没有做过这种工作”而感到心满意足，他们将会把它作为一个产生破坏的借口。然而，另一方面，又要为提前完成任务者提供准备好的工作或者活动表，因为即使是学习动机最强的学生，如果无聊的话也可能会捣乱。如前所述，在课程开始时就应该建立关于获得额外工作和奖励活动的协议。

总之，不要因为代课的短暂性而气馁。确实，个人的评价与拓展的范围非常小，在短时间内形成有效的规则是有困难的。但是教学的本质就是丰富，创设富含乐趣和多样性的有效课堂学习环境的机会就摆在你面前，同时保持一个简单有效的纪律框架。

评　论

米歇尔解释了她作为代课教师如何创造良好学习环境和促进学习的原则，强调了代课教师经常面临的困境和挑战，特别是那些每天受聘的代课教师。务实的要求就是，在几分钟内和一个陌生的班级见面，然后开始一天的工作（或者说这是代课中学教师的一堂课），这样做，无疑包含了哲学观和崇高理想的应用。

然而，良好的教学要素是如此惊人的相似。教师对自己的学生了解越多就越容易建立起良好的师生关系，这是显而易见的（第 3 章）。一个教师和课堂组织得井井有条，学习和行为表现就越好（第 5 章）。显而易见这个组织有高的标准、清晰的常规（第 5 章）、高质量的课程、材料以及教学策略（第 4 章）。当有效沟通占主导时，行为表现和学习同样得到增强（第 3 章）。及时的反思和回顾对于预示课程和教学的改变依然是重要的（第 6 章）。个人干预可能仍然是必要的，但是一般是提前计划并使用行为策略（第 7 章）。最后，对于课堂管理的关键理论和方法仍然是相关的，但是代课教师可能已经转向更加折中的方向（第 2 章）。

米歇尔的黄金法则是“保持课程简单”。这就意味着她非常清楚课堂管理的哲学和方法（第 1 章和第 2 章）。她清晰而快速地向她的学生传达了这一点，并且使用了成功全职教师同样关注的先导练习。显然，在这种类型的教学中，强调和时机更为关键。

来自丽贝卡的故事

丽贝卡是一个非常有能力并且热情大方的小学教育专业的本科生。她的反思解释了她的专业理念和她的创新（应急）课堂管理计划的主要要素。

在大学学习期间，我在不同的阶段去了不同的学校，进行了几次专业见习和实习。我看到了很多新的教学风格和课堂环境（有些是优秀的，有些不是）。虽然很难想象大学里的研究与“现实世界”中实际发生的事情之间有什么关系，但我认为，建立一个积极的课堂环境是非常重要的，这样我们才能理解和重视课堂里的学生。

当我做全职老师的时候，无论在哪个阶段，我都觉得第一天的课堂讨论有助于明确相互之间的权利和责任。这是学生出现不恰当行为时的第一个参考标准。学生会想起这是他们自己参与讨论确定下来的权利和责任。这不仅为帮助学生理解良好的行为提供了基础，还将有助于培养学生的尊重意识。我认为，如果你想成为一个成功的教师，这是必须要考虑到的。除了形成权利和责任意识之外，了解不恰当行为导致的后果也有助于学生确立和理解什么是权利和责任。我不让学生参与决定行为后果的处理措施，因为这些后果需要仔细考虑所有学生的年龄、需求以及学校的政策和程序。

教室的布置需要在开学第一天就安排妥当。最好是在开学前一天就弄好，教室的布局会因学生的年龄和阶段的不同而有所不同；然而，我设计教室的布局，是为了让学生可以轻松地相互交流。我更喜欢马蹄形，这将有助于创造一个丰富的讨论环境，并让所有学生都包括在内。有了这个设计，没有人是孤立在外的，我可以很容易地看到我所有的学生。它还可以进行小组工作，因为对面的桌子可以很容易地拼在一起，变成四人小组。

在新的学年里，我将给所有学生提供机会来展示他们的主动性和独立性。我允许学生们选择坐在他们旁边的人。当然，如果这样做超出了我的控制范围，我会重新调整位置，这当然是为了适合我的管理。我认为，定期重新安排教室的布局和座位是很重要的，不要陷入“固定不变”的思路中。我个人认为，如果它没有效果，那就改变它。

我还没有完全确定好我的行为管理计划。（希望我不需要，那样不是很好吗?）

我的行为管理理念是关注和奖励积极的方面，而忽略微小的消极的方面。很难想象看到一个班级学生听到一个简单的语句“哇，我喜欢你们如此安静地坐着”会做出怎样的反应。毫无疑问，所有的学生都会坐直，低下头继续学习。当我有专业经验的时候，我的目标是每天至少给每个学生一个表扬。在一些学生身上很难找到积极的一面，但也可以很简单地说：“谢谢你，玛丽，你把包挂对了。”这些表扬不仅会提高学生的自信心，还有助于赢得学生的尊重。我认为，如果我能让学生专心学习，那么消极的行为就不应该是主要问题了。

我第一次实习时很苦恼的事情，就是如何让学生保持注意力（特别是当有很多噪声的时候），但现在我已经得心应手了。“滑雪板太酷了”之类的提示需要和班级联系起来。这些提示用语应该与学生的兴趣相关，以使它变得有趣。然后需要发展学生的响应行为。比如说，当学生们听到我说“滑雪板太酷了”时，他们都放下笔，转身面对我。不过，我发现，当学生们建立起自己的课堂用语时，简单的语句如“放下笔”就能起作用。学生们会更安静地学习。确保他们听到“他们”的提示。再一次提醒，所有反应适宜的学生都应该得到积极的鼓励。

课堂管理最重要的部分之一就是组织课堂。如果你不这样做，学生们会无视你。如果你是在自己做自己的事，没有良好的组织，那么权利和责任、行为管理计划和以前建立的任何规则将会失效。制定一天的计划是非常有必要的。这个计划我会写在黑板上。一天的计划有助于学生明确方向，而且如果我忘了当天的日程安排，它也是我可以快速获得的参考。

我认为，在创造积极的课堂环境中，最重要的一点就是理解并花时间去了解你所有的学生，了解他们的兴趣和需求。让人惊讶的是，如果你花点时间和他们待在一起，即使是在午餐时间踢球，学生们也会非常尊重你。我认为重要的是“与他们打成一片”，并与他们建立个人关系……创造一个积极的课堂环境就是要尊重学生。

评　　论

丽贝卡的故事是一个新兴的专业理念和实用的课堂管理方法的典范。在她的反思中，我们清楚地看到了与学生关系的重要性（第 3 章）、课堂组织——行为标准组织和常规与程序（第 5 章）、课程与教育学（第 3 章）。虽然没有明确表达，但她解释了自己对班级管理的基本理念和理论方法（第 1 章和第 2 章）。

来自莉莎的故事

在写这篇反思的时候，莉莎刚刚完成了教授中学科学的学术培训。莉莎在悉尼市郊的一所高中展现了她出色的能力和潜力，这所学校处于弱势的问题学生比例很高。让她印象深刻的是附近的一所独立学校，为她提供了一个为期一年的教学机会。对莉莎来说，这是一个完全不同的任务，面临着完全不同的挑战。她的反思重点放在了她作为实习教师和新手中学科学教师的专业哲学观上面。

我在这里是实习教师，在这个班级每周只教一次课。我知道这将是一次挑战。当学生们在教室外面等待的时候，我立刻注意到他们鲜明的个性。他们都是如此开放、友好、互相支持，充满活力。他们的潜力让我非常激动。在教室里，老师按照

常规开始上课，问全班同学对物质粒子理论了解多少。只有少数几个学生回答了，那些预习过教科书的学生也回答了，而其他学生朝教室里四处张望，希望不要被叫到。然后老师布置了一个写作任务。一些学生问是否算作考试，而另一些学生想知道如果他们做了自己的作业，是否会获得优异奖。

我的脑子里不断闪现出想为这些学生做些什么的念头。我想把一些学生的作品传递给他们，我想建立一个学习共同体，其中会有值得珍重的成员。为了做这些，我立即寻找他们的优势，展示他们的想法是有价值的。我也想高度重视并引入学生的自我评价和外部奖励。我觉得要成长为有韧性的年轻人，他们需要通过学习来认可自己的成绩。我试图向他们展示，如何通过取得成绩的过程而不仅仅是结果来认识自己的成功。我鼓励他们识别并反思他们的成功感："现在——在你努力去理解之后——你理解了，是不是感觉很棒啊？"

我希望他们成为积极的学习者。我必须创造一个安全的学习环境，让他们可以放心地分享他们的想法。在他们的第一课中，我设置了一个任务，主要目标是让他们谈谈自己的想法。所以我选择了一项任务，我认为他们会迫切要去谈论——气球！气球爆裂，气球向内翻，气球把桌子提起来了……我给他们提供了一个机会，让他们能在较少威胁的情况下谈论他们的想法。首先，他们成对地分享他们的想法，然后我们全班讨论。为了做示范，我分享了我自己的想法，甚至是傻傻的出丑经历，我很开心地拿我自己开了个玩笑。我拿自己的思想来冒险——并将自己的想法放到网上——或许我的学生也会这样冒险……

结果呢？到了期末，我让他们谈论了他们的想法，现在我不确定我是否能阻止他们不去谈论自己的想法。我不确定我是否还想尝试其他方式，因为他们有着如此丰富多彩的想法，喜欢彼此分享和相互挑战。他们现在不断挑战我的权威。真是激动人心，这表明他们有权利发表意见，他们的想法和我的一样重要。我发现，通过对他们兴趣的关注和对他们的尊重，我们已经建立了良好的工作关系。一般来说，任何困难都可以说出来，即使我对结果必须保持耐心。

我是作为研究生实习老师时获得这个经验的，我知道我还必须形成一套策略，我需要把我的想法落实到每天的工作中。我已经知道，为新班级建立一套新制度是值得欣赏的，我需要考虑学校共同体的价值观和期望，把它们融进我为学生设置的目标中。

当我走进任何一间教室，我首先是打破"我们和他们"的固有心态，这种心态让一些学生认为学习是他们必须要对付的事情，而不是让他们感到学习是他们的权利，是令人欣喜的奖励，是让人激动不已的事情。我想在教学中把自己作为他们的伙伴，而不是一个控制者——不断评判他们并衡量他们的表现的控制者。

你是否记得"新教师规则"："永远不要在学生面前微笑！"我会打破它。如果我不风趣，如何交流学习才是有趣的呢？我认为最为重要的是，快速地了解你的学生，对每个学生表现出特别的兴趣，他们的名字是什么？他们对你有什么期待？他们对自己有什么期待？他们的动机是什么？他们害怕什么？他们感觉惊喜的是什么？毕竟，我如何给他们最好的学习机会……如果我不知道我在教谁，那么我能怎么教呢？

我知道我的学科内容是什么，它们很容易理解。但我不是在教科学，而是在教理科学生。

评　论

莉莎的故事展示了反思对专业实践所产生影响的成熟洞见（第6章）。莉莎为她的学习哲学观和教学哲学观提供了解释，对她如何想方设法把自己的万丈热情传递给学生进行了解释（第3章）。莉莎的专业哲学观与心理教育理论是一致的（第1章和第2章），还有生态学视角（第1章），强调了解和建构积极的师生关系（第3章），并且非常清楚地意识到实现高质量的课程和教学的需要（第4章）。

来自安德鲁的故事

安德鲁是一名合格的小学和特殊教育工作者。之后，他又在当地的一所综合高中获得了一份中学教师的工作。安德鲁的反思集中在这样几个方面：他扮演高中教师角色所面对的挑战、他所教学生的特质、对促进学习的努力学习策略的一些解释。

我在第二学期去一所新学校任教，但我没有机会见到我的学生或工作人员，也没有机会知道他们的学业处于什么水平。幸运的是，我已经知道我对学校的工作模式已经上路了。我已经在头脑里构思过我一到学校时我想要做些什么，但我已经被有关人员提醒过了，我所任教的班级超级难对付。我有点紧张。我甚至翻阅了我以前的大学笔记，也请教了其他一些我很敬重的老师，我还阅读了好几本书。当我置身这个班级的时候，我被抛入了万丈深渊，我感到孤立无援。在最初的几周里，我经历了一段可怕的时光……我甚至花了一些时间在网上看招聘广告……这可不是我想要的结果。

我犯了所有新手老师所犯的错误，所以我决定从头开始。孩子们不认真听讲，因此我把他们和他们的朋友分开来坐。我设置了教室里的座位表。自从我和他们在一起相处几周以来，我弄清楚了他们的小群体情况，知道是谁在那里兴风作浪。首先，我让他们自己选择座位。在那次失败之后，我让每个学生写下两个他想要一起坐的同学。好孩子坐在他们想要一起坐的人的旁边，而把那些容易分心的孩子放在我想要他们坐的位置。（在我短暂的教师生涯中，我学到的一件事就是，让孩子们自己去面对他们行为的后果。）

我把桌子隔开，这样就有足够的空间让我可以轻松地在教室里走动，并让他们感受到我的存在。（我组建过一天的小组活动，但出现了很多麻烦，我很快就决定不再这样做了。）我确实喜欢在小学课堂里进行小组学习，但是这不适合我的教学风格，也不适合高中阶段的学生。我把两个最不能按时完成任务的学生安排在最前面靠近我的位置，这反倒增加了他们兴风作浪的可能性。既然这样不起作用，因此，我把他们移到教室的后面，远离其他人。他们坐在教室的后面就很难成为舞台的中心，这样效果不错。我把视力有障碍的两个学生放到了前面的位置，这样很管用。我的一个学生情绪暴躁，但没有明显的“前科”，他的心情每天都千变万化。我用一张自愿暂停卡把他安排在靠门口的位置，我们达成了协议，如果他滥用自愿暂停卡，他就会失去它。这种做法也很有效果。

我相信高中生会对三件事很感兴趣：公平、有趣和事实。公平应该体现在从纪律到评分到老师给予学生的时间和关注的每一件事情上面。课程需要尽可能多体现

有趣性，尽可能多地介绍与主题相关的有趣事实（或者什么都不做）。给课程中一些枯燥的方面增加趣味性是一种极好的方式。令人惊讶的是，学生们会极其关注你，对你感兴趣。

我采用简单的“三击出局”策略。每个学生都有两次机会停止或开始做我要求他们做的事情。如果他们继续不听话，他们有五分钟的休息时间。在这之后，他们可以回来，但我会使用零容忍。这必须公平地进行。最近有个学生让我十分生气，因为他让另一个学生逃脱了惩罚。这是我的错。进一步暂停意味着把犯错学生送到我搭档的教室里去……或者更糟。“三击出局”策略有效的前提是，你和你的学生要保持良好关系。

我努力与我的学生们建立积极的师生关系。我对他们和他们感兴趣的东西感兴趣。如果他们其中一个人感到不安，我就会给他五分钟的时间离开教室去喝点东西。在他回教室的路上我会赶上去问问他，看看一切是否恢复正常，或者是否需要我帮忙。如果我有时间，我就会和孩子们在操场上踢足球。这是表现糟糕的“阿尔法”孩子们的天堂，但如果你让他们站在一边，操场上就会一切太平。当我在玩他们的游戏时，他们从不同的角度看我。他们不会因为一场足球比赛就 180 度大转弯的，但他们会听我的，因为我们有良好的关系在，这就是尊重，如果他们尊重你，他们很可能会听你的。

另外一个诀窍就是，如果你愿意，就告诉他们你自己的故事。在我入职的第一天，我就用 PPT 向他们展示了我自己和我的家庭。我知道很多老师不喜欢他们的学生了解自己。好一段时间我接受了这个理论，但我发现我不喜欢我的工作，觉得自己很像机器人。这不是我的教学方式（我还没有完善这一点，虽然有些学生仍然不能区分“朋友”和“老师”）。

我的教学会随着经验的积累继续改进。我提醒自己所有的都是新的，我还没有得到所有的答案。然而我发现，维护个人关系的方式是不可能从书本中学到的，没有一种模式适用于所有人。我很幸运在我身边拥有很多优秀的同事，这样我能够去向他们请教或者去观摩他们是如何工作的。孩子们需要先了解他们的老师，然后才能开始了解他们的课程内容。

评　论

安德鲁从小学/特殊教育的教师岗位调任为高中老师，这一经历当然挑战了他的应对能力和专业哲学观（第 1 章和第 2 章）。他有能力审视和反思哪些是有效的，哪些是无效的（第 6 章），他也有能力建立一个井然有序的学习环境（第 5 章），他有热情去了解和建立与学生的关系（第 3 章）。安德鲁从重视计划开始（第 9 章），并能够运用他之前的学习和经验为他更具挑战性的学生实施可行的干预措施（第 7 章）。作为一名初任教师，他在这种充满挑战的环境中要走的路还很长，但是他已经与经验更丰富的同事建立了积极的关系，并且知道如何专业地成长（第 6 章和第 9 章）。

来自温迪的故事

温迪是一名中学英语教师教育专业毕业班的学生，她的反思聚焦在日常课堂管

理上，特别适用于建立一个新班级时。

“你一离开大学，就会进入现实世界。”这通常是职前教师进入学校后听到的第一句话。的确，我敢肯定，如果你随大流的话，老师在日复一日地按部就班工作一段时间后就会减少理想主义的抱负。但是，当我在进入大学最后一年的教育实习时，我还是十分坚定地捍卫了我的教育理念，即使它们将来会被经验所改变和塑造。在我上大学期间，我作为一名教师助理在中学实习，我慢慢意识到，当我开始为自己的课堂定下基调时，我会变得焦躁起来。

这很简单，例如有一个整洁干净、井然有序的学习环境，使你的学生对你所教的科目能保持积极和愉快的态度，就会对课堂氛围产生很不一样的影响。在黑板上写下教学任务，设置学生上交作业的时间期限，对任务进行分类以满足学生不同的学习风格和需要，并确保教学的目标是明确的和可实现的。在课堂上使用轻松的语气，在开始讲课之前等待大家安静下来，可以减缓你不断提高音量的需要。我发现，尤其是对待“问题学生”，如果他们情绪激动，或者是在操场上和其他课堂中发生一些意外情况，温和的教导比大声训斥更能让他们冷静下来。我也坚信，要让他们保持忙碌，有事可做，教师为每节课制定详细的计划是非常重要的，否则你会为他们感到无聊乏味或焦躁不安而付出代价。

我认为对于有效班级管理而言，最为重要的事情就是与学生建立关系。例如，如果你知道缺乏学习动力的学生是因为他们足球队的明星，那么你就有机会去和他们的世界建立真实的联系。此外，对学生的文化背景和所有的个体差异或认知问题这些因素有了一定的了解之后，也会产生很大的影响。比如说，自闭症的学生有特定的学习和思考方式，这些方式可能与你对正常行为的认知相冲突。一个学生可能不会与你有进一步的交流，但对于这个学生来说，并不意味着他们没有在听你讲课。

我们不仅要“懂得”（know）我们的学生，还要了解我们学校的情况。对学校的规章制度的了解是至关重要的，因为你需要知道当学生与你公然作对时，下一步你应该怎么做。例如，你需要知道手机和掌上电脑、做标记和除臭剂的相关规定。高中学生中有人违反了纪律，就会非常熟练地去谋划如何逃脱惩罚。同样重要的是，让他们知道你的班级是个公平公正、一视同仁和安全的地方，你会依据明文规定对不公正现象采取相应的措施。

作为一名教师助理，我有幸在几个班级中与学生打交道，与学生们一同完成整个学习项目，我惊讶地看到了一些老师在讲台上可能会忽略的东西。有时我知道学生错误行为的前因后果，而老师可能却只看到了错误的行为。教师在讲台上不可能看到课堂里发生的所有事情。因此，在我的班级里，我将制定具体的学习计划，将合作、小组学习和独立任务相结合。

在开始布置一个学习场所之时，需要制订合理的课堂管理计划并秉持良好的教学理念。作为一个遵循格拉瑟方法的老师，我会通过民主讨论来制订课堂规则、学校规则及明确的教育期望和要达成的期望目标。例如，如果一个学生在课堂上拖延时间，没有完成他们的任务，我会把选择摆在他们面前——如果不在当堂课上完成，那就需要在午餐时间来完成。但与此同时我们也要讨论造成这种现象的原因——任务对于同学们来说是过于困难还是过于简单？或者是他们认为学校的任务没有家里的任务重要？我会私下与学生就这些问题展开讨论，以此确保孩子的尊

严，并创造一个安全的学习环境。

为了分辨学生已有的学习经验，我在学习开始阶段布置了一项写作任务，让学生对自己的能力进行诊断性评价。然后，我在教学实践中实施“勤于评价，快速反馈”的教学方法，让学生对自己的学习进行反思。作为一名教师，我也需要成为反思性实践者。无论在什么学习情形中，我都尽可能将动觉学习经验与现实生活联系起来，这在完成各种学习任务时尤为明显。

评　　论

温迪简洁明了地阐述了她对课堂管理的专业理念和理论方法（第 1、2 和 9 章）。为了质量评估和教与学（第 4 章）设计组织有序的（第 5 章）和计划明确的（第 9 章）场景。做到这些方面的关键在于和学生保持积极正面的师生关系（第 3 章），温迪认真考虑了班级管理计划的基础（第 9 章）。初任教师面对的各种问题和挑战她都有了清晰的认识，温迪将会成为一名非常优秀的教师……

小　　结

要想成为一名卓有成效的教师，你需要把大家熟知的并经过慎重考虑的专业哲学观用到与之匹配的良好实践中去。你为什么这样教需要与你教什么以及怎样教保持一致。许多卓有成效的教师，都有自己的一套创造积极学习氛围的教学方式。一般说来，教师几乎没有机会与同事处于同一教学情形之中，因此，教学被称为“最孤独的职业”就不足为怪了。这些来自工作一线（也有一些来自网站）的教育故事为你提供了见识各种各样成功的教育专业人士的专业哲学观和教育实践的机会。他们的故事有明显的差别，但你可以透过这些故事归纳总结出良好课堂管理实践的关键因素。这些关键因素就是我们在莱福德课堂管理模式所解释过并支持的观点。

基本概念

- 专业哲学观
- 基于案例的学习
- 课程、评价与教学法
- 生态学视角
- 井然有序的课堂
- 积极关系和有效交流
- 心理教育、行为主义和认知行为理论
- 反思和反思性，实践性和实践

个性化活动和小组活动

活动 1

回顾本章的“开篇故事：如果我再多有一点时间……”你站在安妮的位置进行换位思考。本章提供的故事（或我们的支持网站提供的在线故事）会如何帮助你为类似情形做好准备。

活动 2

比较本章中来自一线教师的两个或更多的故事（或提供的在线故事），只在学前教育、小学或中学的背景进行。列出并讨论作者的课堂管理思路的相同点和不同点。有什么变量可以用来解释这些方面？

活动 3

比较本章中来自一线教师的两个或更多的故事（或提供的在线故事），只在职业教师、初任教师或初任兼职教师的背景进行。列出并讨论作者的课堂管理思路的相同点和不同点。有什么变量可以用来解释这些方面？

活动 4

比较本章中来自一线教师的两个或更多的故事（或提供的在线故事），但要选择跨背景的进行比较。列出并讨论作者的课堂管理思路的相同点和不同点。有什么变量可以用来解释这些方面？

活动 5

回顾你的专业哲学观，它显示出清晰性、逻辑连贯性和实践性了吗？把你的专业哲学观与你的同事或更有经验的老师的专业哲学观进行对比。你的专业哲学观与你的课堂管理计划是一致的吗？

学习工具

访问 www.cengagebrain.com，获取与本书有关的学习工具。

网络链接

Aussie Educator: A total education page for Australia
www.aussieeducator.org.au/teachers/teacherbeginning.html

Ginns, I., Heirdsfield, A., Atwech, B., & Watters, J. (2001). 'Beginning teachers becoming professionals through action research', *Educational Action Research Journal 9*(1): 109–31.
http://eprints.qut.edu.au/1683/1/1683.pdf

Reitano, P. (2007). *The behaviour management strategies of one beginning teacher: a study of conceptual change.* ATEA National Conference 'Quality in teacher education: Considering different perspectives and agendas'.
http://ro.uow.edu.au/cgi/viewcontent.cgi?article=1658&context=edupapers

Richardson, E. (2008). *'Trust me kids, I'm a teacher': Building a teacher identity.* AARE 2007 International Education Research Conference: Fremantle, Australia; papers collection.
www.aare.edu.au/07pap/ric07348.pdf

拓展阅读

Kyriacou, C., & Kunc, R. (2007). 'Beginning teachers' expectations of teaching', *Teaching and Teacher Education, 23*: 1246–57.

Learman, L. (2005). *Classroom confidential: Hints and tips from an insider*. London: Continuum International.

Rogers, W., (2009). *How to manage children's challenging behaviour (2nd ed.)*.(Chapter 8). London: Sage Publications.

Slee, J. (2012). *Hang in there 'til Easter: Managing classroom behaviour by building resilient teachers*. South Melbourne, VIC: Cengage.

第 9 章
理论付诸实践

作为一名教学专业人员，你的主要职责就是促进学生的学术能力和社会性发展，你也有责任创造并维持积极的学习环境。你的课堂管理模式和计划对你履行这些职责至关重要。如果必须要做，那就要好好地做，争取做好。

学习目标

通过本章的学习你将能够：

- 描述你的专业哲学观的基础、你的课堂管理理论方法和课堂管理计划
- 解释你开发和应用课堂管理计划的一般过程，借鉴莱福德课堂管理模式
- 以莱福德课堂管理模式为起点，创建你自己的课堂管理模式
- 解释本章结尾列出的基本概念

本章概览

- 开篇故事：第一学期的第一天很快就要到来……
- 引言
- 反思：莱福德课堂管理模式
- 你的专业哲学观
- 你的课堂管理理论方法
- 你的第一个课堂管理计划“支架”
- 回顾第 2 章：相关背景
- 你的第一个真正的课堂管理计划
- “临时”教学
- 你自己的课堂管理模式
- 小结
- 基本概念
- 个性化活动和小组活动
- 学习工具
- 网络链接
- 拓展阅读

开篇故事：第一学期的第一天很快就要到来……

第一学期的第一天很快就要到来了。莉莎来到一所新的学校并有了她自己的班级。莉莎已经读完了《课堂管理》大学教材，她充满了激情，为管理自己的

新班级做好了准备，她想尽可能成为最好的老师。她对自己所读过的书籍和到目前为止的教学经验进行回顾反思，她将干劲十足地带领新学生度过美好的一年。

莉莎重新审视了她在课堂管理方面的专业哲学观和理论方法，并准备起草一份清晰的行动计划，指导她在未来12个月的课堂管理实践。莉莎拿出她的笔记本电脑，但她的头脑一片空白，什么也写不出来。莉莎坐在那里想啊想啊。她看着空白的屏幕……这比她预期的挑战还要大。其他老师是如何处理这项任务的呢？

引　　言

总的来说，这一章旨在把你的专业哲学观、课堂管理的理论方法和课堂管理计划（在一个适当的课堂管理模型的背景下）结合起来，为学生创造一个积极的学习环境。你现在可能已经草拟了你的专业哲学观和理论方法，或者采用了莱福德课堂管理模式，或者起草了你自己的课程管理模式。你头脑里可能已有一个课堂管理计划（classroom management plan，CMP）的草图。我们将会讨论这些因素，帮助你准备好你的第一个课堂管理计划。

第8章介绍了初任教师在这一领域的一些思考。（我们的合作网站上有一份由职前教师、初任教师和经验丰富的教师撰写的拓展课程。）这些反思概括了这些教师对课堂管理的看法。它们还提出了与教学相关的一些挑战，特别是与课堂管理相关的挑战，以及这些作者是如何将理论与实践相结合来应对这些挑战的。一个反复出现的主题就是，在莱福德课堂管理模式中提倡的理论和实践深受欢迎。

这一章以对莱福德课堂管理模式及其背后蕴藏的重要理论和关键过程的反思为起点。在我们看来，这些是帮助你开发自己的管理模式（如果你选择这样做的话）和你的第一个设想“真实课堂管理计划”的关键参考点。我们将指导你回顾你的专业哲学观和课堂管理的理论方法。基于这些回顾，我们将指导你起草第一个课堂管理计划“支架”，并通过三个步骤来开发、实现和巩固你的“真实的课堂管理计划”。

注意：如果你打算起草自己的课堂管理模式，我们建议以莱福德课堂管理模式为起点或模板。课堂管理的理论和模式是多种多样的，并且处在不断发展之中，因此使用莱福德课堂管理模式作为模板将有助于你理解这些变化。（莱福德课堂管理模式参见图9-1，提醒关键要素和流程。）

反思：莱福德课堂管理模式

在本书最开始的两章中，我们介绍了莱福德课堂管理模式和它蕴含的重要理论，以及来自我们自己的专业哲学观的观点。我们还介绍了一系列课堂管理理论并进行了分类解释。这些为你提供了课堂管理理论的基础知识和一些用来进行讨论的元语言。莱福德课堂管理模式是一种“转型”模式，它可以适应不断变化的环境，包括不断发展的理论和课堂实践两个方面。在第3～6章中，我们向你提供了莱福德课堂管理模式中关于积极实践的详细解释。这些是大多数当代课堂管理计划和实践中的关键因素，当人们期望你满足学生多样化需求的同时还要满足课程要求时，积极的实践是必不可少的。在第7章中，我们解释了一系列的干预措施（通过认知行为到基于行为的心理教育策略），你可能需要利用它来应对更具挑战性的课堂管理情景。

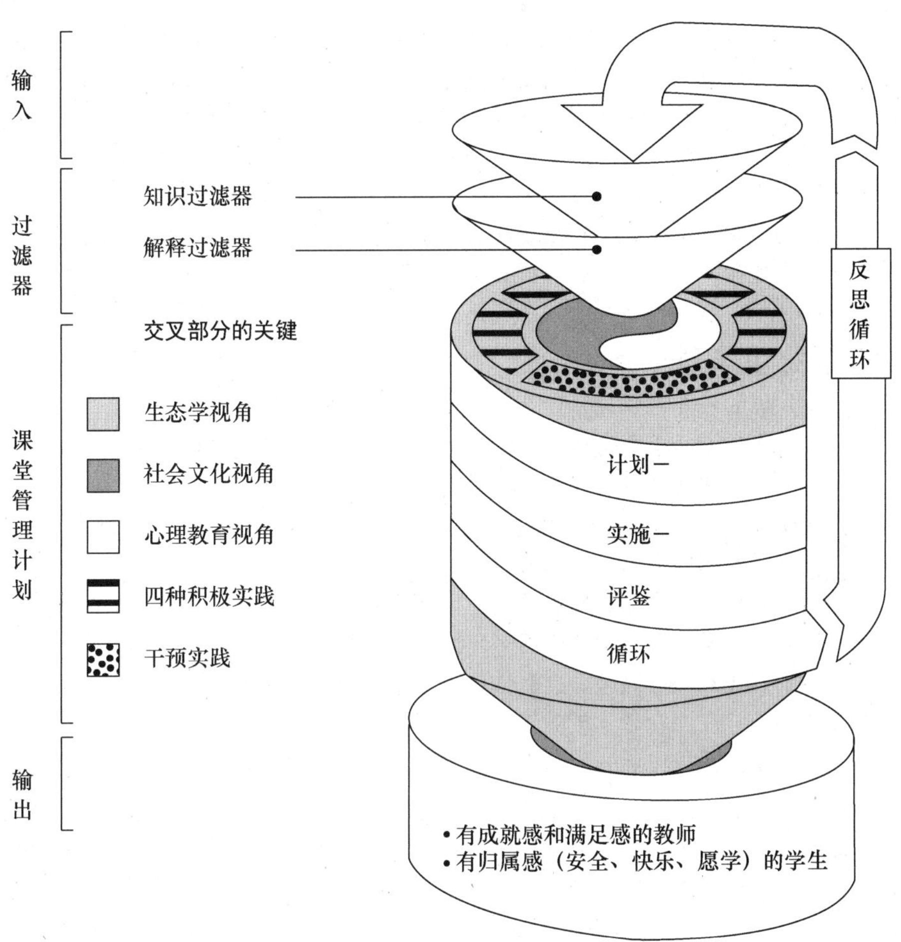

图 9－1　莱福德课堂管理模式

如果你系统地阅读了这本书，你将了解创建自己的课堂管理计划所需要的所有因素。我们认识到这一过程的复杂性，下面的解释将逐步增强你的理解。如果你对这个过程没有信心，我们建议你重新阅读第 2 章来重新理解莱福德课堂管理模式（见图 9－2）。

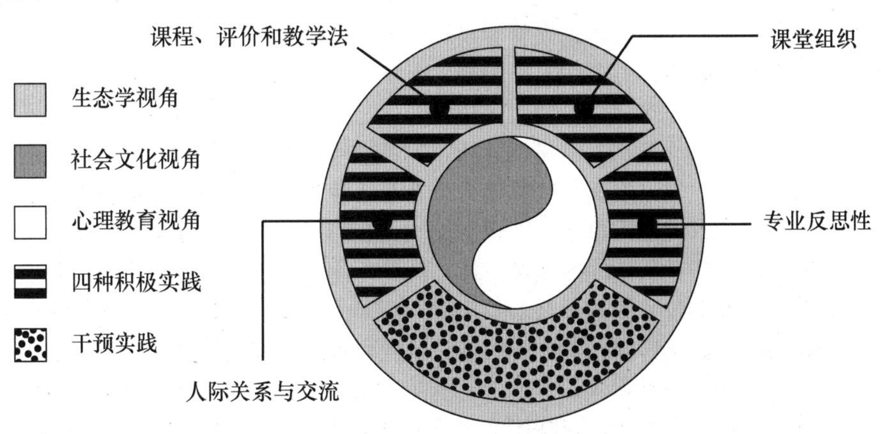

图 9－2　莱福德课堂管理模式的交叉部分

莱福德课堂管理模式可以作为创建你自己的模型和课堂管理计划的起点或模板。你可以选择不同的理论和方法，并将它们与你的专业哲学观以一种适合你的方式结合起来。如果你想成功地开发和应用自己的管理模式，你需要清楚自己的专业哲学观和理论方法。事实上，当你成为一个更有经验的教育家时，我们鼓励你用这种方式使用莱福德课堂管理模式。新理论将不断涌现，新策略将不断发展，现有理论和实践将不断完善。莱福德课堂管理模式是为适应这种变化和转型而设计的范型。现在，让我们开始起草和/或回顾你的专业哲学观……

你的专业哲学观

你的专业哲学观是什么？更确切地说，你怎样理解学习和教学？在学习和教学中对你来说最重要的是什么？你教什么（课程）如何与你怎么教（教学方法）相结合？你是如何衡量（评价）学生的学习的？成长与发展、学习与教学、行为与动机的哪些理论会影响你的理解、信念与价值观？在你的专业哲学观的发展和应用中，应该考虑哪些更为广泛的背景？

你对这些或类似问题的回答可能与其他老师的回答不同，因为你的回答会受到你的专业教育、教学和生活经历的影响。此外，你的专业哲学观会随着你的发展而不断改变并做出调整，进而参与到持续的专业反思中去。这种变化是健康合理的，使你能够在课堂和学校的动态环境中识别、回应和引领挑战。

作为课程作业的一部分，你们许多人都已经起草了一份专业哲学观的陈述，这是一个有用的练习，可以保持你的早期框架，在你初入教职期间重新回顾它们，然后在你的整个职业生涯中定期回顾它们。这是一本有趣的读物，是你专业成长和发展的宝贵记录。我们选择用一系列的陈述来体现我们的专业哲学观。这有助于我们检验他们在面对各种课堂管理理论时的连贯性。在你表达你的专业哲学观时，这些观点也应该与指导你的管理模式和实践的理论相一致。

关于成长和发展、学习和教学、行为和动机，有许多相关的理论和模式，它们会为你的专业哲学观的发展提供信息和指导。第1章介绍了莱福德课堂管理模式的核心理论——人文主义理论、知识习得理论、生态学理论、社会文化理论、心理教育理论、认知行为理论，以及《国家质量教学议程》(National Quality Teaching Agenda)。我们从中选择了几个具体的理论。有各种各样的知识习得理论和社会文化理论，我们在莱福德课堂管理模式中重点介绍了其中的一些理论。我们把这些联系在一起，形成了一个包容一切的生态学理论，作为一种信号方式，在更广泛的背景下，来理解课堂管理是如何运作的。

针对这一点，我们建议你回顾（或起草）你的专业哲学观。下面的过程可能会对你有帮助。只用两页纸写出一份专业哲学观陈述草案。在第一个案例中，起草一个最好情景的陈述草案（理想主义）。也就是说，把你的哲学观写下来，就好像所有的事情都有利于你的立场一样。例如，你可以解释你对教学与学习的理解，解释对你来说学习和教学什么是重要的；解释为什么教与怎么教是相互关联的；解释成长与发展、学习和教学、行为与动机的联系，它们会揭示和影响你的理解、信念和价值观（或世界观）。

把这个专业哲学观陈述草案压缩成两页确实是一个挑战。然而，它确实会迫使你找出专业哲学观的关键点。作为一名职前教师，你的个人哲学观几乎肯定是脱离

具体环境的；也就是说，假设你还没有实际的班级/学校/学区背景。这与我们在第 1 章中对知识习得的解释有关。你的专业哲学观将会随着你从一个新手（职前）教师到一个有能力的教育实践者，再到一个专家或大师级教师的变化而改变，会随着你从教的工作情景的不同而被告知要进行修正和完善。

现在让我们开始拟订课堂管理的理论方法……

你的课堂管理理论方法

第 2 章为你提供了各种各样的课堂管理理论，所以你有基础去探索不同的课堂管理理论，你可以用它们来启发你自己的专业哲学观。这些理论有些比较宽泛，有些则更为具体。辨别这些理论的差异是相当具有挑战性的。

在第 2 章中我们还概述了三种包括应用的课堂管理理论方法。总的来说，这三个理论方法包括简便思路、混合思路和实用思路。

采取简便思路意味着采用一种理论和实践的方法来管理课堂，只与一种课堂管理理论保持一致。这意味着你只能从这些理论中选择一种指导你和你的专业哲学观的发展，最终形成你的课堂管理计划。对于初任教师来说，这是最简单易行的（也是我们最喜欢的）方法。

混合思路是一种通过从不同的理论中提取各种兼容的因素来开发个性化方案的方法。这种方法有可能很容易实现，同时也可以“根据个人的专业哲学观量身定制”。采取混合型教学方法需要对课堂管理的各种理论和实践方法有非常全面的认识和理解。注意：并不是所有的课堂管理理论和实践都是相辅相成的。如果你选择发展和采用一种混合思路的方法，你应该通过比较和对比支撑它们的原则和你的专业哲学观来确保理论之间的一致性。

实用思路意味着改变理论和实践的一致性，这取决于你的课堂和学校的性质。这种思路方法有可能给你带来更大的理论价值，进而带来实践价值、适应性和不可靠性，但它需要你对所选择用于课堂管理的理论和实践方法的各个方面以及为什么、何时和如何改变你的一致性都有足够的了解。

如上所述，对于初任教师，一般建议采用选择简单的课堂管理理论并发展简单的专业哲学观的思路。莱福德课堂管理模式可以作为一个简单方法的基础，因为我们的哲学观陈述与我们的理论是相互关联的。当你对其他理论和模式有更多的了解和理解并经历了教学的复杂性后，你将会变得见多识广，就可以考虑采取混合思路或实用思路的立场。尽管有这样的建议，我们还是强烈鼓励你去研究、采纳和融合任何能给你的专业哲学观带来清晰、有力和有效的理论和模式，只要它们有一个连贯的研究和概念基础。

现在是时候回顾（起草）你的课堂管理理论方法了。写一份（两页）你的管理方法的草案。这个陈述不是你的课堂管理计划（它将是实际的、与具体情境相联系的、具体的和面向过程的），而是基于你的课堂管理计划的理论合理化大纲。在第一个实例中，起草一个最佳场景语句；也就是说，把你的陈述写得好像你所有的新学生都是非常积极、合作和成功的学习者。（哦，真幸运！）选择一个（或多个）符合你的专业哲学观的课堂管理理论，解释你选择的理由，并解释和合理化你打算采用的方法（简便思路的方法、混合思路的方法或实用思路的方法）。你还可以解释课堂管理对你来说什么是重要的，课程、教学法和评价是如何与你的方法相

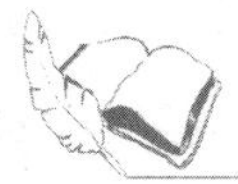

互关联的，以及莱福德课堂管理模式（或你自己的模式）中的因素如何影响你的管理方法。

一旦你拟订了你的专业哲学观和课堂管理的理论方法草案，你就可以自信地进入起草你的第一个课堂管理计划“支架”的过程中；也就是说，准备这个课堂管理计划还没有获得真实背景的益处（和限制），只是一个虚拟的支架。这意味着你没有可以应用此课堂管理计划的班级/学校/社区环境。因此，我们希望你想象一个“理想”情景，为你的课堂管理计划界定一个假想的情景。

正是借助这个课堂管理计划支架，你将能够起草一个“真实的”课堂管理计划，以适应你作为一名职前或初任教师所遇到的具体教学环境，即在专业实习、临时代课或全职教学中你会使用的计划。

你的第一个课堂管理计划“支架”

如果没有必不可少的背景，尝试草拟一份“真实的课堂管理计划”几乎是不可能的（甚至可能是毫无意义的）。但是，开发你的第一个课堂管理计划支架（基于你的专业哲学观、理论方法和模式）是积极的和有意义的。因此，我们希望你考虑以下四个假设场景或背景，并为最可能适用于你的情景准备课堂管理计划支架。很有可能，从师范教育专业毕业后，你将通过四种途径之一进入教师行业。这些并不是相互排斥的途径，通常初任教师参与到他们的职业生涯之中时不止使用过一种途径。

第一种途径，你可能会看招聘广告。临近毕业之时，当地小学或教育中心的某一特定班级，或当地高中的某一教师职位正在招人。你考查一下这个职位，然后决定这对你来说是否是个机会。你递交申请和专业作品集，获得面试机会，成功通过，并被邀请在下一学年的第一天开始工作。校长/领导亦邀请你在接下来的数周内开始筹划及准备工作，这是一个理想的情况。（注意：随着各个学校和学前教育中心社区在人员配备上越来越独立，这种情况越来越普遍。可能不会及时地通知你做好准备和计划，但至少你要对你将要任教的学校或社区，甚至可能是学生群体有一些了解。）

第二种途径，当你收到一封来自“教育部”的邮件，告知你在离家大约 6 个小时车程的学校找到了一份工作时，你可能正在阳光下愉快地度假。你接受了，一周后开学。（注意：这并非不可能。由于许多空缺是由转岗的教师和/或本地代课教师填补的，因此，在大型教育部门的合格教师名单上的教师往往会得到通知。最终，虽然空缺确实出现了，但这些空缺不是现有员工所寻求的，而是提供给那些在候选名单上的人。）

第三种途径，你可能会得到学校或中心的“顶岗”实习机会。（通常是由休长假的固定教师创造的，时长在 2～10 周。）如果这个岗位提供给你是因为你作为一名学校或中心代课教师有良好的声誉，那么你可能已经相当熟悉这所学校所处的社区以及学生生源的构成。在实习或顶岗期间教得好的初任教师经常会被校长在下个学期邀请回来进行日常教学。

第四种途径，在一个寒冷潮湿的冬日早晨，你可能正在一边吃早餐，一边忙着找工作。这时当地学校的副校长或中心负责人打电话给你，让你从 40 分钟后开始，安排一天的临时顶岗。

现在回到任务中来……我们希望你准备一个课堂管理计划支架来“适应”这些假设场景中的一个或多个。我们建议你的第一次尝试应该是为最有可能发生的情况做准备。例如，如果你自由自在、喜欢自由、热情万丈、愿意并且能够在任何地方接受全职工作，就选择第一或第二种情形。如果你的职责将你与当地联系在一起（当地大部分的全职职位空缺通常都是由更有经验的教师提供的），或者你可能无法承诺全职工作，就选择第三或第四种情形。

至少现在你有了一个假设的情形来帮助你起草课堂管理计划支架。你现在也能设定这个场景的其他方面——你可以充实情景。补充实际年级或年龄组的学生、学校的规模及其设施和资源、学校所在社区、需要任职的时间、课程的优先顺序。这样的例子不胜枚举。

注意：你的专业哲学观在这个阶段应该是一个固定的变量。然而，你的课堂管理理论可能会被重新考虑。你喜欢的课堂管理理论应该是站得住脚的，但是你的方法（简便的、混合的或实用的）可能会根据场景中隐含的具体情况而有所不同。

为了形成你的第一个课堂管理计划支架，我们建议你回到莱福德课堂管理模式。你有自己的专业哲学观和课堂管理理论方法。也就是说，你有自己的理论，但你现在需要把它付诸实践。

莱福德课堂管理模式解释了四个关键的积极实践：人际关系与交流；课程、评价和教学法；课堂组织；专业反思性。选择那些与你的专业哲学观和理论方法相一致的实践方式。在第 3～6 章的每一章都有实用的策略和技巧。这些积极的实践、这些策略和技术是你的第一个课堂管理计划支架的基础。

注意：还必须考虑制定干预措施的问题（如果遇到更具挑战性或持续存在的课堂管理问题，而这些问题对你的课堂管理计划没有合理的响应）。在起草课堂管理计划支架时，你可能不需要对你的干预实践给予太多的考虑。然而，你最终可能在你的第一个真正的课堂管理计划中实施的干预类型需要与你的专业哲学观和课堂管理的理论方法相一致。（我们建议你参考第 7 章的指导方针。）

开始修改（起草）课堂管理计划支架。我们建议 3～4 页，但是没有关于起草课堂管理计划支架的规则，当然你应该合理地确认所给定的场景情况是最适合你的课堂管理计划支架的。你可以从更详细的假设场景描述开始，以“充实”上面提供的简短场景。

注意：我们没有为你提供这四个场景中的任何一个课堂管理计划框架的范例草案。我们没有选择这样做，因为我们认为这可能会限制你的思维。尽管如此，我们还是在整个章节中为你提供了丰富多样的故事，并在第 8 章和相应的网站中为你提供了来自该领域的富有灵感的可供选择的资源。这些是你的聪明才智磨砺出的硕果。

在我们建议你起草你的第一个“真实的”课堂管理计划之前，我们敦促你进一步思考一下“背景”。

回顾第 2 章：相关背景

现在你已经设计了你的第一个课堂管理计划支架，是时候重新建构了。在“真正的教学环境”中，你需要考虑哪些情境因素？你的专业哲学观必须与课堂管理的

理论方法相联系，甚至相一致。课堂管理计划实践也必须如此。你对课堂管理是怎样理解的？你教什么和怎么教之间有什么样的关系？你对学习了解多少？这与你的课堂管理方法有什么关系？在你最终开发的课堂管理计划及其应用中，应该考虑哪些更为广泛的情况？这些考虑是通过你对莱福德课堂管理模式中讨论的两个过滤器（知识过滤器和解释过滤器）的理解得到的。

当你发现自己正在为第一次教学预约做准备，并开发自己的第一个课堂管理计划时，还有一件事你必须要考虑。在莱福德课堂管理模式中，生态学理论发挥了很大的作用，因为在这种情况下，一旦你选择了自己的课堂管理理论方法，它就必须与具体和系统的课堂管理方法保持一致。创建了最佳情况和理想主义的方法表述之后，你将需要考虑系统约束来进行适当的调整和校正。

一旦你成为更广泛的教学社区的一部分，你可能需要调整你的方法，并考虑各种其他因素和更广泛的环境。并非每件事（和每一个人）都对你有利。孤立地说，你的专业哲学观可能是完美、健全和便利的，但在学校和中心，你将与来自不同背景的孩子一起工作，与具有广泛理解、信仰和价值观的同龄人为伍，在政策和由教育当局制定并很可能授权的程序中，在你的专业哲学观的发展和应用中，这些和其他背景都需要被考虑进去，这样你才能在课堂和学校的复杂环境中找到合适的位置。这些是大多数初任教师从大学转移到学校和课堂的经历。

个人、地方或系统的有效课堂管理可能会存在阻碍。识别这些阻碍因素并非易事，但这是关键的一步。让我们给你举一个例子。

一位职前教师在一门关于社会正义的课程上写了一篇日志。她的母亲在一家超市外遭到一些越南裔年轻人的袭击。她在日记中写道，所有越南高中生都携带刀具。这位职前教师深受母亲的创伤经历的影响，如果越南学生在她的课堂上表现不好，她可能会以不同的方式对待他们。通过对这一问题的确认，就有可能防止可能出现的偏见。

一旦发现问题，老师就会更加注意自己的行为，甚至可能形成一个行动研究循环来监控发生了什么。这可以以一种不需要公开披露偏见的方式独立完成。（毕竟，这些都是高度敏感的问题。）然而，行动研究循环可以作为一种改变的机制。在许多方面，只有个人障碍是在你自己的控制范围内的。其他方面的障碍（学校希望你的运作方式）和系统的障碍（教育部门或独立学校系统希望你的运作方式）可能更难处理。

你对这一部分第一段中所提问题的回答，与你同事的回答可能会有所不同，原因与我们先前在专业哲学观一节中所提到的一样。就像你的专业哲学观一样，你的课堂管理理论方法也可能会随着你的发展和专业反思以及经历不同的环境而做出改变和调适。我们再次提醒你注意这一点，因为我们认为这一观念很重要，而且这一改变是健康的和必要的。它使你能够适应和响应不断变化的动态课堂和学校环境，你将在这样的环境中工作。

你必须考虑的一个大背景是，所有的教育机构都有自己的政策和指导方针（参见本章末尾的网络链接）。你应该检查这些政策和指导方针的理论基础，即使这些没有明确说明。我们也鼓励你检查两个领域的相关课程和其他学生的行为。在莱福德课堂管理模式中，我们始终把这些作为同一枚硬币的两面。

简单来看，例如新南威尔士政府对学校提出的相关教育政策。新南威尔士州

课程网站声明，“课程规划和编程将考虑所有学生的需求”。它继续解释了关键学习领域的实施，但并不能真正解决超出这个最初声明的学生的需要或参与的问题。在这个意义上，课程网站是以内容为驱动的。然而，有几个网站与学生行为、纪律、欺凌和种族主义有关。新南威尔士州要求所有的公立学校都必须有纪律政策。

新南威尔士颁布的《公立学校学生纪律指南》(2007) 指出：

> 所有学生和教职员工都有权在一个没有干扰、恐吓、骚扰、伤害和歧视的环境中受到公平和有尊严的对待。为了达到这一目标，所有学校都应保持高标准的纪律。
>
> 当父母让他们的孩子进入公立学校时，他们就与学校建立了合作关系。这种伙伴关系建立在共同承诺的基础上，即为学生提供机会，让他们对自己的行为负责，并在学习的性质和内容上有更大的发言权。在公立学校，教职员、学生及家长/监护人之间的合作是纪律的重要特征。

在上文中，课程问题和学生行为是相互关联的。一方面，生态学理论在这里是显而易见的，因为它也承认更广泛的家长群体对学生在学校的生活有着重要的影响。另一方面，指导方针倾向于强调在处理不当行为时应该做什么，而不是像我们在莱福德课堂管理模式中强调预防性或积极的策略。如果你的课堂管理计划中包含了积极的或预防的策略，那就很好。我们强烈建议你将这些合并到你自己的课堂管理计划中。但是，你可能需要使你的方法更符合处理不当行为的指导方针。

当然，要记住，莱福德课堂管理模式不是唯一的课堂管理模式。这是在文学作品和当代澳大利亚课堂中使用的多种模型之一（其他参见 Edwards & Watts 2004；Jones & Jones 2012；Porter 2000；Roffey 2004）。我们的模式为你提供了一个开发自己的课程管理模式和开发有效的课堂管理计划的框架。无论你走哪条路发展你自己的课堂管理模式，开发和应用你自己的课堂管理计划，这是很重要的，这些都是基于理论、基于证据的最佳实践和你自己的专业哲学观。

现在让我们继续考虑编写你的第一个“真正的”课堂管理计划……

你的第一个真正的课堂管理计划

你可能已经开始任教了。我们所说的“授课”不只是指你的第一次全职教学。当你第一次在学校或中心实习时，你的教学就开始了。但课堂管理计划支架不会在这里形成。你需要一个“真正的”课堂管理计划，一个能处理与那个岗位相关的所有背景的课堂管理计划。为了发展这种课堂管理计划，我们建议在以下3个阶段的基础上构建一个流程……

阶段1：发展你的课堂管理计划

很明显，在你和学生上第一节课之前，你应该尽快计划好你的教学。这包括准备你的第一个课堂管理计划。这并非一项与课程计划、课程项目化和资源收集不同的任务。正如我们的莱福德课堂管理模式所指出的，这些都是密切相关的活动。在实际教学开始之前可以做很多计划，但是在教学过程中和教学结束后会出现相关背景信息。

一旦你了解你将要任教的学校、班级（和学校社区），你就可以开始观察学生所生活社区的社会文化。我们已经提到过，通过了解你的学生来调整教学以满足他们的需求是最有效的方法。你可以为一个完整的工作单元选择特定的主题，在课堂上进行动态的分组，如果你认为有学生有额外的需求，你可以与支持人员讨论个别的学习计划。它还有助于整体了解你，并明确地使用策略来帮助创建一个有效的学习社区。

你的课堂管理计划应准备好在你与新学生的首次会面中实施，除非你有意让他们参与某些方面的设计和开发，这些方面可能包括：谈判、权利、责任和规则，积极和不当行为的正当程序和后果，惯例和程序。在这种情况下，临时的或脚手架课堂管理计划可能最多适用一两个星期。我们鼓励你考虑采用民主和合作的方式，让你的学生和他们的家长参与到课堂管理计划的发展中来。你必须通过明确你的意图和期望来提前做好准备。这种方法在文献中得到了广泛的支持（参见 Konza, Grainger & Bradshaw 2004；Porter 2000；Rogers 2005，Slee 2012）。

我们鼓励你在这个计划阶段结合莱福德课堂管理模式中所解释的四个关键的积极实践（参见第 3～6 章）。虽然你的课堂管理计划旨在为你的所有学生服务，但也有可能对于一些学生无法做出合理和积极的响应。在这种情况下，你的课堂管理计划还需要提供一个或多个干预措施，综合地使用（参见第 7 章）。在这个规划阶段你不必详细说明实际的干预措施。事实上，这不可能做得到，只有对学生的行为及其发生的环境进行全面的评估并加以考虑，才有可能。

阶段 2：实现课堂管理计划

你需要从课程内容和学生需求两个方面来考虑计划-实施-评鉴循环。例如，你当然会跟踪课程内容，但你也可能需要一种机制来跟踪学生的需求、兴趣、参与度和社交技能的发展。一些特别管辖区，例如北部领地，已在其课程架构内建立了一套机制，以处理与学生互动、合作及独立学习相关的成果。其他人则不然，但创造出满足需求、兴趣、参与程度等方面的学习成果，将有助于跟踪和评估这些组成部分。

要想成功地实现课堂管理计划，你需要引入和巩固你的课堂管理计划。全面推行、建立和巩固一项持续专业知识管理计划，可能需要一个学期。这种方法根据学生的社会成熟度、他们的个人需求组合、班级动态（一个组合或兼职小组）以及你一贯和系统地实施课堂管理计划的能力而有所不同。介绍阶段的意图是建立对课堂管理计划的基本原理和原则的共同理解。对于你的学生来说，这涉及他们的权利、责任和课堂规则或课堂原则，以及基本的课堂常规、程序和标准。有效的沟通、早期建立积极的关系、在有组织的课堂中使用优质的课程和教学，是创造积极的课堂学习氛围的关键。

一旦合理地引入，你将需要合并课堂管理计划。在这个巩固阶段，你应该努力培养学生对你的课堂管理计划细节的理解和熟悉：在这个阶段，你的一些学生可能会测试他们对你的期望的理解；也就是说，在什么是合理和积极的问题上，要突破界限。这是一些学生的自然倾向。这是意料之中的事，但不是故意的。注意，一致性和持久性是大多数学生的关键因素。然而，这里有一点需要注意。一致性并不一定意味着对所有学生一视同仁。我们不期望你以同样的方式，或以同样的水平，教

授所有学生课程内容。我们也不应该期望所有的学生都能得到完全相同的对待。在公平待遇方面应考虑一致性，即治疗要满足个人或学生群体以及整个班级的需要。

在这段时间里，应该让你的学生熟悉你的课堂常规、程序和标准。在这个阶段，角色扮演、讨论交互方式和开发共享语言是实现课堂管理计划的一些方法。如果系统地回顾你的计划和编程，什么在起作用、什么需要更多的关注，甚至什么需要完全改变，这些都是不言而喻的。在这段时间里，你必须准备好调整你的课堂管理计划，这些甚至可能是根本性的改变。当你系统地运用这些策略来改进你的实践时，利用行动研究策略将有助于保持这种可管理性。

阶段 3：巩固和评鉴你的课堂管理计划

整合期最终会跟随你的行动研究和计划-实施-评鉴循环来评估你的课堂管理计划。作为这次评估的结果，你可能决定修改或调整一个或多个方面。例如，你的评估可能会表明班级成员之间的摩擦，因此你可能需要重新审视，明确教学重点集中在积极的课堂关系上。这可能需要更注重发展的、更有效的沟通技巧。你的评估可能表明，一些学生的学习进展滞后于预期的学业，所以你可以决定修改课程或你的教学实践。你的评估可能表明，在课堂过渡环节的活动耗费了太多的时间。因此，你可以决定修改和改进一些课堂程序和惯例。

你虽然不能确定这个信念的证据何在，但你可以决定更系统地反思和更频繁地让家长参与。你的评估可能表明一个或一小群学生根本没有回应你的课堂管理计划，所以你可以决定学校的学习支持团队参与评鉴特定问题行为和实现个人或小组干预。

这几个例子强调了在每个学期结束时（至少）进行持续和系统复习的重要性。课堂管理计划的整合并不意味着不再需要运用。相反，这意味着在一年中其余时间里，只需要微调或细微的变化。对于那些为学生和自己寻求最佳结果的有效实践者来说，这类似于一种持续的需要技艺的行为。有效的课堂管理不仅仅是建立一些课堂规则和目标，并承担责任。积极的学习环境是复杂的、动态的。你负责为你的学生和你自己规划、引进、建立、巩固和维护最积极的学习环境。

有一系列的输入和指标可用于对你的课堂管理计划进行评估/评价/评审。除了你自己的思考和书面记录，你的学生、他们的父母/照顾者和你的同事可以提供有价值的深刻意见。最终，你学生的学业成绩是创造积极学习环境和有效课堂管理计划的最佳指标。

当然，这个评估阶段会导致回到计划-实施-评鉴循环的计划阶段。人们希望，一旦你巩固了你的计划，你只需要根据你对结果的知情评鉴做出微小的调整。（注意：对于有多个班级的中学教师，他们可能有多个课堂管理计划，计划-实施-评鉴循环是多方面的，这是可以理解的，但不一定更复杂。）

在开发你的第一个课堂管理计划的过程中，将涉及多种决策，并根据支撑这些决策的生态学、社会文化和心理教育视角巩固我们的莱福德课堂管理模式，你需要考虑一系列的前后背景。你如何应用课堂管理计划将根据你的教学任务的性质、教育背景以及你的教育劝导的首要政策和指导方针而有所不同。不管怎样，你的专业哲学观、课堂管理的理论思路、课堂管理的模式、课堂管理计划应该坚持下去，至少在短期内应坚持。

“临时”教学

许多初任教师在毕业后不久就接受全职的继续任用。我们强烈建议初任及有经验的教师接受新的、持续的或较长期的代课教职聘任时，采用上文所述的方法发展课堂管理计划。对于从事临时代课工作（每天或每周的短期临时任命）的初任教师和经验丰富的教师来说，有必要准备简单易行的实用课堂管理计划，这对于及时建立一个高质量的学习环境是关键的（注意：随机的教学绝不是随意的）。

有一系列的文献可以用来告知和支持临时代课教师。这些文献在教学资源和材料方面特别有用，并且包含了关于教育学的有益思想。总的来说，本章中描述的开发课堂管理计划的方法仍然是相关的和有益的。显然，在任何教学岗位上，时间是至关重要的。在职教师（以及有专业实习经验的职前教师）通常没有充足的时间来实施一系列全面的积极实践、策略和技巧。然而，熟悉这些知识并准备讨论现有的课堂管理计划将对创建一个积极的学习环境有诸多益处。

对于临时教师来说，课堂管理计划开发和应用过程的各个方面的时间和重点与上面的解释不同。但是，所有方面都应该得到解决。下面的段落提出了一些修改这一过程的建议，以更好地通知和支持临时代课教师。这些建议与本章前面较长篇幅的解释有所不同。

第一，所有的教师都需要坚持自己的专业哲学观和课堂管理思路。同样的关键理论也适用。你可能会考虑采用不同的方法（简便的、混合的或实用的）来选择和应用这些理论。一个特别的挑战将是考虑和回应更广泛的系统和基于学校的环境，这最有可能影响你的课堂管理决策。如果你勤于探究，你应该更好地了解你愿意/可能教授的特定环境。

第二，计划-实施-评鉴循环仍然是恰当的。改变的是你分配到这个循环各个阶段的时间。阶段1（计划）本质上应该是相同的。你的许多计划可以在你开始教学之前完成。当你作为一个临时代课教师的工作继续进行时，你会继续做出必要的调整，你将了解在各种特定情境（课堂、学校和社区）中需要进行哪些类型的调整。

你将需要准备在短时间内修改你的课堂管理计划，甚至在前一天制定以适应特定的情形。你将有更少的时间与学生协商权利、责任、规则和程序（如果你打算这样做的话）。相反，你应该试着去熟悉你的同事都做了些什么，并以此为榜样。这可能会对其他学生造成一定的干扰。当然，如果你有一份几周甚至一个学期的临时合同，那么你可以根据自己的情况做出调整。注意：正式的班主任最终会回来的。无论如何，最重要的考虑是学生的健康和学习。临时代课老师可能会造成混乱，对学生来说具有挑战性，有时会感到痛苦；当然，它也可以让人放松，有趣。

计划-实施-评鉴循环的实施阶段可能需要进行实质性的压缩。作为一名临时教师，你将有足够的时间来介绍和建立你的课堂管理计划，但是在课程内容和学生行为方面，有一些元素是可以持续应用的。

评估和巩固的第三阶段仍然至关重要。在一天结束的时候回顾有助于制定一个适合你的微妙计划。随意的教学方式，不会适应不同的环境。这样，当你成为一名有经验的临时代课教师时，你的整体课堂计划就会得到巩固。尽管有这些明显的挑战，你仍然应该抓住每一个机会寻求合作，尤其是从学生和同事那里。

你选择的干预措施，如果有的话，将需要仔细和有策略地考虑。你没有时间全

面评估个别学生持续存在的困难行为，因此你的目标应该是将你的干预措施充分融入你的课堂管理计划中。我们建议你熟悉整个学校的纪律（和福利）政策和程序。能够以与现有学校实践明显一致的方式进行干预，将使你获得学校的权威，学生也能事先知道正确程序和后果。

注意：最常报告的问题行为是空谈，以及干扰他人的一般非任务行为。保持积极和预防的态度。向你的新学生解释任何干预的过程，同时解释你将如何对期望的行为模式做出积极的反应。准备好迅速、冷静、持续和坚定的回应。

第三，莱福德课堂管理模式的关键部分仍然应该得到适当的考虑，你仍然可以激发师生获得满足感，使他们觉得自己处于一个安全和支持性的环境。

你自己的课堂管理模式

在这一章里，我们把注意力放在讨论前面所有章节的内容和如何开发自己的课堂管理计划上面。但我们也提倡把莱福德课堂管理模式的使用作为一个模板来帮助你设计一个不同的模式。

请参阅本章开头的莱福德课堂管理模式的图例，将模式可视化为咖啡壶可能会有所帮助。如果你去掉细节，就只剩下一个由过滤器组成的外壳、一个包含总体理论的中间部分（包括我们的案例中的几个理论）以及一系列与这些理论相一致的策略。我们使用常规的计划-实施-评鉴循环（不仅仅是对行动研究的认可）作为手段，通过它可以应用和跟踪这些策略，并通过过滤器反馈。最后，我们陈述了整个过程的结果。

你可以按照相同的过程来创建你自己的模式。不同的过滤器，理论和策略可以组合在一起形成不同的结果。在创建你自己的模式时，我们有两点建议。首先，记住你的专业哲学观并检查与理论和实践是否一致。其次，考虑如何跟踪和评鉴你的实践。每个州和地区对计划-实施-评鉴循环有稍微不同的方法，因此，根据你所处的地方，在制定模式的这一重要部分时使用这些方法。无论你选择什么样的反思循环，我们都鼓励你采用一种系统的方式来跟踪你自己的实践。

对我们来说，成功实施课堂管理模式的核心成果是培养出安全、快乐、积极和富有成效的学生，并提高教师的基本能力和满意度。还有许多其他量化和定性指标可以用来衡量进展。例如：学生的参与度、父母对儿童幸福和动机的评估、你对高深学问学习时间的观察、对学生作品样本和日志的合作评审以及对更严重或持续的问题行为的纪律推荐的分析。无论你决定以何种方式开发自己的模式，我们希望你能发现我们的模式在这一过程中是一个有用的模板。

小　结

良好的教学，对于职前教师、初任教师和经验丰富的教师来说，可以培养出安全、快乐、积极和富有成效的学生（和教师）。这只有在这些教师所创造和维持的积极的学习环境中才能实现。有效的课堂管理计划是这种积极学习环境的重要的先决条件。课堂管理计划的设计、开发、实施和持续评鉴是每位教师的责任。

这意味着站在你的专业哲学观的立场，通过借鉴关键理论并考虑更为广泛的背景来影响学习环境；站在你的课堂管理的理论方法的立场，利用一个促进性模式（如莱福德课堂管理模式）；考虑影响学习环境的大环境；开发和应用你的课堂管理计划。

你的课堂管理计划将根据你工作的教与学的环境和你正在进行的专业反思而变化。然而，你的专业哲学观、理论方法、模式和课堂管理计划必须保持前后一致和相互连贯。

注意：永远不要停止对于教学和学习过程的学习。你面对各式各样的学生、面对千变万化的课堂、面对各有千秋的学校、面对多元差异共存的社区，除了惊讶就是惊叹，因此，你应继续更新和完善理论与实践的结合。祝你的课堂一帆风顺。

基本概念

- 专业哲学观
- 课堂管理的理论方法
- 课堂管理模式
- 课堂管理计划（CMP）
- 监督、评鉴和反思
- 理想主义计划与实用主义计划的方法
- 课堂管理计划的介绍、建立和巩固
- 永久性与临时性教学法、州和区域教学法的异同

个性化活动和小组活动

活动 1

今天是你的毕业日，你被要求做“我的世界观是如何影响我的专业哲学观的？”主题演讲，记下一些要点，然后和同伴一起排练你的演讲。张贴出来供他人阅读。

活动 2

你是打算暂时教书吗？采访几个你认识的代课老师，问问他们一些生存技巧。整理一下，然后放到网上的讨论版上。选择临时的代表。

活动 3

回顾第 1 章，以莱福德课堂管理模式为例，开发自己的课堂管理模式。你的模式是怎样打上你个人印记的？

活动 4

想象一下你要从教 30 年。确定你要进行的自我教育，前 10 年制定一个专业发展规划，用来预测和支持你作为一个教师的不断变化的需求。你必须要做规划。

活动 5

反思这一章的内容，写出一份代表你的教学方法的任务书。网上有很多写任务书的技巧，搜索一下这些范例，选择一个对你来说最合理的写作范例。

活动 6

和一些退休教师谈一谈，请他们描述一下他们的课堂管理计划。不要接受他们什么都没有的表面事实。深入挖掘，根据他们的回忆建立一个合理的课堂管理计划框架。

学习工具

访问 www. cengagebrain. com，获取与本书有关的学习工具。

网络链接

The following selection of federal, state and territory government websites gives access to key information about Australian and New Zealand legislation, policy and practices around curriculum and school management/student welfare and discipline:

Australian Capital Territory Government Education and Training (DET)
www.det.act.gov.au/

See specifically policies on bullying, harassment, racism, safety and code of conduct at:
www.det.act.gov.au/school_education/bullying

Australian Curriculum Assessment and Reporting Authority (ACARA)
www.acara.edu.au/default.asp

Australian Government Department of Education, Employment and Workplace Relations
http://deewr.gov.au/

Australian Institute for Teaching and School Leadership website for the Australian Professional Standards for Teachers
http://www.teacherstandards.aitsl.edu.au/

Department of Education Tasmania
www.education.tas.gov.au

See specifically discipline guidelines www.education.tas.gov.au/documentcentre/Documents/Discipline-Guidelines.pdf and learner wellbeing and behaviour policy at www.education.tas.gov.au/documentcentre/Documents/Learner-Wellbeing-and-Behaviour-Policy.pdf

Government of South Australia Department of Education and Child Development
www.decs.sa.gov.au/

See specifically teacher induction at www.decd.sa.gov.au/hrdevelopment/default.asp?id=44551&navgrp=4057 and child and student health and wellbeing policies at www.decd.sa.gov.au/portal/staffinfo.asp?group=wellbeing

New Zealand Ministry of Education
www.minedu.govt.nz/

New South Wales Department of Education and Communities (NSW DEC)
www.dec.nsw.gov.au/home

See specifically student discipline policy and procedures
www.det.nsw.edu.au/policies/student_serv/discipline/stu_discip_gov/PD20060316.shtml

Northern Territory Government Department of Education and Children's Services
www.det.nt.gov.au/

See specifically the NT Curriculum Framework at www.det.nt.gov.au/teachers-educators/curriculum-ntbos/ntcf and the seven excellent Professional Learning Modules at www.det.nt.gov.au/parents-community/students-learning/safety-wellbeing/ssnt/professional-learning

Queensland Government Department of Education, Training and Employment (DETE)
http://education.qld.gov.au

See specifically student learning and wellbeing procedures at http://ppr.det.qld.gov.au/education/learning/Pages/default.aspx and the beginning teachers' induction toolkit at http://education.qld.gov.au/staff/development/docs/flying_start_toolkit.pdf

Victorian Department of Education and Early Childhood Development
www.education.vic.gov.au/

See specifically policies on building respectful and safe schools, student codes of conduct, and student engagement guidelines at:
www.education.vic.gov.au/school/teachers/health/Pages/respectfulsch.aspx

Western Australia Department of Education
www.det.wa.edu.au/

See specifically the graduate teacher induction and professional learning support program at www.det.wa.edu.au/teachingwa/detcms/navigation/current-public-school-teachers-and-administrators/graduate-teachers/?page=1#toc2 and policies on behaviour management, curriculum and education programs, and safety and welfare at www.det.wa.edu.au/policies/detcms/portal/

拓展阅读

The following texts (full citations are also listed in our Reference section), are examples of those which (like this chapter 9) provide a summative chapter and/or activities which bring together and review the previous chapters and help you to apply them to practice. You are encouraged to review, compare and contrast these:

Alberto, P. & Troutman, A. (2013). *Applied behaviour analysis for teachers (9th ed.)*. Upper Saddle River, NJ: Pearson.

Arends, R. (2009). *Learning to teach (8th ed.)*. New, NY: McGraw-Hill.

Charles, C. M., (2011). *Building classroom discipline (10th ed.)*. Boston, MA: Pearson Education Inc.

Charles, C. M., & Senter, G. W. (2012). *Elementary classroom management (6th ed.)*. Boston, MA: Pearson Education Inc.

Colvin, G. (2009). *Managing non-compliance and defiance in the classroom: A road map for teachers, specialists and behavior support teams*. Thousand Oaks, CA: Corwin Press.

Lewis, R. (2008). *The developmental approach to classroom behaviour: Responding to individual needs*. Camberwell, VIC: ACER Press.

Miltenburger, R. (2012). *Behaviour modification: Principles and procedures (5th ed.)*. Belmont, CA: Wadsworth Cengage Learning.

Rogers, W., (2009). *How to manage children's challenging behaviour (2nd ed.)*. London, UK: Sage Publications Ltd.

Slee, J. (2012). *Hang in there 'til Easter: Managing classroom behaviour by building resilient teachers*. South Melbourne, VIC: Cengage.

第 10 章
当代问题

历史是基础科学。从历史中流淌出的不仅是知识、借鉴或是历史怎么样，而是我们可能让历史变成什么样。虽然我们从历史中唯一学到的东西就是不从历史中学习，但历史是基础科学。

Blatt 1981，p. 15

学习目标

通过本章的学习你将能够：

- 认识到当代问题的多样性，这些问题可能会影响课堂管理的理论和实践
- 理解本章提出的当代问题的多样性的复杂内涵及其相互关系
- 认识到这些当代问题可能对你的教学实践和职业生涯产生的影响
- 认识到需要进一步探究各种当代问题对教师专业理念形成所产生的本质性的潜在影响，尤其是对课堂管理的影响
- 认识到需要（通过系统的、持续的专业发展）对当代课堂管理的相关问题的动态保持关注
- 识别并讨论莱福德（或任何其他偏好的）课堂管理模式中各要素与当代课堂管理相关问题之间的显性和隐性关系
- 解释本章结尾列出的小结和基本概念

本章概览

- 开篇故事：相同，相同但有别……
- 引言
- 综合性问题
- 全校倡议
- 学生福利、抗逆力和欺凌问题
- “非常”具有挑战性的行为和精神健康障碍
- 小结
- 基本概念
- 个性化活动和小组活动
- 学习工具
- 网络链接
- 拓展阅读

开篇故事：相同，相同但有别……

弗朗西丝卡在新学校的第一学期学到了很多东西。她除了在新班级“站稳了脚跟”，她的导师和同事还为她提供了观察其他同事的教学的机会。此外，她还花了相当长的时间与同事讨论他们对教学和学习的看法，以及对本地和全球所发生的事情和典型问题的看法。有一个话题多次出现——她的同事们以相似又不相同的方式授课，而在专业讨论中出现的许多问题都是相似的，但对不同的同事来说却又不相同。这让弗朗西丝卡想起了她最近在海外度假时常说的一句话：“相同，相同但有别……”

引　言

我们是在一个复杂的世界里生活和从事教学工作的。从更广阔的范围看，在本地、全国和全球中，课堂和学校并不是孤立的“岛屿”。在第 1 章中，我们明确了在教学和学习中采用生态学取向的重要性。显然，一些学生（实际上是教师）会受到朋友、家人、当地和更远社区成员以及国内外其他人的影响。

最终，许多其他人的行为会对我们的个人和职业生活产生不同的影响，从而影响我们的教学/学习环境和活动。教师如何规划、实施和回顾他们的教学和学生的学习会受到很多因素的影响，其中有很大一部分因素（或本章中提到的“当代问题”）会具体地影响我们如何理解和进行课堂管理。这些问题可能影响到单个学生（或教师）或不同的学生、教师群体，或整个学生群体，它们的范围和性质各不相同。

例如，在个人层面，可能是学生父母的婚姻问题影响了他们的学习。当然，（对学生和他们的家庭而言）这是个人问题，但最终可能影响到学生的学习和最终所表现出来的行为。在更广泛的社区层面，影响因素可能是州政府关于资助残疾学生的学校交通政策所发生的变化。在更大范围，可能是气候变化及其对人类健康和福祉的影响。（澳大利亚学生和工作人员在夏天外出晒太阳时几乎普遍要求戴宽边帽，这是一个很好的例子。）显然，这些影响因素的性质不同，其（潜在）影响的范围也就会有不同。

在本章，我们介绍了一系列可能影响你作为一名教师的当代问题，特别是关于如何管理你的班级的问题。这些问题来自我们自身的专业讨论，以及学术同行、教学合作伙伴、职前和初任教师提出的建议。它们分为四大类：综合性问题，全校倡议，学生福利、抗逆力和欺凌问题，以及“非常”具有挑战性的行为和精神健康障碍。我们从一开始就强调，尽管这些群体和问题在性质和范围上都不同，但在许多方面仍然有不同程度的重合。

对于每个问题的呈现，首先是做出简短的解释，进而会展开一些讨论，比如它可能对你的教学和学生的学习产生怎样的影响，尤其是涉及课堂管理方面会产生的影响。正如弗朗西丝卡（本章“开篇故事”提及）发现的那样，这其中许多问题“相同，相同但有别……”，对她和她的同事以及学生的影响多种多样，但通常相似……

注意：标有 * 的问题/主题表示我们已提供一个或多个关键网站供进一步研究。这些都列在本章末尾按字母顺序排列的网络链接部分。

综合性问题

课堂管理“不（仅）关乎你”，也不仅关乎你被置于自己的课堂中开始个人的表演，即使你的教学和课堂管理实践对你来说很“起作用”。你必须观察并考虑到更大的问题，并从更广泛的生态学视角来看待课堂上发生的事情以及这会如何影响其他人。你在计划、实施和评鉴课堂管理实践（实际上更广泛地说，你的教学实践）方面所做的决定可能会受到一系列“大局”问题的影响。以下是一些例子。（另请参见第 1 章和我们的 CCW：支撑莱福德课堂管理模式的理论。）

学校教育改革：国际议程

学校教育改革是全球关注的一个问题，也有相关的改革运动。过去 10 年来，芬兰的学校体系已成为该领域的佼佼者，其取得的卓越教育成果为国际公认。芬兰政府通过发起和维持一项正在进行的学校教育改革议程，在教育领域无可争议地实现了领先。帕西·萨尔伯格简明扼要地解释了这一改革。澳大利亚政府和大多数州教育管辖区对这项改革产生了极大的兴趣，并继续探索如何将这一示范性举措“转化”为澳大利亚的经验（参见 Sahlberg 2011）。

2010 年由联邦政府委托并于 2012 年初公布的《贡斯凯报告》(*Gonski Report*)提出了一系列关于澳大利亚（学校）教育改革的建议，特别是关于资助和未来对学校教育投资方面的建议。报告指出：与国际比较，澳大利亚学生的表现有所下降，越来越差，政府向学校/教育系统拨款的方式冗杂且不公平。其中特别提到针对面临额外资源负荷的特别困难学校的建议，以及针对残疾学生（包括具有挑战性行为的学生）做出调整的建议。联邦政府对此做出回应，提出了“全国学校改进计划”(National Plan for School Improvement)，其中包括，从 2014 年起，将为残疾学生提供更多的资金，将更多地使用个性化学习计划，以便学生充分发挥其潜力，残疾学生将首次在每所学校得到“适当”资金。

围绕这一学校教育改革国际议程，联邦政府提出了“授权地方学校国家合作计划”*。该计划授权学校根据当地情况自主决策，以更好地满足当地学生和社区的需求。同时提供一次性补助金，帮助学校过渡到自主决策，这是一项旨在帮助改善学生教育成果的举措。

州政府回应的两个例子是新南威尔士州政府的“优秀教学、启发性学习讨论文件”*，以及新南威尔士州教育和社区部门的“地方学校、地方决策倡议”*。文件提出了一系列举措：激励学习，初级教师教育、入职、专业实践的发展以及对优秀实践的认可。州政府尚未对社区提交的意见做出回应，但预计将从这一倡议中产生实质性的改革，并有望继续从教师和广大社区听取意见。“地方学校、地方决策倡议”于 2012 年启动。尽管对其潜在效力和影响进行了大量的专业和社区辩论，但该计划将更多的资金分配权移交给学校校长，目的是让学校社区有机会更好地响应学生的特定学习需求。基金将（简单地）分为人员配置基金和集合运营基金，其中包括为校本倡议提供的各种资金。

澳大利亚政府优质教师计划

“澳大利亚政府优质教师计划”（AGQTP）向各州和地区的非政府教育机构提供资金，以提高澳大利亚中小学学生的教育质量。这笔资金使政府能够为教师和领导提供专业学习的项目和活动。该计划的目的是为教师提供21世纪教学所需的技能和知识。国家将教师专业学习的需要置于优先地位，提高学校教师和领导的专业地位。澳大利亚政府教育、就业和工作关系部为“澳大利亚政府优质教师计划”提供资金。三个关键项目领域为：澳大利亚课程、国家教师专业标准和学生福利（包括欺凌）。“澳大利亚政府优质教师计划”为独立学校协会提供专业学习课程和为会议提供资金。独立学校可以获得四个项目领域的行动研究项目的资助：国际最佳实践教学法、专业标准、支持教师在课堂上使用学习技术以及支持教师和学校加强学生福利。

考虑到近年来有关教学质量的辩论十分重要，因为我们的教学内容和教学方式是课堂管理计划的一部分。莱福德课堂管理模式的输出使学生感到安全、快乐，学生能够有效地学习，教师感到满意，其中高质量教学的相关性显而易见。这种对教师素质的关注也是在回应一个事实，即学生要成为一个成功学习者最重要的因素，除了自身能力外，就是他的老师。哈蒂（Hattie 2003）在回顾各类文献的基础上，确定了作为一名优秀教师应具备的“五个维度”。他总结了专家型教师的特质：能识别其所教授科目的本质特征、通过课堂互动指导学习、监控学习并提供反馈、关注情感品质、影响学生的成绩。在这五个维度中，哈蒂描述了专业知识的16个基本属性。

另一个在澳大利亚识别高质量教师的重要项目来自美国早期的“真实教学法”研究。对昆士兰学校的纵向研究发展了四个教学维度，其中20个要素被称为“多产教学法”。就澳大利亚的情况来看，这是一个大型的循证实践项目，通过在一个确定的尺度上观察和记录教师在课堂上实际做了什么以及对学生产出质量的影响，以研究成为高效能教师应具备哪些因素。

在纽卡斯尔大学的一个团队的带领下，新南威尔士州的大型高质量教学创新实践已经进行了几年。其目的是调查和进一步分析新南威尔士州学校背景下的可比较因素。新南威尔士州教育和社区部（NSW DEC）对“优质教学”的定义着眼于从高效教学法中演变出的一个模型，具有三个主要维度——优质学习环境、思维的质量和思维的意义——以及18个要素。目前澳大利亚各教育机构支持和/或采用了该模型，它的优势在于，三个维度上的18个要素每个都是可观测和可测量的（Ladwig 2009）。

根据拉德维希和戈雷（Ladwig & Gore 2005）的研究，上述模型的优势在于，由于提供了共同的理解和共同的语言，讲师、教师和职前教师都可以明确地参与讨论优质教学。然而，在昆士兰和新南威尔士州的研究中，收集到的证据似乎表明，有效的教学方法远远低于教育者的预期（Ladwig 2009）。因此，研究者围绕最佳教学实践展开了大量研究，并探讨教师教育计划和教师服务课程如何回应这些发现。

当代优质教学模型指导教师在提高教学技能的同时，也为初任教师确定好的教学要素。对于更先进的教师，他们可以将其作为提醒和检查，不断检查和改进与提高学生成绩直接相关的内部实践。但也许最重要的是，如拉德维希（Ladwig 2009，p. 275）所说，“我们必须承认目前学校课程中的大部分内容与真实、高效或优质的教学方法不一致。”目前课程框架中的内容与学生有效的教育成果所要求的教学质量不匹配。拉德维希说，“课程模式是由过程驱动的，或者说，在制定课程时应该

包括一些过程的模式，而‘优质教学’实际上是在询问最初置于该过程中的内容性质或质量”（Ladwig，p. 276）。同样的冲突还存在于课堂管理实践如何与课程框架发生联系，或者说课堂管理问题在多大程度上在课程之外却又与其相关。优质教学引发的问题颇具挑战性，但这些问题显然将推动这些争论进一步发展。

国家伤残保险计划

《联邦教育残疾标准评鉴》

《国家伤残保险计划》* （NDIS）意在改革向残疾人提供资金、支持和护理的方式。它采取“终身制”，以终身需求的精算评估为基础提供资金。这项计划将使残疾人及其家人，能够更好地控制根据其需要向在其一生中提供支持和服务的人分配资金的方式。这是为了在终身残疾的人周围建立“支持社区”，使他们能够更加独立。《国家伤残保险计划》适用于儿童和青年残疾人士所在的学校，并且（部分）于 2013 年开始。《国家伤残保险计划》对学校、教师、个别学生及其家庭有着明显而重要的影响。

《联邦教育残疾标准评鉴》明确了教育和培训提供者的义务，以确保残疾学生能够在与无残疾学生相同的基础上获得和参与教育和培训。这项具有开创性的立法（源于 1992 年的《反歧视残疾法》）最近受到联邦政府评鉴，该评鉴始于 2012 年。该报告中的建议也被纳入澳大利亚政府的“教育改革议程”和“评鉴教育资助倡议”。因此，联邦政府重新制定了澳大利亚学校提供残疾支持服务的方式，预计对资助安排的重大改变（至少部分）将自 2013 年起生效。这些变化的目的是将重点放在所需的调整上，以使残疾学生公平地获得和参与教育，而不是简单地将重点放在“初等残疾”本身上。

澳大利亚教师职业标准

“澳大利亚教育与学校领导学院”（AITSL）经过广泛的专业咨询，颁布了《澳大利亚教师职业标准》。这表明，而且也在国内外证明，教师的效能对学生有重大的影响，人们也普遍认为教师质量是学校影响学生成绩的因素中最重要的一个方面。这些标准（如 2013 年计划中至少部分被实施的澳大利亚课程）在专业知识、专业实践和专业参与方面为澳大利亚教师提供了明确的指导和说明。

标准 4 的前四个重点领域（在专业实践中）阐述了有关以下方面的期望和标准：支持学生参与、管理课堂活动、管理挑战性行为和维护学生安全。从 2013 年起，每个教师培训项目的毕业生都必须至少在这些（甚至所有其他）标准中表现出“毕业生”的水平，这也明确要求你对新的“澳大利亚专业（毕业生）标准”有全面的了解和理解。

注意：对于特殊教育者本身来说，没有单独的（国家）专业标准。鉴于国际社会对残疾学生的强烈关注以及常规课堂环境下的额外需求，该专业存在着深刻的分歧，无论这一套标准是否适当和方便。目前，至少在澳大利亚，职业标准旨在平等地适用于所有学校和教师。

循证实践

近年来（特别是在“特殊教育”领域），有一股强烈的专业力量将教学实践的

发展重点放在循证实践上，即那些以可靠、严谨的证据为基础的实践。这种证据基础通常是从研究中产生的，尽管在彻底、严格的研究和“良好/最佳”的教育实践之间仍然存在着不连续性。有些还提到了基于研究的实践或最佳实践，但最终关于开发和/或采用新的教学和学习实践的决策应充分了解优质证据。

职前（甚至所有）教师应参与一项持续的个人发展计划，包括定期评鉴当地、国家和国际行动以及（学校）教学和其他学习方面的研究。学校中一些广泛使用的教学方法有可靠的证据基础，遗憾的是，其他方法都没有得到使用。在知名教育期刊上发表的专业（同行评议）文章为教学从业者提供了一个极好的基于研究的证据来源。最新文章的评论（来自世界各地）经常在优质教育网站上发表，因此，有兴趣参与的教师很容易了解这一领域的循证政策和实践。

全校倡议

国家和各个州的政策都是对校本学生福利和纪律政策的通报和指导。这也强调了从全校或学校范围的角度创造积极学习环境和处理福利和纪律问题的价值。这些政策可以在个别教育网站上找到，也可以在全国范围内通过联邦政府教育、就业和工作关系部（DEEWR）找到，共同为职前（和更有经验的）教师提供广泛的资源。

全校方法的主要优势在于，整个学校社区（包括学生、教师、支持人员、家庭和当地社区成员）可以参与制定政策和实践的过程，并在不同的环境中增强实践的一致性。潜在的缺点是，个别教师可能会发现他们自己的课堂管理方法与整个学校的方法不一致，在处理具体问题和事件时、在决策过程中利用专业判断力的机会可能会减少。

例如，“全国安全学校框架”为澳大利亚的学校提供了“一个前景和一套指导原则，帮助学校社区采取积极的全校方法来制定有效的学生安全和福利政策”(DEEWR 2012a，p. 1)。以此为基础，通过与学生、家长和其他学校社区成员的讨论，可协商制定学校层面的一致政策。

学校福利和纪律政策通常涉及个人和集体、责任和后果，旨在为每个人创造一个安全的学校环境（参见 DECSSA 2007）。它们还包括一系列针对行为管理的预防性方式，以及围绕学校纪律制定的具体策略。从本质上讲，纪律政策的分歧往往更多地集中在不当行为上。令人欣慰的是，越来越多的学校纪律政策被纳入更广泛的政策中，这些政策有利于学生的福利和生活，并且越发突出地强调教授、识别和鼓励积极行为的策略。

接下来，我们将介绍在全澳大利亚的政府学校和非政府学校都受到“追捧”的七项全校倡议，并讨论在学校和学校系统中使用超时、暂停、开除和驱逐等更为复杂的问题。

（另请参见第 1、8 和 9 章以及我们的 CCW，其他课堂管理理论和模式参见第 2 章。）

校园积极行为支持

“校园积极行为支持”*（SWPBS）已成为澳大利亚的学校广泛认可和实施的循证实践。虽然“校园积极行为支持”不是一个国家支持的项目，但它有着国际性的

循证记录，在许多国家，它作为维护学生福利和纪律的首选方法被全校广泛使用。“校园积极行为支持”的最新消息可在“积极行为干预和支持”* 网站上获得。

提高学生的学业和行为效果，就是为了确保所有学生都能最有效、最准确地参与教学和行为实践以及可能的干预实践。“校园积极行为支持”为实现这些目标提供了一个操作框架。“校园积极行为支持”不是课程、干预或实践，而是一个决策框架，旨在指导选择、整合和实施基于最佳证据的教学和行为实践，以提升所有学生的重要学术和行为成就。总体而言，“校园积极行为支持”强调四个综合要素：决策的数据、由数据支持和评估的可衡量结果、有证据证明这些结果是可实现的实践以及有效支持这些实践实施的制度。

“积极行为和学习”*（PBL）是一个全校项目，重点是在学习和行为上支持学生群体。这显然与我们在本书中历来的主张一致。一个关键原则是教学行为与教学课程不能分开。“积极行为和学习”认识到教师和学生需要支持，因此强调系统发展，这需要改变教学实践和学习环境。其重点是在行为和学习支持的连续统一体中教给所有学生亲社会的行为技巧。“积极行为和学习”的成功取决于全校承诺和全校一致。

“积极行为和学习”项目的特点包括：目的陈述、明确定义的预期行为（规则或期望）、教学和实践预期行为的程序、鼓励预期行为和抑制问题行为的程序以及记录和决策程序。项目实行中强调三条规则：成为学习者、尊重他人和保证安全、根据背景设置（教室、操场和学校社区设置），这些规则也用于指导/提示行为。通过一系列通俗易懂的课程和“自尊指南”中的指导，并以狮子为吉祥物，该项目能够很好地实施。这有助于强调积极行为带来力量并消除错误观念，即勇气来自攻击和侵略。

注意：“积极行为和学习”通常在学校层面进行。然而，各种教育机构（政府和非政府机构）已决定推广和支持“校园积极行为支持”，作为其维护全校纪律的首选方法。

心灵问题

心灵问题* 是一个得到全国认可和广泛支持的学校范围的项目/资源集，旨在吸引和改善学生心理健康和健康的中学（现在是小学）。它是免费的，可以在线使用。其主要目标是“促进、预防和早期干预澳大利亚中学师生的心理健康和幸福感”。（本章后面关于欺凌的章节中能够为心灵问题的理解提供进一步参考。）

部落学习社区

部落学习社区* 最初是在美国发展起来的，强调创造一个积极的学校氛围和实践社区，让所有学生都感到受重视和包容。每个班级都有一个部落“身份”，然后形成较小的组。该项目包括沿着“足迹”学习一套全面的行为，从包容（以自我为中心），到影响（解决问题和解决冲突的策略），最后到社区（解决整个群体的动态）。这条路径中有路标（类似于“校园积极行为支持”项目的基本规则）。这些路标贯穿整个旅程，例如，积极倾听、欣赏、不贬低、相互尊重以及有权跳过（Gibbs 2001，p. 77）。

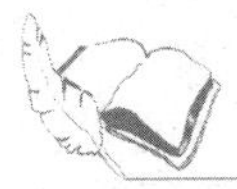

注意：一个部落学习社区也可以由个别教师在单独的课堂中建立，但是该项目的倡导者强烈建议在整个学校范围内进行。

岩与水

“岩与水”这个项目引入了自我控制和自我实现的概念和技巧。虽然最初是为男生设计的，但现在它被用于单独和联合分组的男生和女生。该项目利用体育锻炼培养自我意识和相关技能，以增强自信心和促进积极的社会功能（Mills & Keddie 2007；Lines & Gallasch 2009）。“岩与水”的比喻暗示，我们需要“坚如磐石”，但有时我们需要“经受事情的冲刷”。这个项目中的一大亮点是它涉及的体育，参与者能通过应用一系列新的练习和动作来学习新的思维和行为方式。

该项目有五个连续步骤：（1）安全，讲授自卫策略；（2）果断，包括教授边界和直觉的心理技能；（3）社会技能，注重个人可能性和责任，以及尊重和宽容的作用；（4）内部罗盘，引导参与者考虑自己的个人发展，并集中积极思考和信赖直觉；（5）内部潜在情绪，从连通和团结的角度将参与者带到更深层次的意识中（Ykema，Hartman & Imms 2006）。

思维习惯

“思维习惯”* 是一个基于更“复杂”元认知原则的程序，它直接关注认知功能。它将认知和社会行为元素整合到一个改变思维的框架中。同时试图创造一种更积极的心态，通过关注不同的思维方式和不同的改变策略来对抗习惯性的消极学习方式。学生们要熟悉 16 种倾向。其中一些包括：带着理解和同理心倾听他人、坚持、管理冲动、清晰果断地思考、灵活思考。该计划鼓励通过自我反思和自我授权来解决问题（Kosta & Kallik 2012）。

学校联系

“学校联系”* 是一项新的全校倡议，正被越来越多的澳大利亚中学采纳。该项目的重点是改善学生对学校的感觉、他们与教师的关系以及他们的课堂表现。那些喜欢与学校建立联系的学生会很好地完成学校工作，他们觉得自己和老师相处得很好，总体上，喜欢他们的学校和班级。奥康纳（O'Connor 2009）将这种方法视为建立对学校群体强烈依恋。由此产生的与同学、教师和更广泛的学校社区的积极关系使教育环境得以改善。

奥康纳说，影响高中生在学校表现的因素中，联系是最重要的。她说：

“学校可以给学生机会使其以有意义的方式解决问题，并帮助他们发展所需要的技能，使他们获得有益的体验。这需要使用全校范围的方法来提升幸福感。强有力的学校领导和重视整体的学校社区发挥了重要作用。”

暂停、停课、开除和驱逐

暂停是指在课堂和学校层面使用的程序，使学生暂时离开其正常的教育环境，以减少打断，通过“暂停”反思和改善不当行为。无论是在教师监督下的学校内还是在家长监督下的学校外，停课是暂时取消常规课堂培训。开除是指永久地排除在

某个学校之外，而驱逐是指永久地从整个学校系统中清除。停课、开除和驱逐是严重的“到期终止”，作为各种更加严重的不当行为的后果，通常涉及暴力和/或其他非法活动。

无论学校有怎样的学生福利、良好生活和积极行为计划，都需要制定政策和程序，规定当发生更严重的不良行为时会发生什么。每一所学校（根据管辖权和立法要求）必须有明确的停学、开除和驱逐个别学生的程序，并仔细记录，学校必须明确记录这些行为的数量和原因。

例如，在澳大利亚西部，如果一名学生对校园内或正在参加学校教育项目的任何人的安全造成不利影响或威胁、损害，或可能对学校或个人财产造成损害、严重干扰到了其他学生听课，他将被开除。开除学生的权限通常在学校，但该决定基于校长提供的报告。在新南威尔士州，任何被发现携带非法毒品、攻击性武器或使用暴力严重威胁另一名学生或工作人员的学生都将立即被停学。考虑到学龄儿童和年轻人按法律要求必须上学（特殊情况至少通过家庭教学），任何停课、开除或驱逐的决定显然会对该学生及其家庭造成严重影响。

对于不太严重的破坏行为规定或准则的表现（即不涉及伤害风险或照顾责任受损），学校通常有“暂停”政策和程序。这通常意味着在课堂内、在课堂教师监督下，在一个确定的空间中，学生需要解决和考虑/反思他们的行为。违规行为可能包括打断其他同学的学习，打断课堂老师的教学，和/或重复任务外行为。在其他教职人员的监督下，更严重（持续性或急性）的不良行为通常会延长暂停时间。

重要的是要意识到，虽然暂停本身并不意味着惩罚，但它被视为学生（可能是老师和其他人）的一个建设性机会，以减少对教学和学习的干扰，重新关注学习，并反思适当的行为和表现。而如果将暂停视为一种惩罚，它可能会加剧混乱、冲突，强化负面行为。这反过来又可能固化学生错误的行为目标。教师通常指定一个有书写设备的地方，学生可以记录下自己的想法。通常会有一个“合同”，学生写下发生了什么，他/她将做些什么来改正行为，并承诺使用更合适的行为。签订的合同可以作为后续讨论的基础，而暂停的重点实际上是鼓励沟通，首先是作为内部对话，然后是关于不同表现的师生对话。

对教师来说，明确暂停的目的非常重要。有些学校采取了“三振出局”的政策和程序。这可能会潜在混淆暂停作为反思时间的目的。“三振出局”的理念越来越受欢迎，从体育规则中被采纳，并在课堂上作为简单的言辞加以改编。通常情况下，教师会在黑板上用交叉符号标出学生的名字，作为公众对不可接受行为的认可。一旦记录了三个交叉点，违规学生就会暂停上课。这样可能“有用”，但它抑制了对话，导致耻辱和大规模冲突。下面的叙述说明了这种政策/程序的潜在危险。

来自一线的故事

暂停还是超时？

萨莉是一名实习教师，在给五年级的学生解释一个很难的新数学概念时遇到困难。她课堂的开场白（定向阶段）太久了，学生们变得越来越烦躁、注意力不集中甚至开始讲话。此前，她的同事曾告诉她，如果学生行为继续恶化，就要使用学校的“三振”程序。一个叫萨姆的学生注意力完全不集中，对周围同学进行捣乱，于是萨莉在黑板上写上萨姆的名字，并在旁边画了个叉，并告诉他已经有一个叉了。萨姆暂时安静下来了，但当全班都静下来做练习作业时，萨姆继续表现出回避行为。他变得越来越激动，跳起来，扭动着身体，和同学交谈。萨莉让他坐下，并警告他，他可能会得到第二次提醒。她没有悄悄走过去询问萨姆对其行为的任何解释；她已经忙得不可开交了，其他孩子在做练习时遇到不确定的地方，正向她求助。

最后，萨姆的表现实在过分，被第三次提醒。根据规定，他必须直接去找校长。萨姆崩溃了，大喊大叫，把书和铅笔扔在教室，最后跑了出去。萨莉不知道这是萨姆最后的机会；萨姆的母亲告诉萨姆，如果他再被送到校长那里，他就得离开家和他（疏远的）父亲住在一起。

反思……

这里的问题是，萨莉的教学方法欠妥因而激怒了萨姆，全班同学已经普遍表现出不安情绪了。当接到教师的指示时，许多学生无法独立开始这项任务。从那里开始情况恶化。这三次打击程序的更广泛后果尚不清楚。萨莉并没有审视自己的教学实践，看看需要解决什么问题（可能会放弃冗长的介绍，让那些对任务充满信心的学生与那些没有完成任务的学生配对，甚至完全转向另一个任务），而是做出了一个不受欢迎的决定。

在学校（以及其他相对复杂的社会环境中），有时会出现分裂、冲突和挑战，有时会导致暂停和停课。但是，暂停和停课程序需要经过深思熟虑，加入重新融入的过程。学校的政策和程序有时对学生如何有效地融入学校或课堂不够明确。

教师必须确保和激励停课（和暂停）后回来的学生协商制定出一个合同，规定如何通过积极行为产生更积极的结果。有经验的教师知道，回到课堂/学校可能是一个“棘手”的时机。重新融入的学生可能会悔恨，但可能会表现出虚张声势，或者看起来不在乎；混合的情绪常常是同谋。教师可以通过欢迎学生回到课堂，提供明确的指导和支持，及早发现机会来识别并鼓励积极行为，为积极行为树立榜样。其他学生也必须知道当学生回到课堂/学校时如何回应，因此需要积极的同伴示范和互动。

有许多资源为创造积极的课堂和学校环境制定了策略。学校有责任确保所有学生的安全，并确保教学和学习的核心业务受到的损害最少。暂停、停课甚至开除或许最终不可避免。然而，在本节中，始终不变的一条信息是，作为与学生、同伴和学校社区其他成员互动必不可少的一分子，你需要经常且彻底地检查你的职业行为。

学生福利、抗逆力和欺凌问题

学生福利*

在过去的五年里，学生的幸福感已经升级成为一个主要的支持框架，全国和各个州围绕学校教育的一些倡议均着眼于此。这一部分是因为越来越多的社会和专业人士对在学校和其他社区环境中欺负儿童和年轻人的影响感到担忧（因此认识到有必要提高儿童和年轻人的个人抗逆力），还有部分原因是人们逐渐认识到了教授、学习价值观和公民权的重要性。

尽管专业人士和社区对学生的纪律和行为有着长期的兴趣和争论，但学生的福祉现在被视为一种流行的、有价值的视角来看待学校和课堂管理。这一趋势源于人们对学生福利的普遍兴趣和对教育的特殊重视。近年来，这一视角已经延伸到将学生的"生活质量"视为学生福利计划更广泛、更全面的框架。事实上，2008 年《澳大利亚青年教育目标墨尔本宣言》的开头提到了为所有学生"追求高质量生活"（另见第 3 章）。

抗逆力

抗逆力是个体应对负面压力并从该经历中恢复的能力。像自尊和自强一样，抗逆力也可以被教导，尽管它受到学生生活经历的强烈影响。一个学生如果不得不面对严重的背部创伤，他的抗逆力可能不那么强，但也有可能是这样的：那些经历过困难和压力的学生会有惊人的抗逆力。这里的重点是教师不想继续增加学生已经承受的困难和压力。通过了解学生个体，教师能够确定哪些新的学习任务是可能达成的，学生能学到多少。

与抗逆力密切相关的是自尊。自尊是我们对自己的感觉，它影响我们对逆境的反应方式和生活中的积极结果，并从我们童年和青年时期获得的有关自身的信息演变而来。一方面，如果我们获得有能力、自信和惹人爱的信息，很可能我们对自己有一个好的评价。另一方面，如果我们收到持续不断表明我们缺乏力量、智力和能力的信息，我们可能会发展出低自尊。自尊会影响我们在新情况下的反应，如何不重视解决问题，甚至影响我们如何"读懂"他人。培养自尊可以像开始一项新的学习任务一样简单，用"我能做到"的态度/断言，而不是"我做不到"。学生们经常被要求学习新的东西，并经常被放进新环境中。每年至少有一次（通常更频繁）小学生被安排到新班级；在中学，每个阶段通常意味着与不同的老师和不同的同龄人一起学习。

在澳大利亚，有时所谓的"高罂粟花综合征"可能会破坏人们对成就的满足感，使人难以接受他人对自己出色工作的赞扬。文化的原因使我们似乎羞于承认我们擅长某件事，除非是在运动场上。这使得培养积极自尊变得更加困难。教师需要培养一个乐于接受赞美的学校（学习）社区，准备好接受我们能够擅长做的事，并准备好庆祝成就，无论努力的领域是什么。

尽管自尊的发展源于婴幼儿时期的社会经验，但儿童和年轻人（实际上是成年人）可以培养他们的自尊，因此，教师的部分工作是鼓励和支持学生，不是虚伪的表扬，而是真正赞扬做得好的工作。部落学习社区计划的一个方面（见"全校倡议"部分）特别强调赞扬，并明确地教导学生优雅而自豪地给予和接受称赞。教师可以通过准确判断学生的学习能力，小心地搭建进步台阶来提高学生的自尊心，从而提高成功的概率。

对于教师来说，认识到学生的个人特长、兴趣所在以及如何融入课程这一点也很重要。这在小学比中学容易得多，不仅是因为制度不同，还因为上面提到的发展差异。很显然，与学生建立积极关系是培养学生自尊的第一步。关于这一话题的一个很好的入门资源是希利（Healey 2002）的《自尊》。

与抗逆力（和自尊）密切相关的还有自我效能。自我效能是我们对自己成功完成任务能力的信念。自我效能感与自尊有关，但并不相同。当我们没有高估或低估自己的能力时，便存在一个准确的自我效能感。关于不准确的自我效能感，一个明显的例子：在《澳大利亚偶像》等受欢迎的真人秀节目中可以看到，数千名满怀希望的选手在评委席前唱歌；有时会出现难以忍受的糟糕演唱，而参赛者却没有明显意识到自己的糟糕表现。

在教育领域，班杜拉被广泛认为是学习和自我效能的先驱和领先研究者（见 Bandura 1986，1997）。了解自我效能感有助于学习者理解不同的学生对新任务的反应会有怎样的不同。就像自尊问题一样，教师必须衡量一个学生的潜在能力，而这并不一定和学生所说的一样。教师必须注意不要相信虚假的自我效能感，但更重要的是，在学习新技能或新任务时，不应通过轻率的评论而导致不良的自我效能感。

在国家层面，"国家价值观教育倡议"* "国家反欺凌运动"* "国家安全学校框架"* 是学生幸福感和福利领域的示范倡议。除了围绕价值观教育的大量实用资源外，"国家价值观教育倡议"还编制了一份澳大利亚课程（学习领域、一般能力和跨课程优先事项）三维度的课程图，展示了关键价值观教育资源对学校的支持程度。培养学生，以实现《墨尔本宣言》中的首要目标，即成为活跃和有学识的公民。重视教育与其他联邦、州和系统性的有关学生福利和学生福祉的举措的联系，并为其提供信息。"国家反欺凌运动"在"国家安全学校框架"的支持下，为教师（实际上是所有社区成员）提供了一个综合性网站，可以访问大量的免费网络资源。联邦政府已经投入巨资支持学校社区，以抵抗学校内部和周围的任何欺凌"文化"的影响，并改变这种文化。

在学校层面，"恢复公正"* 是一个很受欢迎的优秀例子，它关注学生福利、抗逆力、欺凌（和补偿）。在该项目中，受害者和作恶者在小组咨询会上获得支持，以了解行为后果。项目设计成一个干预计划，全班学生都可以形成不同工作坊，探讨公正如何起作用。它的核心信息是，使受害者和作恶者（实际上是所有受到保护的人）重新融入集体，帮助恢复社会平衡（Morrison 2002）。

心灵问题* 工具包是另一套受欢迎的优秀学校教学资源。心灵问题工具包认为抗逆力是积极心理健康和幸福感不可或缺的一部分。它提供了两本小册子：《增强抗逆力 1：沟通，变化和挑战》，通过发展对班级和学校的归属感增强抗逆力；《增强抗逆力 2：压力和应对》，更直接地着眼于中学生如何发展有效沟通和参与的方法（Australian Government Department of Health and Aging 2005，p. 5）。

欺　凌

关于学校里的欺凌，已经有很多专门文章，这类文章还会继续发表。沃尔威斯（Olweus 1993）一项具有里程碑意义的瑞典调查显示，教师和学生对学校欺凌程度的看法存在很大差异。沃尔威斯将欺凌定义为一个或多个人针对一个难以为自己辩护的人的故意、反复的消极（不愉快或伤害）行为。故意和重复的主要特征是区分学校环境中出现的欺凌和日常冲突。在澳大利亚的一项类似的广泛调查中，里格比（Rigby 1997a）确定，大约一半的学生经历过欺凌，六分之一的学生每周都经历欺凌。

欺凌是一种社会现象，而不是个人现象。它发生在社会动态中，欺负者、被欺负者和证人都需要技巧和帮助来处理它。事实上，证人甚至可能是一个容忍、合法化或沉默欺负的"支持角色"。欺凌表现为身体上的恐吓、直接的攻击和心理上的

恐吓。它的范围从间接骚扰，如排斥、流言蜚语和谣言，到直接通过身体或语言攻击骚扰。欺凌的一个核心方面是权力的不平等关系，在这种关系中，受害者通常感到被控制，无力阻止欺凌。它发生在学校、校外，最近还通过网络出现在社交媒体上。

每个老师都需要知道什么是欺凌，以及如何控制欺凌。研究表明，被欺负的学生可能会变得沮丧和孤僻，在学业上表现不佳，有时甚至会变得咄咄逼人和愤怒。欺凌的后果是可怕的。2011 年，一名 15 岁的澳大利亚学生自杀，他的父亲认为毫无疑问欺凌是罪魁祸首（Wingate-Pearse 2012）。

关于欺凌为什么开始和持续存在的理论比比皆是。里格比（Rigby 1997b，2002）讨论了其中的一些问题以及各种干预方案的不同效果。他把欺凌看作个体差异、发展、社会文化和同龄人压力的结果。因此，根据普遍看法，需要采用不同的干预措施。他认为，使用不同方法是适当的，没有一种方法会涵盖所有的同化作用。例如，持续的欺凌行为可能需要专业咨询并明确定义行为边界，而基于性别或种族认知的欺凌其解决方法需要与课程紧密结合。

影响欺凌的社会力量十分重要。受害者需要立即得到支持，需要在学校和/或往返学校的途中感到安全。

应对校外欺凌更为困难，因此需要发展学生群体和学校社区，在其中培养一种相互关注的文化，使其能促进个体之间相互关注。还有一个重要阻力是人们坚持不“告发”的澳大利亚传统。被欺凌的受害者需要认识到可以报告这种行为。证人或朋友也需要认识到看到这种行为是可以报告的。教师能做的一件最有价值的事是公开讨论“告发”是什么，它如何发生，从而传达出这样一条信息：“告发”是勇敢的，它代表着力量（而不是缺点），并且有助于在校园中创造一种更具同情心和支持性的社会力量。

面对存在欺凌行为的人，应对策略取决于他们是谁以及他们本身的情况。在制定适当策略前，了解欺凌背后的驱动力至关重要。不过，欺凌必须有严重后果；需要制定一个温和的行动计划，并明确规定一系列后果。

网络欺凌是一种相对较新的现象，其全面影响仍在探究中。网络欺凌通常是较为隐蔽的欺凌。亨普希尔等（Hemphill et al. 2012，p. 60）将网络欺凌定义为“年轻人利用电子媒体，如计算机、移动电话和个人数字设备，通过电子邮件、聊天室、社交网站、即时通信、电话、视频和短信等方式欺负、为难、排斥或羞辱他人”。然而，它也可以是一种通过蓄意的网络跟踪和发送贬义或仇恨信息的公开欺凌。其他类型的网络欺凌包括身份盗窃、冒充、操纵、敲诈和泄露隐私和个人信息，包括图像和文本（O'Higgins，Norman & Connolly 2011）。

网络欺凌最令人担忧的一点是匿名（追踪犯罪者可能很困难）及其入侵性。受害者在任何地方、任何时间都会受到骚扰和欺凌。这种侵犯可能十分无情，但仅仅要求学生关掉电话或退出社交媒体网站并不是最佳选择。社交媒体网站已经成为学生生活中不可或缺的一部分，退出网站可能会使他们感到更加孤立与孤独。在美国一项对 1 200 名学生进行的调查中，25%的人报告说每月至少受到一次欺凌，其中根据欺凌的来源，10%的人通过网络，8%的人通过短信，7%的人通过电话（Ybarra et al. 2012，p. 57）。在澳大利亚最近对 700 名七年级学生进行的一项调查中，21%的学生参与过传统形式的欺凌，15%的学生参与过网络欺凌，7%的学生两种同时参与（Hemphill et al. 2012）。在新出现的网络欺凌形式中，有两件事值得注

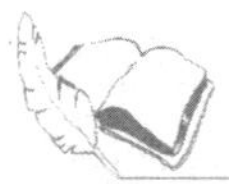

意：参与较传统形式的欺凌的行为人可能实施网络欺凌，而传统欺凌的受害者可能为了报复参与网络欺凌（Hemphill et al. 2012）。

根据保罗等（Paul，Smith & Blumberg 2012）的研究，受到网络欺凌的人，其应对策略包括离线和在线策略。确定的一些在线策略包括锁定欺凌者并将其从网站上删除，保持在线状态并更改用户详细信息。更传统的应对策略是告诉朋友、家庭成员、通知学校并对抗欺凌者。

“欺凌，没门！”* 网站提供了一系列优秀在线资源链接。这个网站得到了澳大利亚教育部的认可。它为家长、学生和教师提供资源。在教师门户网站中，它包含了欺凌的定义和迹象，以及受害者和欺凌者的典型形象。例如，学生受到欺负的一些迹象可能包括变得咄咄逼人、不想谈论困扰他们的问题以及成绩下降。其他人经常取笑他们。有一些学校和课堂资源是针对幼儿、中小学生的，尽管这些资源更多地集中在网络欺凌上。

例如，通过教师门户网站和小学资源，该网站提供了一个到网络智能学校的链接（ACMA 2012），该网站本身就充满了信息和资源，包括从初中到高中的课程计划。昆士兰政府也提供了一个“工具箱”（2012，p. 12），其方法框架包含 10 个要素，这些要素都有深入解释，并可作为检查表。其中一些要素包括制定明确的反欺凌政策、明确应对欺凌的步骤以及对教师的专业培训。教师门户网站中的“支持学生”部分有助于直接处理课堂上的欺凌行为。一个有用的在线资源（见 Australian Government Department of Health and Aging 2005）非常实用，可以集成到各种 KLA 中。还有其他一些很好的网络资源可以解释欺凌行为并提出建议与各种实用策略。“国家安全学校”网站上介绍了欺凌行为，并链接到所有州和地区的反欺凌方法（DEEWR 2012b）。

综上所述，我们再次强调，欺凌在更广泛的社会背景下运作，其影响超越了施暴者和受害者。有时会形成一组施暴者，其本身可能是由于一系列因素，同龄人压力是一个普遍存在的因素。它可能是一个生存机制，可以在一个“强大”的群体中被识别出来。欺凌的目击者可能会起到消极的作用，不管是默许还是煽动该行为，其他人都会受到伤害。不管欺凌的社会影响如何，显而易见的是我们为什么明确地对待欺凌：公开讨论它是什么及其后果，可以有助于将其公之于众。欺凌只可能在沉默的文化中兴盛。

“非常”具有挑战性的行为和精神健康障碍

“非常”具有挑战性的行为

少数在校学生表现出“非常”具有挑战性的行为，甚至让经验丰富的教师都会感到困惑和苦恼。行为障碍、品行障碍、情绪障碍和 1、2、3 级心理健康等标签有时会贴在学校儿童和青少年的个人简介上，并以医学和其他专业人士的诊断为前提。这些条件中有些是残疾，有些不是，但不管怎样，学校（和教师）需要区分和调整教学/学习活动，并提供个性化的学习计划，以适应这种多样化的个人教育需求。

自闭症谱系障碍（ASD）的学生（除此之外，以前称为自闭症、阿斯伯格症和普遍性发育障碍，未另行规定），表现出广泛的特征行为，其程度从轻微到严重不

等。学生和同事对将自闭症作为当代问题之一列入本章表示出了强烈的兴趣。在过去约五年的时间里，自闭症已经“取代”了注意力缺陷障碍（ADD）及其变体，成为学校里对教师（和学生）最具挑战性的“热门”障碍/状况/残疾。

对于患有自闭症（及其变种）的儿童和年轻人，无论是从他们的个人特征（通常是刻板印象）还是从疾病引起的特定教学/学习需求方面，都存在着各种误解。我们首先指出，在公共领域（特别是在线领域）有大量关于自闭症的高质量信息，以及供教师参考的自闭症学生信息。自闭症的患病率相对较高（与其他疾病相比），许多学生（已确诊和未确诊）被纳入普通课堂和学校。因此，我们认为（与其他精神障碍一样），对精神障碍性质的合理认识非常重要，目的是协助早期识别和诊断，指导最佳教学实践并获得最佳学习结果。

重要的是，围绕（行为）智力的循证实践与第 7 章（干预）“基于行为理论的干预”和“基于认知行为理论的干预”一节中所述的做法密切相关。应用行为分析和功能性行为分析（另见第 7 章）作为循证干预的理论/程序框架，以及社会技能和沟通培训最为突出。

如前所述，对于教导患有自闭症（或潜在）学生的教师来说，有这么多高质量的信息可以随时获取，我们在这里将不再对这些信息进行精确说明。另外，我们提请你注意该领域的最新研究。这样做的目的，是认识到需要（通过系统的、持续的专业发展）对当代课堂管理的相关问题的动态保持关注。

职前教师和早期职业教师经常害怕“处理”/满足非常具有挑战性学生的需求，而这类学生通常被教师视为最大的问题。

尽管有迫切需求，你可能得直接进入第 7 章（干预），我们还是希望你“不要走开”，将重点放在为所有学生创造最积极的学习环境上。一些学生群体，由于运气不好，或由于以前的学校教育，或由于生活环境或任何原因，才刚开始“努力学习”。如果你制定和实施一个优秀的课堂管理计划，将能够（或许在更有经验同事的支持下）使你的班集体步入正轨。很可能仍然有少数学生对你的努力没有合理的反应，但只有在这个阶段，在试过你能想到的全部课堂管理计划后，你才会考虑使用干预措施（如第 7 章所述），使你的课程，特别是问题学生回到正轨。

我们知道一些学生的挑战性很大，但如果你能让班级变得井然有序，这将为任何干预工作提供最好的机会。

作为初任教师，甚至是经验丰富的教师，你不能“修复”所有的学生，这点非常重要。你可以通过培养专业知识和技能，使自己与所有学生建立尽可能牢固的关系，引导和激励他们在学业和个人方面取得最好成绩，并对生活中的挑战给他们提供支持，这合乎道德、恰当并且专业，但“修复”他们不是你的工作。一些学生，通常只是少数，他们的生活中有如此重大和持续的问题，这些问题将“溢出”，在全校，特别是在你的课堂上，成为非常具有挑战性的行为，其中许多可能的原因超出了本书的假设范围。尽管你必须为你所有的学生“尽力而为”，但正如上文所强调的，始终关注为所有学生创造和维持积极学习环境通常更具战略性，可能次要的关注点是那些（通常）为数不多的学生，他们不是很优秀，但更容易接受指导，并回归到适当和合作的行为。如果你让你的大多数学生安全、快乐并有学习动机，你至少应该能够合理地将任何非常有挑战性的学生纳入并留在你的课堂上，尽管会有

适当的干预措施和其他谈判支持。

换言之，你有责任确保你所有的学生不仅被课堂接纳并从中学习，而且他们也是安全的。这就是风险管理和责任关怀的考虑和责任感发挥作用的地方。我们现在和以前的许多学生都担心，有关学校“照管职责”和“风险管理”的责任，他们自身知识和能力不够。尤其当这些要求涉及表现出非常典型行为的学生，特别是那些可能导致过度风险、危害、虐待或攻击班级/校园中任何人的行为，这种担忧更为强烈。照管职责和风险管理确实是相当复杂（相互关联）的问题，如未能知悉相关职责，未采取“合理”行动，最终学校系统和个别教师可能需要负法律责任。

照管职责被代表性地定义为“法律认可的一项义务，以避免充满不合理危险的行为对他人造成危险”（Verma 2010）。这种照顾的责任存在于师生关系中。每一位教师和校方人员都有责任谨慎行事，以确保他们的作为或不作为不会对学生造成合理的、可预防的伤害。简言之，法律规定教师和学校应承担法律责任，以照管所有学生的安全和福祉。除了对更广泛的学生群体有更广泛的期望外，校方还广泛采用了风险管理计划，将其作为个人计划的一部分，围绕那些可能使自己或他人面临风险的具有挑战性行为的学生。“合理”的概念在这里非常重要，因此我们强烈建议你评鉴自己授课的学校或教育管辖区提供的政策和程序文件。

我们认为，根据多年来与学生（包括婴儿、儿童和年轻人，尤其是表现出最危险和最具挑战性行为的学生）广泛合作的观点，所有学生在干预设计和实施中所遵循的理论和原则都是相同的，不论目标不良行为的严重程度如何。显然，如果学生行为恶化到严重程度，从而引发系统性的政策驱动后果，如停课和开除，那么必须以正当程序为准。否则，作为课堂教师，你有责任要求家庭、学校和社区资源共同协商、设计、开发和实施对该学生的适当干预……现在是时候回到第 7 章了。

精神健康障碍

一些（一组）持续的挑战性行为可能表明（开始）有害的精神分裂。有这些表现的学生应该交给学校辅导员，因为诊断和治疗不在教师的范围之内。以下内容中出现的精神障碍相对罕见，你可能从未遇到过。然而，重要的是，教师要学会了解这些（和其他）障碍的特点，以便他们能够将学生引向适当的专业人士，而不是在没有诊断、专家支持和可能的资金支持的情况下挣扎。

学校辅导员很可能会要求精神病学家进行诊断，他们将（除其他工具外）使用美国精神病学协会的《精神障碍诊断和满意度手册：第 4 版》（DSM-IV-TR），因为该手册是这一领域的权威。

建议你熟悉本手册的大纲和范围，因为这是专家诊断所参考的内容，如果你想成功地为学生的社会和学习福祉提供支持和帮助，则必须去了解熟悉该手册。一旦学生被诊断出患有某种特定的精神障碍，他/她的老师将与专业团队和学生的家庭/护理人员合作制定、实施和监控个人教育计划。《精神障碍诊断和满意度手册》根据精神发育迟滞、学习障碍、运动技能障碍、沟通障碍和普遍性发展障碍的类别，对婴儿、儿童或青少年中可以诊断的精神障碍进行了分类。

注意：关于儿童和年轻人的一些更常见的心理健康和其他状况的一个重要的总结指南由纳塔莉·泰格（Natalie Trigg）提供，即《教师课堂识别儿童障碍指南：检查表和策略》。它包括用于指示各种障碍的行为的“流程图”（决策树）、针对每

种障碍的 DSM 汇总检查表以及课堂教师的相关实践策略。

以下部分简要解释了在学校环境中普遍存在的具有挑战性行为的七种精神障碍：品行障碍、对立违抗性障碍、分离焦虑障碍、选择性缄默、抽动秽语障碍、强迫性障碍和创伤后应激障碍。(这些障碍的简要描述都改编自 DSM-IV-TR。)

品行障碍和对立违抗性障碍通常与更具挑战性的"外表"行为相联系，这种行为更多情况下是针对他人；而其他障碍则更普遍地与更具挑战性的"内表"行为相关；也就是说，更多情况下针对个体自身，这些行为也被描述为"退缩"行为。

品行障碍

品行障碍（Conduct Disorder，CD）的本质特征是一种重复、持续行为模式，该行为模式侵犯他人的基本权利或违反与年龄相适应的社会规范与规则。品行障碍包括四个标准：伤害或威胁伤害他人或动物，财产破坏，欺骗或盗窃，以及严重违反规则的行为，至少在过去 12 个月内表现出其中三种并且在过去 6 个月内表现出其中一种（或多种）行为。品行障碍能够在学龄前儿童中表现出来，像所有疾病一样，早期诊断和干预更有可能取得成功。

在课堂上，品行障碍可能会阻碍学生社交和学习的发展，因此，结合专业支持，学生的个人教育计划应包括社会技能培训和差异化学习策略。阿诺德·戈尔茨坦（Arnold Goldstein 1999）的开创性著作《准备课程：教授亲社会能力》是所有学生（尤其是品行障碍学生）培养社会能力的优秀来源。特别是，他在移情培训方面的工作是无价的，因为品行障碍学生缺乏移情能力。一个有用的建议是把品行障碍学生放在整个课堂和小组工作中的榜样旁边，卡兹迪的《儿童和青少年行为障碍》仍然是全面课堂管理和对品行障碍学生进行教学的决定性文本。遗憾的是，很难找到资料来源，但有许多文章和文本使用了他的模型，这些都是可用的。

对立违抗性障碍

对立违抗性障碍（Oppositional Defiant Disorder，ODD）的基本特征是持续至少 6 个月的消极、违抗、不服从和敌对行为的反复模式。该定义的中心点是，行为必须持续至少 6 个月，并包含四个或更多的变化：情绪失控、与成年人争吵、不顺从、故意挑衅他人、责备他人、容易被他人打乱、表现出愤怒和怨恨以及恶意或报复。对立违抗性障碍大约从 8 岁起会有明显表现，通常不会迟于青春期早期。对立违抗性障碍的表现行为很可能在教室和家里都很明显，但在转介给心理学家或其他心理健康专业人士时，可能不会表现出来。因此，教师必须收集并参考在学校环境中对这些行为进行调查的证据数据。

如何成功地给对立违抗性障碍学生授课？这非常困难，但重要的是要回到你在本书中已经学到的东西。对立违抗性障碍学生是罕见的例子，他们展示了德雷克斯的四个行为目标……而且是同时展现的。权力、注意力、报复和不足的需要推动了他们的行为。这些学生将全面向你挑战，展示他们的力量大于你的，通过持续和恼人的做法寻求关注，通过恶意的行为进行精确的报复，并且经常通过长期的不服从来掩盖他们的不足。因此，回到德雷克斯的模型，思考如何有效应对这些对立违抗性障碍的表现。

琼斯夫妇（Jones and Jones 2013，p. 297）认为应对挑衅行为是最需要面对的教学情境之一，并为应对方式提供实用指南。他们建议教师让学生（和他们自己）准备好面对可能非常困难的处境。这种失调（和实际上所有教学实践）的基础是教师与他们的学生建立良好的职业关系。关于如何建立人际关系已有大量的相关文章，琼斯夫妇（Jones and Jones 2013，pp. 297－310）再次提出了很好的建议，如给学生明确、礼貌和坚定的建议，建立自我控制的模型，反应需深思熟虑以减轻行为。还有一个具有开创性和无限有用的来源，帕肯和诺瓦克（Purkey and Novak 1974）的《有意邀请模式》以及你对如何提高自身专业形象的反思，都能够提供具有开创性的非常有用的资源。

分离焦虑障碍

分离焦虑障碍（Separation Anxiety Disorder，SAD）的本质特征就是与被依恋的人分离时会显得过度焦虑。这种焦虑超出了预期的发育水平。这种困扰必须持续四周以上，在18岁以前出现，并在社会、学业或其他重要作用领域造成临床上显著的痛苦或损害。儿童开始去学前班或上学时会表现出这种分离焦虑障碍。中度到重度的分离焦虑，在形式上讲孩子是病态的表现了，与周围人疏远，完全不参与。有些人可能（试图）逃学回家，这当然是一个很大的安全风险。

面对分离焦虑障碍的学生时你会怎么做呢？解决方案相当“简单”，但实行起来却很复杂，而且需要时间……你让他们与焦虑源之间的距离产生“全面的脱敏”。比如说，要求父母与孩子一起在学校度过一整天，并随着孩子建立起了其他的依恋，逐渐减少父母的陪伴时间。如果不可行，允许孩子在一天中每隔一段时间给父母打电话或视频，然后等孩子安定下来，减少联系次数，随后孩子便不想打电话或视频了。分离焦虑障碍是一种复杂的障碍，而且其中常常是角色表面上划分得非常清晰。比如，父母有意识（或无意识地）在加强分离焦虑的行为。如果是这样，老师需要做记录并与协调干预的学校辅导员讨论，这很重要。

选择性缄默

选择性缄默（Selective Mutism，SM）的基本特征是，尽管在其他情况下能说话，但在特定的社交场合（例如，在学校或和玩伴一起）总是无法说话。这一症状干扰教育或职业成就和/或社会交流。该症状必须持续至少一个月，而且不仅限于开学第一个月（在这期间，许多孩子可能会害羞，不愿意说话）。尽管选择性缄默很少见，但很难理解和干预该症状。通常这类孩子会在家里说话，父母并不理解其学校行为的严重性。通常其他的孩子会帮助这类孩子表达，因此，在学前班该症状未被注意也很正常，到开始上学的时候，这个孩子的选择性缄默便根深蒂固了。

如何将选择性缄默学生的非言语行为转变为言语行为？把该学生介绍给学校辅导人员。应鼓励家庭与校方人员密切合作来解决这一问题。在他们承认孩子不在学校说话之前，几乎没有什么进展。作为一名班主任，你必须确保孩子的同龄人不会帮他/她表达。承认他们是在试图帮忙，但解释至少不是这样帮的。如果孩子在家里或在社交场合说话（或以其他方式发声），请家长征求孩子的许可，进行录音，第二天可以播放给同龄人听。如果孩子不同意，不用考虑这一做法。有许多行为策略可以鼓励沉默的学生说话，但从根本上讲，要他们自己想说话。与专业人士和家人密切合作，记住，这是一个复杂的挑战，需要高度敏感。

抽动秽语障碍

抽动秽语障碍（Tourette Disorder，TD）的基本特征是多动性抽搐和一个或多

个声带抽搐。这些可能在几年内同时或相继出现。抽搐可能一天发生多次，反复发作超过一年。在此期间，没有连续三个月以上的无抽搐期。其发病时间在 18 岁之前。抽搐不是由于某种物质（如兴奋剂）或一般病理条件（如亨廷顿氏病或病毒性脑炎）的直接生理效应所致。

学生的何种行为可能预示着患有抽动秽语障碍呢？根据《精神障碍诊断和满意度手册：第 4 版》的描述，近一半的抽动秽语障碍患者中，疾病开始于单一抽搐的发作，如频繁眨眼。“最初的抽搐不那么激烈，只涉及面部或身体的另一部分，如面部表情、头部抽搐、吐舌、嗅、单脚跳、蹦蹦跳跳、清嗓、口吃类的语言流畅性障碍，或发出声音或词”（DSM-IV-TR 2000，p. 111）。这种障碍可能发生得很早，平均发病年龄大约六到七岁。

你班上有一个学生的症状似乎与上述症状类似。你该怎么办？首先，把学生介绍给学校辅导人员。如果医学和心理诊断证实了你的怀疑，你必须与专业团队合作，确保该学生不会被社会拒绝。防止被拒绝是一个双向过程；也就是说，在课堂上教授其他学生关于抽动秽语障碍的知识（也许这位目标学生可以帮助实现），并对那些没有被抽动秽语障碍行为分散注意力的学生进行强化（私下）。同时建立这位目标学生的期望，这样，像其他有额外需求的学生一样，她/他知道他们有被接受和被接纳的权利。

强迫性障碍

强迫性障碍（Obsessive Compulsive Disorder，OCD）的基本特征是反复出现的执念或强迫行为，且严重到消耗时间（每天消耗一小时以上），或造成明显痛苦或严重损害的程度。执念（obsessions）是一种持续的观念、想法、冲动，或被认为是烦扰和不适的画面。强迫是指重复的行为（例如洗手、分类、检查）或精神行为（例如祈祷、数数、默默地重复单词），其目的是防止或减少焦虑或痛苦，而不是提供快乐或满足。

如果你有证据（实际观察到的行为）使你怀疑学生可能患有强迫性障碍，你需要将他/她推荐给学校辅导人员。如果学生有这种障碍，那么你应该与心理健康专业人员和学生家庭一起进行协作，围绕基于认知行为理论的干预措施，制定学生个人教育计划，以提高他/她的认知、社会和学习功能。（这一理论在本书第 2 章前面进行过解释。）

卡普兰和卡特（Kaplan and Carter 1995）发表的首篇关于在课堂上应用认知行为策略的文章，至今仍具有重大意义。特别是，其中一些章节涉及将非理性思维转变为理性思维，从而减轻学生执念和强迫的章节，对课堂教师非常有用。遗憾的是，这本书已经绝版了，但作为学校图书馆的重要参考书目它的确值得收藏。

创伤后应激障碍

创伤后应激障碍（Post-Traumatic Stress Disorder，PTSD）是在暴露于极端创伤应激源后出现的特征症状，其直接个人经历包括：涉及死亡或死亡威胁，或严重伤害事件，或对人身体完整性的其他威胁，或目睹涉及死亡、伤害或威胁他人身体完整性的事件，或了解家庭成员或其他亲密伙伴意外或暴力死亡、严重伤害或死亡或伤害威胁。任何年龄的人都可能出现这种障碍，可能是短期反应（急性应激障碍），或是延迟反应（在事件发生数月甚至数年后出现，或长期出现），或者是慢性

（长期）障碍。

你能为班级里患有创伤后应激障碍的学生做些什么呢？你需要证明学校和你的课堂是安全的，提供无条件支持。学校辅导人员要参与进来，家长、教师和其他专业人员要监督和报告学生行为的任何重大变化，这也是关键。在这期间，学生需要一段时间来调整，认知行为疗法是缓解这一状况的有效策略。人为灾害和自然灾害可能会对儿童群体产生不利影响，在这种情况下，学生参与有组织的群体讨论很有用。建议以小组或全班为单位教导学生如何恢复。

注意：澳大利亚联邦政府的“国家心理健康改革十年路线图”规定了一整套国家议程，以改革和改进有关项目支持心理健康问题人群，包括儿童和青年（在校）。这一倡议的关键在于建立“全国青年心理健康基金会”。澳大利亚政府还启动了“国家心理健康战略”、“国家预防自杀战略”* 和心灵问题项目（参见前面“全校倡议”部分）。我们强烈建议你访问和浏览这些优秀而全面的网站。

经验分享

从历史中学习……

国际知名的特殊教育专家伯顿·布拉特教授写道，我们从历史中唯一学到的东西就是我们不从历史中学习。太有道理了。简要回顾澳大利亚各州和联邦的教育政策会发现，自澳大利亚第一所学校成立以来，相似问题和提出的解决方案就一直困扰着教育工作者。那么，为什么我们仍然有似乎无法克服的教育难题呢？例如，我们为什么还在问，学生如何学习、我们如何评价学生的学习，以及学生应该学习什么？为什么我们还在讨论教师的选拔、培训和角色定义？也许比任何其他教育问题更为重要的是，教师的作用已经公开接受全面评鉴，许多国家在全国层面反复讨论这个最重要职业的人员准备。

目前，似乎连最基本的问题都没有解决。例如，我们仍然在问职前培训课程应该持续多久，并停留在它是否仍然应该被称为教师培训，还是更加政治正确的“初级教师教育”？其中一些问题需要现实检验。例如，今天早上从车库（我把车留在那儿检修）开车送我去上班的那个年轻人告诉我，经过四年的学徒生涯才能成为汽车修理工，他已经完成了两年。考虑到孩子比哪怕最豪华的汽车都珍贵，我们完全不能允许，教师以短于上述四年的时间脱离大学生产线。

另一个尚未解决的问题是我们选择参加教学培训学生的方式。应该只考虑申请人的中学成绩，还是其他因素，如他们的个人优势？线上学习的普及使这个问题更难回答，因为这种提交模式会掩盖申请人的特性。所以现在的问题是，如何增进与学生面对面的了解，从而选出最优秀的申请人？这种现代困境的背后是一个古老的问题：“好老师”的特性是什么？但是，这就像许多当代问题一样，是我们可以从历史中学习的地方，过去几百年里有很多内容提及“好老师”应具备哪些品质。两百多年前，约翰·扬教授告诉格拉斯哥大学的学生，他认为指导教师应具有的品质为：

首先他应该内心正直，态度真诚；其次，他应该学识渊博；最后，他应该谈吐自如，洞悉世界。他像替代父亲（vicefather），用可接受的语言鼓励学生改正而不伤害他们的心灵，常年润物细无声，他不仅把学生福祉视为其毕生的事业，也是劳动的犒赏。

约翰·扬教授，格拉斯哥大学，斯莱，2012 年

小　　结

各种各样的当代问题可能会影响学校的教学和学习。这些问题包括“可能影响全国学校社区的大局问题”，可能只影响一个学生学习的问题。在本章中，我们简要介绍了此类问题的广泛多样性。我们将这些问题分为四组（综合性问题，全校倡议，学生福利、抗逆力和欺凌问题以及“非常”具有挑战性的行为和精神健康障碍），但许多个体问题之间存在明显的重叠和相互关系。

其中一些问题是长期存在的（例如教师培训课程的“重新评鉴”和对满足行为富有挑战性学生需求的担忧），而另一些问题则更紧急、更具时代性（例如网络欺凌）。然而，问题的出现或重新出现是因为人们觉得它们重要、热门、需要讨论/重新考虑。许多“大局”问题（特别是那些从政府辩论和报告中产生的问题）更广泛地集中在一般教学和学习事务上，而其他问题则更紧密地集中在课堂管理、学生行为和福祉上。

其中一些问题可能会影响并最终改变你的专业理念（包括你偏好的课堂管理理论），而其他一些问题可能只与你的日常工作相关。每种情形都可以联系到莱福德课堂管理模式的各种因素，甚至可以追溯到本书中的所有章节。新的当代问题总是会出现（我们生活在一个充满活力的世界，从事这样一个充满活力的职业），所以我们希望你能跟上国际、国内和地方的新闻事件以及教育研究，并使相关主要教育管辖区的网站页面“最新动态”成为你热门网页收藏列表的一部分。

基本概念

- 当代问题 vs. 长期问题
- 生态学视角
- 世界观和解释性过滤
- 残疾 vs. 需求 vs. 调整

个性化活动和小组活动

回顾并重新思考“开篇故事：相同，相同但有别……”和最后的“经验分享：从历史中学习……”

活动 1

以下表达摘自最后一篇《经验分享：从历史中学习……》中扬的描述，将其转化为现代术语：内心正直；态度真诚；学识渊博；谈吐自如；洞悉世界；替代父亲；常年润物细无声；不仅把学生福祉视为其毕生的事业，也是劳动的犒赏。现在将你自己的品质与这些进行比较。最后，找出你身边一位具备上述品质的老师，并描述这些品质是如何表现出来的。如果你无法在一位老师身上找全以上品质，那么就结合你过去的几位老师构建一个复合体。

活动 2

作为职前教师，单独或共同确定一个（或多个）你（们）认为现在对自身有影响的问题。仅根据提供的信息（以及任何先前的知识和理解），围绕这一问题进行讨论。通过深入全面地调查跟进这个问题，然后从个人的角度提交一篇简短的评论文章。

活动 3

单独或共同确定一个（或多个）你认为对初任教师有重大影响的问题。讨论如何考虑/适应新兴的专业理念、课堂管理理论方法和/或课堂管理模式建立与规划的中间环节。

活动 4

列出本章中的所有问题。然后分别协作构建这些问题的“蜘蛛网络图”（或索引图），指出它们之间的相互关系。在全班讨论中解释你们小组的共识并为其辩护。

活动 5

选择一个最符合你职业理念的全校倡议。想象一下你想把它引入你的学校。你如何鼓励/说服你的同事“入伙”？

活动 6

回顾欺凌问题。学生在教学/学习期间普遍使用手机，影响课堂，这已是学校（尤其是中学）的一个主要问题。你可以实施什么样的政策/程序来“解决”这个非常现实的问题？

活动 7

考虑一下你目前的职业发展计划，尤其是你打算如何紧跟时代，熟悉并了解可能影响你的专业实践的当代问题。哪些关键网站可以添加到你的“收藏夹”中，以便于你获得最新专业咨询？（在讨论中）证明你的选择。

活动 8

你能识别出其他可能在不久或更遥远的将来影响你的专业理念和实践的当代问题吗？你是如何选择这些问题的？它们会如何影响你和/或你的同龄人？

活动 9

匹配样本：为本章讨论的每一种精神健康障碍进行匹配，从书籍、电视节目或电影中选择样本描述。探讨对障碍本质的理解如何增加了虚构人物的深度。

活动 10

家人“揭露”：讨论入学时强制规定家庭成员公开儿童可能患有的任何精神障碍/残疾这一做法的利弊。

活动 11

叙述：为本章讨论的其中一种精神障碍构建一段自我叙述。想象一下你的世界观被这种特殊的混乱所支配，描述你如何看待自己、你的家人、同学和老师。换言之，穿着心理障碍人士的鞋子走路。

活动 12

保密：你所在的州或地区，对于患有相当明显精神障碍（如抽动秽语障碍）的学生，有什么关于保密的法律规定？

活动 13

网站：对于本章讨论的一个或多个问题，找到一个可靠网站（除了下面提供的网站）和一个不可靠网站。给出你分类的理由。

学习工具

访问 www.cengagebrain.com，获取与本书有关的学习工具。

网络链接

(Note: These weblinks are all referred to and annotated through this chapter.)
Australian Government, Department of Health and Aging: MindMatters
www.mindmatters.edu.au/about/about_landing.html

Australian Professional Standards for Teachers
www.teacherstandards.aitsl.edu.au/

Bullying and Victimization in Schools: A Restorative Justice Approach. Trends and Issues in Crime and Criminal Justice No. 219. Australian Institute of Criminology
www.aic.gov.au/documents/0/B/7/%7B0B70E4C9-D631-40D2-B1FA-622D4E25BA57%7Dti219.pdf

Bullying. No Way!
www.bullyingnoway.com.au/

Commonwealth Disability Standards for Education
www.deewr.gov.au/schooling/programs/pages/disabilitystandardsforeducation.aspx

Department of Education, Employment and Work Place Relations: National Safe Schools Framework.
http://deewr.gov.au/national-safe-schools-framework-0

Diagnostic and Statistical Manual of Mental Disorders, 5th edition (DSM-5)
http://www.dsm5.org

Duty of care and risk management for students with challenging behaviours
www.aussieeducator.org.au/education/other/dutyofcare.html
www.det.wa.edu.au/audit/detcms/professional-standards-and-conduct/audit-and-risk-management/risk-management/sample-school-risk-reference-list.en?oid=com.arsdigita.cms.contenttypes.FileStorageItem-id-10807742
www.lawhandbook.org.au/handbook/ch06s03s02.php

Education Reform: The International Agenda
www.abc.net.au/radionational/programs/rearvision/finland-the-real-education-revolution/4228418

Empowering Local Schools National Partnership Program
www.schools.nsw.edu.au/news/els/index.php

Evidence-Based Practices
http://ldaustralia.org/ajld_oct06_29_38.pdf
www.aase.edu.au/phocadownload/National_Position_Papers/position%20paper%20evidence-based%20practice.pdf
www.det.act.gov.au/__data/assets/pdf_file/0003/17967/emm_EvidenceBased_ResearchPaper.pdf
www.det.nt.gov.au/teachers-educators/literacy-numeracy/evidence-based-literacy-numeracy-practices-framework
www.nectac.org/topics/evbased/evbased.asp
www.youtube.com/watch?v=sdqKR_Dzcg8

Gonski Report
http://deewr.gov.au/funding-schools

Habits of Mind – Describing Sixteen Habits of Mind
www.instituteforhabitsofmind.com/resources/pdf/16HOM.pdf

Melbourne Declaration on Educational Goals for Young Australians
www.mceecdya.edu.au/verve/_resources/national_declaration_on_the_educational_goals_for_young_australians.pdf

MindMatters
www.mindmatters.edu.au/

National Bullying Campaign
http://bullyingnoway.gov.au/
http://bullyingnoway.gov.au/teachers/nssf/index.html

National Disability Insurance Scheme
www.ndis.gov.au/towards/ndis-draft-legislation/

National Mental Health Strategy and the National Suicide Prevention Strategy
www.health.gov.au/internet/main/publishing.nsf/Content/health-pubhlth-strateg-youth-programs.htm and www.health.gov.au/internet/main/publishing.nsf/content/mental-nsps

National Plan for School Improvement
www.betterschools.gov.au/national-plan-school-improvement

National Safe Schools Framework
http://deewr.gov.au/national-safe-schools-framework-0

National Values Education Initiative
www.valueseducation.edu.au/values/

NSW Department of Education and Communities: Positive Behaviour and Learning; Supporting *all* students to achieve academic and social outcomes
www.cheri.com.au/documents/wsrhebershamcheri2.pdf

NSW Government 'Great Teaching, Inspired Learning': Discussion Paper
www.schools.nsw.edu.au/news/greatteaching/index.php

NSW Department of Education and Communities 'Local Schools, Local Decisions' initiative
www.schools.nsw.edu.au/news/lsld/index.php

Positive Behaviour for Learning (PBL)
www.youtube.com/watch?v=3dYDdBgevfl
www.det.nt.gov.au/parents-community/students-learning/safety-wellbeing/behaviour

Queensland Government: Working Together; A toolkit for the effective school-based action against bullying
http://education.qld.gov.au/studentservices/behaviour/qsaav/docs/working_together_toolkit.pdf

Restorative Justice
www.restorativejustice.org/articlesdb/articles/8748
www.wellbeingaustralia.com.au/wba/2009/06/restorative-practices.html

Rock and Water Program
www.kidsmatter.edu.au/primary/programs/rock-and-water
www.rockandwaterprogram.com/

School Bonding
http://ozteacher.com.au/html/index.php?option=com_content&view=article&id=443:school-bonding-plays-key-role-in-tough-transition-into-adulthood&catid=5:the-hard-word&Itemid=409
www.actbelongcommit.org.au

Schoolwide Positive Behaviour Support & Positive Behavioural Interventions and Supports
ccyp.scu.edu.au/download.php?doc_id=540&site_id=2
www.det.nt.gov.au/parents-community/students-learning/safety-wellbeing/behaviour/swpbs
www.pbis.org/

Student Wellbeing
www.deewr.gov.au/Schooling/wellbeing/Pages/ScopingStudyStudentWellbeing.aspx
www.health.gov.au/internet/main/publishing.nsf/Content/health-pubhlth-strateg-youth-programs.htm
www.mceetya.edu.au/verve/_resources/Measuring_Student_Well-Being_in_the_Context_of_Australian_Schooling.pdf

www.wellbeingaustralia.com.au/wba/2011/08/helping-great-teachers-make-great-students.html

Tribes Learning Community
http://tribes.com/

拓展阅读

American Psychiatric Association (2000). *Diagnostic and statistical manual of mental disorders: 4th edition, Text Revision (DSM-IV-TR)*. Washington, DC: American Psychiatric Association.

Dreikurs, R. (1968). *Psychology in the classroom (2nd ed.)*. New York, NY: Harper and Row.

Goldstein, A. (1999). *The Prepare curriculum: Teaching prosocial competencies (rev. ed.)*. Champaign, ILL: Research Press.

Jones, V. F. & Jones, L. S. (2013). *Comprehensive classroom management: Creating communities of support and solving problems (10th ed.)*. Boston, MA: Pearson.

Kaplan, J. & Carter J. (1995). *Beyond behavior modification: A cognitive-behavioral approach to behaviour management in the school (3rd ed.)*. Austin, TX: Pro-ed.

Kazdin, A. (1995). *Conduct disorder in childhood and adolescence (2nd ed.)*. Thousand Oaks, CA: Sage, 1995.

Purkey, W. & Novak J. (1984). *Inviting school success: A self-concept approach to teaching and learning, (2nd ed.)* Belmont, CA: Wadsworth.

Sahlberg, P. (2011). *Finnish lessons: What can the world learn from educational change in Finland*. New York: Teachers College Press.

Trigg, N. (2005). *A teacher's guide to identifying childhood disorders in the classroom: Checklists and strategies*. Tuggerah, NSW Lakes Printers,.

参考文献

Abbott, M., Walton, C., Tapia, C. & Greenwood, C. R. (1999). 'Research to practice: A 'blueprint' for closing the gap in local schools', *Exceptional Children, 65*(3): 339–52.

Adler, R., Rosenfeld, L. & Towne, N. (1995). *Interplay: The process of interpersonal communication (6th ed.).* Orlando, FL: Harcourt Brace Jovanovich.

Alberto, P. & Troutman, A. (2013). *Applied behaviour analysis for teachers (9th ed.).* Upper Saddle River, NJ: Pearson.

Alexander, R. (2005). *Culture, dialogue and learning: Notes on an emerging pedagogy.* Paper presented at the International Association for Cognitive Education and Psychology Conference, University of Durham, UK, 10–14 July 2005. Accessed 19 July 2010 at www.robinalexander.org.uk/docs/IAECP_paper_050612.pdf

American Psychiatric Association (2000). *Diagnostic and statistical manual of mental disorders: 4th edition, Text Revision (DSM-IV-TR).* Washington, DC: American Psychiatric Association.

Anguiano, P. (2001). 'A first-year teacher's plan to reduce misbehavior in the classroom', *Teaching Exceptional Children, 33*(3): 52–5.

Arends, R. (2009). *Learning to teach (8th ed.).* NY: McGraw-Hill.

Aronson, E., Stephen, C., Lides, J., Blaney, N. & Snapp, M. (1978). *The jigsaw classroom.* Beverley Hills, CA: Sage.

Arthur, M. (1994). 'Collaboration in change: Perspectives on integration in educational settings', *Australian Disability Review, 2*: 13–19.

Atici, M. (2007). 'A small scale study on student teachers' perceptions of classroom management and methods for dealing with misbehaviour', *Emotional and Behavioural Difficulties, 12*(1): 15–27.

Australian Communication and Media Association (ACMA). *Cyber smart.* Accessed 11 November 2012 at www.cybersmart.gov.au/Schools.aspx

Australian Government Department of Health and Aging (2005). *A whole school approach to dealing with bullying and harassment.* Accessed 4 November 2012 at www.mindmatters.edu.au/verve/_resources/DealingBullying_compile0209.pdf

Australian Government Department of Health and Aging (2012). *Mind Matters* Accessed 5 October 2012 at www.mindmatters.edu.au/about/about_landing.html

Bandura, A. (1986). *A social foundation of thought and action. A social cognitive theory.* Englewood Cliffs N.J: Prentice-Hall.

Bandura, A. (1997). *Self-efficacy: The exercise of control.* New York: W.H. Freeman.

Barwick, E., Dawson, J., Bramble, B. & Worland, R. (1992). *Collaborative learning. Thrilling, skilling for the year 2000.* Taree, NSW: Manning Education Resource Centre.

Beauchamp, G. (2008). 'The reflexive classroom manager', *McGill Journal of Education* (online), *43*(1): 81.

Bennett, T. (2008). 'The wrong sort of BUZZ', Times Educational Supplement, *4810*: 44–7.

Berliner, D. (1984). The half full glass: A review of research on teaching. In P. Hosford (Ed.), *Using what we know about teaching* (pp. 51–77). Alexandria, VA: Association for Supervision & Curriculum Development.

Bernard, M. E. (2006). 'It's time we teach social-emotional competence as well as we teach academic competence', *Reading and Writing Quarterly, 22*: 103–119.

Beutel, A. R. (2007). Why a book on 'useful theory'? What makes theory 'useful'? In R. A. Goldstein (Ed.), *Useful theory: Making critical education practical* (pp. 1–11). New York: Peter Lang.

Blatt, B. (1981). *In and out of mental retardation: Essays on educability, disability and human policy.* Baltimore, MD: University Park Press.

Briesch, A. M. & Chafouleas, S. M. (2009). 'Review and analysis of literature on self-management interventions to promote appropriate classroom behaviours (1988–2008)', *School Psychology Quarterly, 24*(2): 106–18.

Briggs, F. & Potter, G. (1999). *The early years of school.* Sydney: Longman.

Brophy, J. (1999). Perspectives of classroom management: Yesterday, today and tomorrow. In H. Freiberg (Ed.), *Beyond behaviorism: Changing the classroom management paradigm* (pp. 43–56). Boston: Allyn & Bacon.

Brophy, J. (2004). Motivating students to learn. USA: Routledge.

Bullying. No Way! (2012a). Accessed 12 November 2012 at www.bullingnoway.com.au

Bullying. No Way! (2012b). *Fact Sheet 4. Signs of bullying.* Accessed 12 November 2012 at http://bullyingnoway.gov.au/resources/pdf/bnw-factsheet-4-signs-of-bullying.pdf

Canter, L. & Canter, M. (1976). *Assertive discipline: A take charge approach for today's educator.* Seal Beach, CA: Canter and Associates.

Canter, L. & Canter, M. (2001). *Assertive discipline: Positive behaviour management for today's classroom.* Los Angeles, CA: Canter & Associates.

Carrington, L., Ferry, B. & Kervin, L. (2006). *ClassSim as a way to bridge the gap between theory and classroom practice: The pre-service teacher perspective.* Paper presented at the Australian Teacher Education Conference, Making teaching public: Reforms in teacher education, 5–8 July, Freemantle, Australia.

Chadwick, S. (2009). 'Speaking Up: A proven anti-bullying program', *Professional Educator 8*(4): 25–9.

Chaplan, R. (2003). *Teaching without disruption in the secondary school: A model for managing pupil behaviour.* London: RutledgeFalmer.

Charles, C. M. (2011). *Building classroom discipline (10th ed.).* Boston, MA: Pearson Education Inc.

Charles, C. M. & Senter, G. W. (2012). *Elementary classroom management (6th ed.).* Boston, MA: Pearson Education Inc.

Cheney, D. (1998). 'Using action research as a collaborative process to enhance educators' and families' knowledge and skills for youth with emotional or behavioral disorders', *Preventing School Failure, 42*(2): 88–94.

Cohen, L., Manion, L. & Morrison, K. (2000). *Research methods in education (5th ed.).* London: Routledge.

Colvin, G. (2009). *Managing non-compliance and defiance in the classroom: A road map teachers, specialists and behavior support teams.* Thousand Oaks, CA: Corwin Press.

Connell, R. C., Campbell, C., Vickers, M., Welch, A., Foley, D. & Bagnall, N. (2007). *Education, change and society.* Melbourne: Oxford University Press.

Cook, M. A. & Cook, A. P. (2008). 'Wittgenstein in the classroom: Notes on teacher reflection', *Curriculum and Teaching, 23*(1): 21–39.

Crum, C. F. (2004). 'Using a cognitive behavioral modification strategy to increase on-task behavior of a student with a behavior disorder', *Intervention in School and Clinic 39*(5): 305–9.

Daunic, A. P., Smith, S. W., Robinson, T. R., Miller, M. D. & Landry, K. L. (2000). 'School-wide conflict resolution and peer mediation programs: Experience in three middle schools', *Intervention in School and Clinic, 36*(2): 94–100.

Davidson, N. & O'Leary, P. W. (1990). 'How cooperative learning can enhance mastery teaching', *Educational Leadership, 47*: 30–4.

Delinger, J. (2006). *Substitute teaching survival guide: Grades K-5: Emergency lesson plans and essential advice.* London: John Wiley & Sons.

Deparment of Education. (2001). *Queensland School Reform Longitudinal Study (QSRLS).* (2001). Report submitted to Education Queensland by the School of Education, University of Queensland: Author.

(DECS SA) Department of Education and Children Services, South Australia (2007). *School discipline.* Accessed 31 October 2012 at www.decd.sa.gov.au/docs/documents/1/SchoolDisciplinePolicy.pdf

(DEEWR) Department of Education, Employment and Work Place Relations (2012a). *National Safe Schools Framework.* Accessed 15 September 2012 at www.deewr.gov.au/Schooling/NationalSafeSchools/Pages/nationalsafeschoolsframework.aspx

(DEEWR) Department of Education, Employment and Work Place Relations (2012b). *National Safe Schools Anti-bullying Policies.* Accessed 15 September 2012 at www.deewr.gov.au/Schooling/NationalSafeSchools/Pages/antibullyingpolicies.aspx

(DET NSW) Department of Education NSW (1998). *Good discipline and effective learning. Procedures for the suspension and expulsion of school students.* Accessed 15 September 2012 at www.det.nsw.edu.au/policies/student_serv/discipline/susp_expul/pd02_14_student_suspension_school.pdf

(DET NSW) Department of Education, (2008). *Positive behaviour and learning. Supporting ALL students to achieve academic and social outcomes.* Accessed 30 October 2012 at www.cheri.com.au/documents/wsrhebershamcheri2.pdf

(DET WA) Department of Education, Western Australia. (2008). *Exclusions.* Accessed 24 October 2012 at http://det.wa.edu.au/studentsupport/behaviourandwellbeing/detcms/navigation/behaviour/exclusion/?page=3&tab=Main

Dettmer, P., Knackendoffel, A. P. & Thurston, L. P. (2012). *Consultation, collaboration and teamwork for students with special needs (7th ed.).* Needham Heights, MA: Allyn & Bacon.

Dinkmeyer, D. & Mackay, G. (1982). *The parent's handbook: Systematic training for effective parenting.* Hawthorn, VIC: ACER.

Dinkmeyer, D. C. (1990). *Parenting teenagers: Systematic training for effective parenting of teens (2nd ed.)*. Circle Pines, MN: American Guidance Services.

Donnelly, K. (2007b). 'Australia's adoption of outcomes based education: A critique', *Issues in Educational Research*, *17*(2): 183–206.

Dreikurs, R., Grunwald, B. & Pepper, F. (1998). *Maintaining sanity in the classroom: Classroom management techniques (2nd ed. Reprinted from 1982)*. Washington, DC: Taylor and Francis.

Dunn, R. (2009). *Dos and don'ts of behaviour management (2nd ed.)*. London: Continuum.

Edwards, C. H. & Watts, V. (2004). *Classroom discipline and management: An Australian perspective*. Milton, Qld: John Wiley and Sons Australia.

Ehri, L. C., Nunes, S. R., Stahl, S. A. & Willows, D. M. (2001). 'Phonics instruction helps students learn to read: Evidence from the National Reading Panel's meta-analysis', *Review of Educational Research*, *71*(3): 393–447.

Evertson, C., Emmer, T., Clements, B. & Worsham, M. (2000). *Classroom management for elementary teachers*. Boston: Allyn & Bacon.

Ford, M. (2009). *In your face: A case study in post multicultural Australia*. Darwin: CDU Press.

Gay, L. R. (1992). *Educational research: Competencies for analysis and application (4th ed.)*. New York: Merrill.

Gersten, R. (1999). *Types of research and their roles in improvement of practice*. Report presented to the National Summit on Research in Learning Difficulties, 6–9 May, Washington, DC.

Ghafoori, B., & Tracz, S. M. (2001). *Effectiveness of cognitive behaviour therapy in reducing classroom disruptive behaviours: A meta-analysis*. ERIC Document Reproduction Service No. ED 457 182.

Gibbs, J. (2001). *Tribes. A new way of learning and being together*. Windsor California, Centre Source Systems LLC.

Glasser, W. (1990). *The quality school: Managing students without coercion*. New York: Harper Collins.

Glasser, W. (1998). *Choice theory in the classroom* (Rev. ed.). New York: Harper & Row.

Glasser, W. (2000a). *Every student can succeed*. California: Black Forest Press.

Glasser, W. (2000b). *Choice theory: A new psychology of personal freedom*. Darby PA: Diane Publishing Company.

Goldstein, A. (1999). *The Prepare curriculum: Teaching prosocial competencies (rev. ed.)*. Champaign, ILL: Research Press.

Good, T. & Brophy, J. E. (2008). *Looking in classrooms (8th ed.)*. New York: Longman.

Goodell, J. E. (2006). 'Using critical incident reflections: A self-study as a mathematics teacher educator', *Journal of Mathematics Teacher Education*, *9*(3): 221–48.

Gordon, T. (1974). *TET. Teacher effectiveness training*. New York: Peter H. Wyden.

Gore, J. & Parkes, R. (2007). On the mistreatment of management. In A. Phelan & J. Sumsion (Eds), *Critical readings in teacher education*. New York: Sense Publishing.

Greenwood, C. R., Arreaga-Mayer, C. & Carta, J. J. (1994). 'Identification and translation of effective teacher-developed instructional procedures for general practice', *Remedial and Special Education*, *15*: 140–51.

Groundwater-Smith, S. (2001). *Building research capability to inform practice*. Paper presented at the ISATT Conference, Faro, Portugal, September.

Groundwater-Smith, S., Parker, J., & Arthur, M. (1994). 'Partnership: Beyond consultation', *Australian Journal of Teacher Education*, *19*(1): 9–14.

Grundy, S. (1995). *Action research as professional development*. Occasional Paper No 1, Murdoch University, WA. Innovative Links between Universities and Schools for Teacher Professional Development: A National Professional Development Project.

Harney, P. (2005). 'Restorative justice', *Professional Educator*, *4*(3): 14–17.

Harrison, L. (2006). 'Restorative justice: The calm after the storm', *Leadership in Focus*, *5*(2): 10–13.

Harrop, A. (2000). 'Natural rates of approval and disapproval in British infant, junior and secondary classrooms', *British Journal of Educational Psychology*, *70*(4): 473–82.

Hart, K. J. & Morgan, J. R. (1993). Cognitive-behavioral procedures with children: Historical context and current status. In A. J. Finch, W. M. Nelson & E. S. Ott (Eds), *Cognitive-behavioral procedures with children and adolescents: A practical guide*. Boston: Allyn & Bacon.

Hattie, J. (2003). *Teachers make a difference. What is the research evidence?* Retrieved from www.acer.edu.au/documents/Hattie_TeachersMakeADifference.pdf

Hayes, D., Mills, M., Christie, P. & Lingard, B. (2006). *Teachers & schooling making a difference. Productive pedagogies, assessment and performance*. Crows Nest, NSW: Allen & Unwin.

Healy, J (Ed.) (2002). *Self-esteem. Issues in society volume 163*. Rozelle, NSW: Spinney Press.

Hemphill, S. A., Kotevski, A., Tollit, M. Smith, R., Herrenkohl, T. I., Tournbourou, J. W. & Catalano, R. F. (2012). 'Longitudinal predictors of cyber and traditional bullying perpetration in Australian secondary school students', *Journal of Adolescent Health*, *51*(1): 59–65.

Henley, M. (2006). *Classroom management: a proactive approach*. New Jersey: Pearson Merrill Prentice Hall

Hill, S. & Hill, T. (1990). *The collaborative classroom. A guide to cooperative learning*. Melbourne: Eleanor Curtain.

Hudson, P. (2003). 'Behavioural intervention plan: Reducing challenging behaviour through academic skills instruction', *Special Education Perspectives, 12*(3): 35–64.

Hudson, P., Lignugaris-Kraft, B. & Miller, T. (1993). 'Using content enhancements to improve the performance of adolescents with learning disabilities in content classes', *Learning Disabilities Research & Practice, 8*: 106–26.

Hui, M. (2008). *Improving teacher education through action research.* Hoboken: Taylor & Francis.

Jenkins, J. R., Antil, L. R., Wayne, S. K. & Vadasy, P. F. (2003). 'How cooperative learning works for special education and regular students', *Exceptional Children, 69*(3): 279–92.

Johnson, D. W. & Johnson, R. T. (2003). *Joining together: Group theory and group skills (8th ed.).* Boston: Pearson Education.

Jones, V. F. & Jones, L. S. (2013). *Comprehensive classroom management: Creating communities of support and solving problems (10th ed.).* Sydney: Allyn and Bacon.

Kaplan, J. S. & Carter, J. (1995). *Beyond behaviour modification: A cognitive-behavioural approach to behaviour management (3rd ed.).* Austin, TX: Pro-Ed.

Kauffman, J. M., Mostert, M. P., Trent, S. C. & Pullen, P. L. (2006). *Managing classroom behaviour: A reflective case-based approach (4th ed.).* Sydney: Pearson.

Kaye, M. (1994). Communication management. Sydney: Prentice-Hall.

Kazdin, A. (1995). *Conduct disorder in childhood and adolescence (2nd ed.).* Thousand Oaks, CA: Sage, 1995.

Keel, M. C., Dangel, H. L. & Owens, S. H. (1999). 'Selecting instructional interventions for students with mild disabilities in inclusive classrooms', *Focus on Exceptional Children, 31*(8): 1–16.

Kenney, S. L. & LaMontagne, M. J. (1999). 'Portfolio development: A process for facilitating reflection and professionalism in preservice special education students', *Teacher Education and Special Education, 22*(3): 184–7.

Killen, R. (2007). *Effective teaching strategies: Lessons from research and practice (4th ed.).* Melbourne, VIC: Social Science Press.

Kong, S. C., Shroff, R. H. & Hung, H. K. (2009). 'A web-enabled video system for self-reflection by student teachers using a guiding framework', *Australasian Journal of Educational Technology, 25*(4): 544–58.

Konza, D., Grainger, J. & Bradshaw, K. (2004). *Classroom management: A survival guide.* Melbourne, VIC: Social Science Press.

Kosta, A. L. & Kallik, B. (2012). *Describing sixteen Habits of Mind.* Accessed 15 September 2012 at www.instituteforhabitsofmind.com/resources/pdf/16HOM.pdf

Kounin, J. S. (1970). *Discipline and group management in classrooms.* New York: Holt, Rinehart and Winston.

Kyriacou, C., & Kunc, R. (2007). 'Beginning teachers' expectations of teaching', *Teaching and Teacher Education, 23*: 1246–57.

Ladwig, J. G. (2009). 'Working backwards towards curriculum: On the curricular implications of Quality Teaching', *Curriculum Journal, 20*(3): 271–86.

Ladwig, J. G. & Gore J. (2005). *The future of quality teaching in NSW government schools. A discussion paper.* Accessed 10 January 2010 at www.det.nsw.edu.au/media/downloads/reviews/futuresproject/report/z_futuresreport.pdf

Landrum, T. J., Cook, B. G., Tankersley, M. & Fitzgerald, S. (2002). 'Teachers' perceptions of the trustworthiness, useability, and accessibility of information from different sources', *Remedial and Special Education, 23*(1): 42–8.

Learman, L. (2005). *Classroom confidential: Hints and tips from an insider.* London: Continuum International.

Leinhardt, G., Weidman, C. & Hammond, K. (1987). 'Introduction of classroom routines by expert teachers', *Curriculum Inquiry, 17*(2): 133–76.

Lewis, R. (2008). *The developmental management approach to classroom behaviour: Responding to individual needs.* Camberwell, Victoria: ACER Press.

Lines, A. & Gallasch, G. (2009). 'The rite journey: Rediscovering rites of passage for boys', THYMOS *Journal of Boyhood Studies, 3*(1): 74–89.

Lloyd, J. W., Forness, S. R. & Kavale, K. A. (1998). 'Some methods are more effective than others', *Intervention in School and Clinic, 33*(4): 195–200.

Lyons, G. S., Ford, M., & Arthur-Kelly, M. (2011). Classroom Management (3rd ed.) Melbourne: Cengage.

Maag, J. W. (2000). 'Managing resistance', *Interventio in School and Clinic, 35*(3): 131–40.

Manning, M. L. & Bucher, K. T. (2013). *Classroom management: Models, applications and cases (3rd ed.)* Upper Saddle River, NJ: Pearson Education.

Maslow, A. (1987). *Motivation and personality (3rd ed.).* New York: Harper and Row.

McLeod, J. & Yates, L. (2006). *Making modern lives: Subjectivity, schooling and social change.* New York: University of New York Press.

McNally, J., I'anson, J., Whewell, C. & Wilson, G. (2005). ' "They think that swearing is OK": First lessons in behaviour management', *Journal of Education for Teaching, 31*(3): 169–85.

Melbourne Declaration on Educational Goals for Young Australians 2008, Ministerial Council on Education, Employment, Training and Youth Affairs. Accessed 13 March 2010 at www.curriculum.edu.au/verve/_resources/National_Declaration_on_the_Educational_Goals_for_Young_Australians.pdf

Miles, P. G. (2003). *Don't just stand there, yell*

something! Behaviour management techniques for classroom teachers. Sydney: McGraw-Hill.

Miller, J. (1990). 'Apocalypse or renaissance or something in between? Toward a realistic appraisa of The Learning Mystique', *Journal of Learning Disabilities, 23*(2): 86–91.

Mills, M. & Keddie, A. (2007). 'Teaching boys and gender justice', *International Journal of Inclusive Education, 11*(3): 335–54.

Miltenburger, R. (2012). *Behaviour modification: Principles and procedures (5th ed.).* Belmont, CA: Wadsworth Cengage Learning.

Mitchell, S. N., Reilly, R. C. & Logue, M. E. (2009). 'Benefits of collaborative action research for the beginning teacher', *Teaching and Teacher Education, 25*(2): 344–49.

Morrison, B. (2002). *Bullying and victimization in schools: A restorative justice approach. Trends and issues in crime and criminal justice, No. 219.* Australian Institute of Criminology. Accessed 12 November 2012 at www.aic.gov.au/documents/0/B/7/%7B0B70E4C9-D631-40D2-B1FA-622D4E25BA57%7Dti219.pdf

Mulholland, A. (2009). *Speaking of education: Using pre-service teachers' reflections to take a multivocal, critical view of schools, teaching and educational practices.* Texas, USA: University of Houston.

Munns, G. (2007). 'A sense of wonder: Pedagogies to engage students who live in poverty', *International Journal of Inclusive Education, 11*(3): 301–15.

Newmann, F. M. (1993). 'Beyond common sense in educational restructuring: The issues of content and linkage', *Educational Researcher, 51*(4): 546–64.

Noffke, S. E., & Somekh, B. (Eds) (2009). *The Sage handbook of educational action research.* London: Sage.

NSW Department of Education and Training. (2003). *Quality teaching in NSW public schools: A discussion paper.* Sydney: NSW Department of Education and Training.

NSW Department of Education and Training. (2007). *Student discipline in public schools policy.* Accessed 25 March 2010 at www.det.nsw.edu.au/policies/student_serv/discipline/stu_discip_gov/PD20060316.shtml?level=Schools&categories=Schools%7CStudent+administration%7CDiscipline+%26+behaviour

O'Connor, M. (2009). 'School bonding plays key role in tough transition into adulthood', *Australian Teacher Magazine.* Accessed 19 August 2010 at www.ozteacher.com.au/html/index.php?option=com_content&view=article&id= 443:school-bonding-plays-key-role-in-tough-transition-into-adulthood&catid=5:the-hard-word&Itemid=6

O'Higgins Norman, J. & Connolly, J. (2011). 'Mimetic theory and scapegoating in the age of cyberbullying: The case of Phoebe Prince', *Pastoral Care in Education: An International Journal of Personal, Social and Emotional Development, 29*: 287–300.

Olweus, D. (1993). *Bullying at school: What we know and what we can do.* Oxford: Blackwell Publishers.

Paul, S., Smith, P. K. & Blumberg, H. H. (2012). 'Comparing student perceptions of coping strategies and school interventions in managing bullying and cyberbullying incidents', *Pastoral Care in Education: An International Journal of Personal, Social and Emotional Development, 30*(2): 127–46.

Pirola-Merlo, S. (2003). *Relationship management in the primary school classroom: Strategies in the legal and social context.* Frenchs Forest, NSW: Pearson education Australia.

Pisecco, S., Wristers, P. S., Silva, P. A., & Baker, D. B. (2001). 'The effect of academic self-concept on ADHD and antisocial behaviours in early adolescence', *Journal of Learning Disability, 34*: 450–61.

Porter, L. (2000). *Behaviour in schools: Theory and practice for teachers.* Buckingham: Open University Press.

Porter, L. (2007). *Student behaviour: Theory and practice for teachers (3rd ed.).* Crows Nest, NSW: Allen & Unwin.

Powell, R. G. & Caseau, D. (2004). *Classroom communication and diversity: Enhancing instructional practice.* New York: L. Erlbaum Associates.

Purkey, W. & Novak, J. (1984). *Inviting school success A self-concept approach to teaching and learning, (2nd ed.).* Belmont, CA: Wadsworth.

Queensland Government. (2012). *Working together. A toolkit for the effective school-based action against bullying.* Accessed 4 November 2012 at http://education.qld.gov.au/studentservices/behaviour/qsaav/docs/working_together_toolkit.pdf

Radford, L., (2012). *Rethinking children, violence and safeguarding.* London, UK: Continuum International Publishing Group.

Ramsey, G. (2000). *Quality matters. Revitalising teachers: Critical times, critical issues.* Sydney: NSW Government Printer.

Reason, P. & Bradbury, H. (Eds). (2001). *Handbook of action research: Participative inquiry and practice* London: Sage.

Reitano, P. (2007). *The behaviour management strategies of one beginning teacher: A study of conceptual change.* Paper presented at the ATEA National Conference: Quality in teacher education: Considering different perspectives and agendas. Brisbane, Australia.

Reynolds, A. (1992). 'What is competent beginning teaching? A review of the literature', *Review of Educational Research, 62*(1): 1–35.

Richardson, E. (2008). *'Trust me kids, I'm a teacher': Building teacher identity.* National AARE International Education Research Conference: Freemantle: Papers Collection.

Richmond, C. (2007). *Teach more, manage less.*

Linfield, NSW: Scholastic Australia.

Rigby, K. (1997a). *Bullying in schools and what to do about it*. London: Jessica Kingsley Publishers.

Rigby, K. (1997b). 'Attitudes and beliefs about bullying among Australian school children', *Irish Journal of Psychology, 18*(2): 202–20.

Rigby, K. (2002). *A meta-evaluation of methods and approaches to reducing bullying in pre-schools and early primary school in Australia*. Canberra, ACT: Attorney-General's Department.

Robinson, G. (2005). Understanding literacy and numeracy. In P. Foreman (Ed.), *Inclusion in action (2nd ed.)* (pp. 260–317). Melbourne: Thomson.

Roffey, S. (2004). *The new teacher's survival guide to behaviour*. Sydney: Paul Chapman Publishing.

Rogers, B. (2009). *How to manage children's challenging behaviour* (2nd ed.). London, UK: Sage Publications Ltd.

Rogers, W. (2000). *Classroom behaviour: Effective teaching and effective management*. London: Books Education.

Rogers, W. (2005). *Behaviour management: A whole school approach*. London: Paul Chapman Publishing.

Rogers, W. (2009). *How to manage children's challenging behaviour (2nd ed.)*. London, UK: Sage Publications Ltd.

Rosenshine, B. V. (1995). 'Advances in research on instruction', *The Journal of Educational Research, 88*(5): 262–8.

Ryan, A. K., Kay, P. J., Fitzgerald, M., Paquette, S. & Smith, S. (2001). Kyle: A case study in parent-teacher action research. *Teaching Exceptional Children, 33*(3): 56–61.

Ryan, D. (2008). *Accentuate the positive*. Accessed 19 August 2010 at http://newsstore.theage.com.au/apps/viewDocument.ac?multiview=true&sy=age&page=1&kw=you+can+do+it+and+education&pb=age&dt=selectRange&dr=5years&so=relevance&sf=text&rc=10&rm=200&sp=nrm&clsPage=1&hids=&sids=AGE0804141T7B25F1EQI

Sahlberg, P. (2011). *Finnish Lessons: What can the world learn from educational change in Finland*. New York: Teachers College Press.

Schumm, J. S., Vaughn, S. & Leavell, A. G. (1994). Planning pyramid: A framework for planning for diverse student needs during content area instruction. *The Reading Teacher, 47*(8): 608–15.

Sinclair, C., Munns, G. & Woodward, H. (2005). Get real: Making problematic the pathway into the teaching profession. *Asia-Pacific Journal of Teacher Education, 33*(2): 209–22.

Slee, J. (2012). *Hang in there 'til Easter: Managing classroom behaviour by building resilient teachers*. South Melbourne, VIC: Cengage.

Sleishman, P. (2005). 'The 5R framework: Building relationships and managing behaviour', *Special Education Perspectives 14*(1): 13–27.

Smith, F., Hardman, F., Wall, K. & Mroz, M. (2004). 'Interactive whole class teaching in the National Literacy and Numeracy Strategies', *British Educational Research Journal, 30*(3): 395–411.

Spady W. G. (1994). *Outcomes-based education: Critical issues and answers*. Arlington VA: American Association of School Administration.

Spedding, S. (2005). The role of teachers in successful inclusion. In P. Foreman (Ed.), *Inclusion in action (2nd ed.)* (chapter 10). Melbourne: Thomson.

Stephenson, J., Linfoot, K. & Martin, A. (2000). 'How teachers of young children respond to problem behaviour in the classroom', *Australasian Journal of Special Education, 24*(1): 21–31.

Stoughton, E. H. (2007). 'How will I get them to behave? Pre service teachers reflect on classroom management', *Teaching and Teacher Education, 23*: 1024–37.

Sugai, G. & Horner, R. H. (2002). 'Introduction to the special series on positive behaviour support in schools', *Journal of Emotional and Behavioral Disorders, 10*(3): 130–5.

Swaggart, B. L. (1998). 'Implementing a cognitive behavior management program', *Intervention in School and Clinic, 33*(4): 235–8.

Swanson H. L. (1999). *Intervention research for students with learning disabilities: A meta-analysis of treatment outcomes*. Report presented to the National Summit on Research in Learning Difficulties, 6–9 May, Washington, DC.

Taylor, A., Meyer, A., Rosengrant, T. & Samples, B. T. (1989). Communicating (Fifth edition). Englewood Cliffs, NJ: Prentice-Hall.

Trigg, N. (2005). *A teacher's guide to identifying childhood disorders in the classroom: Checklists and strategies*. Lakes Printers, Tuggerah, NSW.

Vaughn, S., Klingner, J. & Hughes, M. (2000). 'Sustainability of research-based practices', *Exceptional Children, 66*(2): 163–71.

Verma, R. (2010). 'Duty of care', *The Law Handbook*. Accessed 20 February 2013 at www.lawhandbook.org.au/handbook/ch06s03s02.php.

Walker, J. E. (2009). 'Authoritative classroom management: How control and nurturance work together', *Theory into Practice, 48*(2): 122.

Webster-Stratton, C., Jamila Reid, M. & Stoolmiller,M. (2008). 'Preventing conduct problems and improving school readiness: Evaluation of the incredible years teacher and child training programs in high-risk schools', *Journal of Child Psychology and Psychiatry and Allied Disciplines, 49*(5): 471–88.

Weinstein, C. & David, T. (1987). *Spaces for children: The built environment and child development*. New York: Plenum Press.

Weinstein, C. & Mignano, A. (1993). *Elementary*

classroom management: Lessons from research and practice. New York: McGraw-Hill.

Wingate-Pearse, G. (2012). 'Stop Bullies', *Newcastle Herald*, Saturday 27 October, pp. 1, 14–15.

Wiseman, D. & Hunt, G. H. (2008). *Best practice in motivation and management in the classroom (2nd ed.)*. Illinois: Charles. C. Thomas.

Wragg, J. (1989). *Talk sense to yourself: A program for children and adolescents*. Melbourne: ACER.

Yberra, M. L., Doyd, D., Korchmaros, J. D. & Oppenheim, J. (2012). 'Defining and measuring cyberbullying within the larger context of bullying victimization', *Journal of Adolescent Health, 51*(1): 53–8.

Ykema, F., Hartman, D. & Imms, W. (2006). *Bringing it together. Rock & Water: Skills for social teaching.* Newcastle, NSW: Family Action Centre and Gadaku Institute.

Zanting, A., Verloop, N. & Vermut, J. D. (2001). 'Preservice teachers eliciting mentors' practical knowledge and comparing it with their own beliefs', *Teaching and Teacher Education, 17*: 725–40.

Zirpoli, T. J. (2008). *Behavior management: Applications for teachers (5th ed.)*. Australia: Pearson Education.

Zukas, M. & Malcolm, J. (2000). *Pedagogies for lifelong learning: Building bridges or building walls?* Working papers of the Global Colloquium on Supporting Lifelong Learning [online], Milton Keynes, UK: Open.

译者后记

《课堂管理：如何创造积极的学习环境（第四版）》的翻译工作终于大功告成。能获得这一翻译机会，还得感谢中国人民大学出版社的王雪颖编辑。2018 年 5 月 8 日，中国人民大学出版社在我们学院的图书资料中心组织书展，我在这次书展上遇到了雪颖编辑，向她做了自我介绍（特别介绍了我曾翻译过多本教育学名著）。雪颖编辑 5 月 15 日回到北京，就积极向我推荐了 *Classroom Management*：*Creating Positive Learning Environments*（4th Edition）一书，并把英文目录发给我，我看了目录感觉此书还不错，便欣然答应翻译此书。6 月 20 日正式签订翻译合同。

说实话，翻译合同一签，我就产生了某种焦虑感，这大概是限时完成任务的责任压肩头产生的反应吧。8 月全力以赴完成前 5 章的翻译后，又过了两个月第 6 章才翻译了一小部分。由此心里又开始发毛起来，因为“军令状”里写的 2019 年 3 月底要交完整的译稿，时间在一天天过去，我还有一半内容没有翻译。在这种情况下，我便调动我的研究生们的力量，进行一些章节的初译工作：高珠峰（前言 第 5，6，9 章），李婷（第 10 章），樊程（第 7 章）。另外一些研究生张倩、李文姝、李玲玉、许向凯、余熙悦、史杰参与了第 8 章来自一线故事的初译工作。书中的图表多亏李婷、高珠峰等同学的帮助才得以做出。

为确保翻译的质量，为保证按时交稿，我又请宁波大学外语学院的余玲丽博士（副教授）审读并校译了第 7 章和第 10 章的全部内容。我自己校译第 1 至 4 章内容，春节期间我审读并校译了前言、第 5、6、8 和 9 章内容 。其实，我和余玲丽博士有同样的感受：翻译的审校工作并非易事，费神费时。无论怎样，这本中文译本是集体智慧的结晶，这也是我第一次尝试把自己的全部在校研究生团结起来共同完成一项学术任务。在此，万分感谢余玲丽博士的友情支持和同学们的全力付出。

尽管我过去已翻译过 6 本书，却并没有驾轻就熟的体验，今天依然会感受到翻译是一件看起来容易做起来难的事情！有时候明明一句话每个单词都认识，却无法翻译成流畅的中文句子。要做到翻译的信、达、雅，实属不易。

学校课堂，是我作为学生和教师几十年来经历其间的地方。学校教育的质量主要取决于课堂教育的质量，而课堂教育质量的好坏，大部分取决于课堂氛围的优劣。支持的、温馨的、互动的、内涵丰富的课堂氛围有助于课堂教育质量的提升，也有助于学习质量的提升。我 15 年前曾翻译过《透视课堂（第 10 版）》一书，对我国广大中小学老师甚至大学研究教育的学者产生过广泛的影响。我在译者序言中写道：“东方有课堂，西方有课堂，此见同，此识同：皆以展示和开启智慧为首要使命。东方有教师，西方有教师，此心同，此理同：皆主要在课堂里以完成展示和开启智慧之使命为使命”；“课堂里有苦恼、无奈，有希望与绝望，有奋进和退缩，有欢欣与惆怅”，但“理想的课堂总是以理服人、以志激人、以情动人的”。我2016年翻译出版了《怎样评价学生才有效——促进学习的多元化评价策略》，2020年翻译出版了《聚焦家庭作业——改进实践、设计以及反馈的方法和技巧》，今天又翻译了《课堂管理：如何创造积极的学习环境（第四版）》一书，希望它亦能像《透视课堂》等书一样对广大中小学教师及教育学者提供有益的参考。

在此要感谢我的丈夫于志远先生一直以来对我生活及工作的关照，是他的体谅让我得以在过去一年以来把许多业余时间花在了与翻译此书有关的事情上。

最后要感谢责任编辑的辛苦付出，是她们的认真细致与敬业才有此书的顺利面世。

陶志琼（宁波大学教师教育学院 教授）
于宁波大学教授4号楼407室

Classroom Management：Creating Positive Leaning Environments，4e
Gordon Lyons，Margot Ford，June Slee

Cengage Learning Asia Pte. Ltd.
151 Lorong Chuan，#02-08 New Tech Park，Singapore 556741

北京市版权局著作权合同登记号 图字：01-2018-5535

图书在版编目（CIP）数据

课堂管理：如何创造积极的学习环境 /（澳）戈登·莱昂斯（Gordon Lyons），（澳）玛戈·福特（Margot Ford），（澳）琼·斯利（June Slee）著；陶志琼译. -- 4 版. -- 北京：中国人民大学出版社，2023.1

（教育新视野）

ISBN 978-7-300-31204-0

Ⅰ. ①课… Ⅱ. ①戈… ②玛… ③琼… ④陶… Ⅲ. ①课堂教学-教学管理 Ⅳ. ①G424.21

中国版本图书馆 CIP 数据核字（2022）第 203375 号

教育新视野

课堂管理：如何创造积极的学习环境（第四版）

［澳］戈登·莱昂斯（Gordon Lyons）、玛戈·福特（Margot Ford）、琼·斯利（June Slee） 著

陶志琼 译

Ketang Guanli：Ruhe Chuangzao Jiji de Xuexi Huanjing

出版发行	中国人民大学出版社		
社　　址	北京中关村大街 31 号	**邮政编码**	100080
电　　话	010－62511242（总编室）		010－62511770（质管部）
	010－82501766（邮购部）		010－62514148（门市部）
	010－62515195（发行公司）		010－62515275（盗版举报）
网　　址	http://www.crup.com.cn		
经　　销	新华书店		
印　　刷	涿州星河印刷有限公司		
开　　本	787 mm×1092 mm　1/16	**版　　次**	2023 年 1 月第 1 版
印　　张	14.25 插页 1	**印　　次**	2023 年 1 月第 1 次印刷
字　　数	329 000	**定　　价**	88.00 元

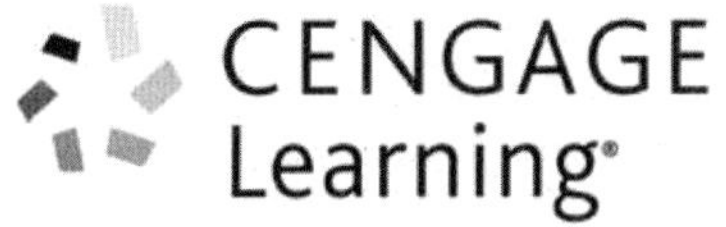

Supplements Request Form (教辅材料申请表)

Lecturer's Details（教师信息）			
Name: (姓名)		Title: (职务)	
Department: (系科)		chool/University: (学院/大学)	
Official E-mail: (学校邮箱)		Lecturer's Address / Post Code: (教师通讯地址/邮编)	
Tel: (电话)			
Mobile: (手机)			

Adoption Details（教材信息） 原版☐ 翻译版☐ 影印版 ☐____________			
Title: (英文书名) Edition: (版次) Author: (作者)			
Local Publisher: (中国出版社)			
Enrolment: (学生人数)		Semester: (学期起止日期时间)	
Contact Person & Phone/E-Mail/Subject: (系科/学院教学负责人电话/邮件/研究方向) （我公司要求在此处标明系科/学院教学负责人电话/传真及电话和传真号码并在此加盖公章.） 教材购买由 我☐ 我作为委员会的一部分☐ 其他人☐[姓名:] 决定。			

Please fax or post the complete form to（请将此表格传真至）：

CENGAGE LEARNING BEIJING
ATTN : Higher Education Division
TEL: (86) 10-82862096/ 95 / 97
FAX : (86) 10 82862089
EMAIL: asia.infochina@cengage.com
www. cengageasia.com
ADD: 北京市海淀区科学院南路 2 号
融科资讯中心 C 座南楼 12 层 1201 室 100190

Note: Thomson Learning has changed its name to CENGAGE Learning

VERIFICATION FORM / CENGAGE LEARNING